조선인
강제연행

CHOSENJIN KYOUSEIRENKOU

by Masaru Tonomura

ⓒ 2012 by Masaru Tonomura

Originally published in 2012 by Iwanami Shoten, Publishers, Tokyo.
This Korean edition published 2018 by PURIWAIPARI Publishing Co., Seoul
by arrangement with Iwanami Shoten, Publishers, Tokyo.

조선인
강제연행

도노무라 마사루外村大 지음
김철 옮김

뿌리와
이파리

한국의 독자 여러분께

　많은 사람들이 관련되어 진행되는 어떤 사건에 대해 그 전체상을 파악하는 것은 어려운 일입니다. 오히려 불가능하다고 말해야 될지도 모르겠습니다. 어떤 거대한 민간기업이 수행하고 있는 큰 프로젝트, 수백억 엔이라는 큰돈이 움직이는 부동산 개발과, 수백 명의 기술자·연구자들과 함께 진행하는 신상품 만들기, 10년 넘게 걸릴 것 같은 터널 공사 등을 한다고 생각해봅시다. 최고경영자와 프로젝트의 총괄책임자라 하더라도 모든 것을 다 알고 있는 것은 아닙니다. 오히려 본사에서 서류를 보며 결재를 하는 것이 중요한 업무인 사람에게는 개별 토지매매 협상이나 기술 개발을 위한 실험, 그리고 계속해서 암반을 파는 기계를 움직이는 현장에서 어떤 일이 일어나고 있는지, 그것이 주위 사람들에게 어떤 영향을 주고 있는지 모르는 것이 일반적이겠지요. 그리고 상사가 시키는 대로 움직이는, 이른바 말단 노동자가 알고 있는 것은 아마도 자신의 일이 얼마나 힘든가 하는 사실만이 아닐까요.

　이것이 수십년 전에 있었던 일이고, 자신이 종사했던 일이 아니라고 한다면, 그것에 대해 알고 있는 사실은 점점 적어지게 됩니다. 게다가 그 프로젝트에 관련된 사람 중에 말도, 생활습관도, 사물을 보는 사고방식도 다른 민족이 적잖이 있었다고 한다면, 알고 있기는커녕 일어난 사건을 알 수 있는 단서조차도 잡을 수 없을 것입니다.

　70년이 넘는 과거의 일본의 전시 총동원이란 장대한, 그리고 개개인들 사이에 큰 비극을 낳았던 '프로젝트'는 실은 그러한 것입니다. 지극히 복잡한 요소가 서로 얽혀서 진행된 그 사상事象의 전체상을 파악한다는 것은 무리라고 할 수밖에 없을 것입니다.

　물론 우리는 학교교육을 통해, 혹은 부모님과 조부모님들의 경험 이야기를 통해 그것에 관한 여러 사실史實을 듣고 있습니다. 하지만 그것을 통해 모든 것을 이해하고 파악할 수 있는 것이 아니라, 극히 일부를 아는 것에 지나지 않습니다.

　그럼에도 불구하고, 우리는 종종 마치 왠지 모르게 어느 정도 알고 있는 것처럼 착각해온 것은 아닐까요. 적어도 그렇게 착각하고, 사물에 대해 말하고 있는 사람이 있는 것 같습니다. 그것은 "전쟁 때는 이러했다", "진실의 역사는 이렇다"고 말하는 사람이나 그러한 것을 쓴 책을 흔히 볼 수 있기 때문입니다. 제가 아는 한 현대 일본은 그렇습니다.

　역사 연구라는 것을 몇 년(어느새 30년 정도나) 해온 저도 물론 모든 것을 알고 있는 건 아닙니다. 그러나 일반 일본인보다는 전시기 일본과 조선에 관한 역사자료와 연구문헌을 많이 읽어온 것도 있고 해서, 자신이야말로 진실의 역사를 알고 있는 것처럼 말하는 사람들의 글이나 이야기 속에 실제로는 잘못된 이야기가 포함되어 있는 것을 저는 종종 발견할 수 있습니다. 그리고, 알고 있다고 생각했는데 사실은 모르고 있었던 것, 중요한 것이었는데도 간과하여 말도 하지 않고 따라서 조사도 해보지 못한 사상事象과 그 배경에 다양한 사건이 많이 있다는 것도 알게 되었습니다. 저에게 보이는 일본의 현실은 그런 것이며, 그러한 상황을 어떻게든 바꿔가고 싶은 것이 이 책의 집필 동기였습니다.

따라서 이 책의 독자로 상정했던 것은 (일본어로 써서 발표했으므로 너무나 당연한 일이지만) 일본인이었고, 한국인이 아니었습니다.

또한, 원래 한국인들이 일제의 전시 동원에 대해 이런저런 자세한 것까지 알 필요는 없을지도 모르겠습니다(이 책에 많은 통계숫자와 법령의 문언이 나오는 점을 양해해주시기 바랍니다). 일제에 의해 엄청난 정신적·육체적 피해를 입은 사람들이 가까이 있다는 것—아마도 대부분의 한국인에게 중요한 것은 바로 그것이고, 그것을 민족의 공통된 기억으로 해둔다면 그것만으로 충분하다고 생각합니다.

하지만 이 책에 쓴, 제가 조사한 것도 한국에 계신 여러분의 역사 이해에 다소 기여하는 바가 있지 않을까 생각합니다. 대부분의 한국인이 70년도 넘는 과거에 일어난 일에 관해 전혀 모른다고 해도 그것은 당연한 것이고, 추측하건대, 이 책에서 비교적 자세히 언급한 동원하는 측의 논의와 정책에 대해서는 거의 알려져 있지 않았을 것입니다. 또한 왜 일제의 전시 동원이 그렇게 폭력적이고 비합리적인 성격을 띠었는지, 그 이유와 이민족 노동력을 도입하려고 한 전시 일본사회의 대응이나 반응을 알아두는 것은 한국인에게도 그리 쓸모없는 일은 아닐 것이라고 생각합니다. 일본인과 일본에 대해 아는 것은 반대로 지배를 받고 있던 자민족과 그 사회에 관해 더욱 깊이 이해하기 위해서도 필요하기 때문입니다.

덧붙인다면, 조선인 전시 동원을 둘러싸고 일어난 현상과 같은 것은 일본제국이라는 나라가 아니더라도 있을 수 있는 일로, 앞으로도 있을지도 모릅니다. 아니, 일종의 직장에서 노동력이 부족하여 외국 사람들로 그것을 보충하려는 움직임이 곳곳에서(일본에서도 한국에서도) 활발하게 나타나는 오늘날, 이미 비슷한 현상이 일어나고 있다고 말해도 좋지 않을까요.

그와 관련하여, 저는 한국 사람들이 인권과 민주주의의 획득을 위해 지난 100년 이상 다른 민족에 비해 엄청난 희생을 치르고 시련을 겪어온 것을 상기하게 됩니다(물론 거기에 일본인이 크게 관여하고 있는 것도). 그리고 그렇기 때문에 한국 사람들은 보편적 인권과 민주주의의 문제에 대해 예민한 감각을 가지고 있다고 생각합니다. 이러한 한국 사람들이 일본제국으로 인한 피해와 그 배경에 대해 알게 되고, 뿐만 아니라 보편적 인권과 민주주의의 실현에 생각을 더하여 향후 더 나은 사회의 모습을 구상하는 데에 이 책이 어떤 의미에서 참조가 된다면 정말 다행이라고 생각합니다.

이 책은 식민지 시대 한국문학 연구자인 김철 선생님이 번역해주셨습니다. 저에게 김철 선생님은 얼마간의 연구회를 함께하면서 다양한 시사와 자극을 주신, 다시 말해서 이쪽이 일방적으로 학은學恩을 받은, 공경하는 분입니다. 그 김철 선생님이 책을 번역해주신 것은 대단한 영광입니다. 또한 이 책을 정리하는 데에 그 밖의 몇몇 한국 연구자와 지인분들에게 신세를 졌습니다. 한 사람 한 사람의 이름을 여기에 쓸 수는 없습니다만, 그중에는 한일 양국의 '역사문제' 갈등을 풀어내려고, 심신에 누적된 피로에도 불구하고 발언하고 행동하는 분이 계십니다. 직접 그 은혜를 보답할 수는 없을까 하고 생각합니다만, 앞으로도 그러한 분들의 얼굴과 이름을 떠올리며 연구를 계속할 생각입니다. 그 연구가 역사를 다면적으로 파악하여, 한일 시민이 각각 서로를 더 깊이 이해하는 데에 조금이라도 도움이 될 수 있도록 더욱 깊이 있는 연구를 거듭하고자합니다.

2018년 2월

도노무라 마사루

서문

조선에 대한 일본의 식민지 지배는 조선민족에게 많은 고통을 안겼다. 특히 제2차 세계대전하의 노무勞務동원 정책은 식량 공출과 함께 민중을 고통스럽게 했던 것으로 알려져 있다. 식민지 시대 당시 소년기 이상의 연령에 이르렀던 '일제 세대'는 직접 듣고 보면서, 그리고 그 다음세대는 당사자의 체험을 전해들으면서 기억을 이어왔다. 당시 민중은 전시하의 노무동원을 가리키는 용어로 '노무공출'이나 '강제징용' 같은 말을 사용했다.

오늘날 일본은 이웃나라 국민들로부터 식민지 지배나 군사침략 등 가해의 역사에 대한 인식이 부족하다는 비판을 자주 받는다. 그렇지만 대다수 일본인은 전시하에 조선이나 중국에서 끌려온 사람들이 일본 내지 (지금의 47도都·도道·부府·현県)의 탄광이나 토건공사 현장에서 혹사당했다는 이야기를 접한 적이 있을 것이고, 이 같은 사실이 '조선인 강제연행'으로 표현되고 있음을 아는 일본인도 많을 터이다.

이는 1960년대 이후 재일조선인 역사학자가 관련 연구를 발표하고 그에 자극을 받은 사람들이 조사를 진행해 일본사회에 널리 알려온 데에 따른 결과다. 또한, 오늘날 이웃나라들로부터 자주 비판을 받고 있는 일본의 중학교 역사교과서를 보아도, 많은 조선인을 일본 내지로 끌고 와 가혹한 노동을 시켰다는 기술은 어떤 출판사의 것에든 포함되어 있다.

하지만 조선의 노무동원에 대한 선행 연구가 충분히 축적되어 있다고 는 할 수 없으며, 아직도 제대로 파악하지 못하고 있는 사실이 상당히 많 다. 이런 가운데 노무동원 문제를 다루거나 관련 조사를 정리한 다수의 저서, 또는 인터넷상의 글에서는 잘못된 사실이나 그릇된 이해에 기초 한 내용이 흔하게 발견된다. 게다가 유감스럽게도, 일본의 가해의 역사 와 진지하게 마주하려는 사람들이 쓴 책도 별반 다르지 않다.

물론, 역사를 논하는 글에 (논자에 따른 사료 해석의 차이와는 다른 차원에 서) 어느 정도의 오해나 오류가 포함되는 사례는 그다지 드물지 않다. 노 무동원의 제도 및 절차를 규정한 법령이 매우 복잡해서 정확히 이해하 는 데에 커다란 어려움이 있기 때문이다.

하지만 동원계획에 대한 행정 결정이나 통첩, 기본 법령 및 관계자의 기록 등 당시의 기본적인 문서를 꼼꼼히 읽으면 알 수 있는 사실을 파악 하지 않고 쓴 논저가 적지 않다. 그래서 필자는, 역사 연구자로서는 지극 히 당연한 일이지만, 관련 사료를 직접 다루면서 조선에서 이루어진 노 무동원의 사실史實을 재검토하기 시작했다.

그러는 와중에 필연적으로 일본인에 대한 노무동원—뜻밖으로 여겨 질 수도 있겠지만, 이 문제에 관한 연구 또한 결코 많지 않다—의 실상도 알게 되었다. 조선인 노무동원도 일본제국의 정책으로 실시된 만큼, 기 본적인 계획이나 법령의 토대가 같은 뿌리를 두고 있었기 때문이다. 나 아가 조선인 동원과 관련된 사료를 중점적으로 검토하면서 양자가 어떻 게 다른지, 또 그렇게 다를 수밖에 없었던 일본과 조선의 조건의 차이가 어디에 있었는지 이해할 수 있게 되었다.

동시에 필자는 이런 작업이 단순한 사실 확인을 넘어, 당시 일본사회의 실상이나 식민지 지배의 문제점을 명료하게 드러내줄 것이라고 예측하게 되었다. 그렇게 사료를 수집하고 읽기와 분석을 계속한 결과 이 책을 펴내게 되었다.

이 책은 모두 일곱 개의 장으로 구성되어 있다. 먼저 서장序章에서는 조선인 강제연행을 둘러싼 논의 등을 소개한 뒤 앞서 언급한 문제의식에 대해 자세히 설명한다. 제1~5장에서는 조선인에 대한 노무동원 정책과 수행 실태, 거기서 생겨난 여러 문제, 그에 대한 대응 및 동시대의 논의 등을 시계열별로 정리한다.

제1장에서는 대량의 조선인을 노동자로 도입하게 되는 배경과 관련 논의를 바탕으로 1939년도에 어떤 방식으로 실행되었는지 알아본다. 제2장에서는 1941년 12월에 일본제국이 미·영美英과 전쟁을 시작하기 이전 시기에 주목해, 이미 조선에서도 노무수급需給이 매우 절박해진 상황이 포착되고, 일본 내지에서는 이미 시작된 조선인의 동원을 부정적으로 바라보며 의문시하는 목소리가 제기된 사실 등을 밝힌다. 제3장에서는 미·영과 전쟁을 시작한 일본제국이 조선인 노동력의 동원을 확대한 실태와, 그에 따라 확대된 모순에 대해 1942년도와 1943년도 시기를 살펴본다.

제4장에서는 노동력 고갈에도 불구하고 조선인 노무동원의 규모가 더욱 커졌고, 원활한 동원을 위해 고안한 대책이 실질적으로는 기능하지 않았던 상황을 알아본다. 제5장에서는 전쟁이 끝나기 직전인 1945년도에 실시된 정책 자체가 파탄되어가는 과정을 그리면서, 일본제국의 패전 이후 상황도 함께 다룬다. 마지막으로 종장終章에서는 사료를 통해 드러난 사실에 입각해, 노무동원이 (일본제국의 신민으로서 일본인과 평등한 존재로 여겨졌어야 할) 조선인에 대한 인권침해를 수반한 이유와, 전쟁

수행을 위한 생산력 증강에도 보탬이 되지 않았던 정책이 실행된 이유, 그리고 조선인 강제연행을 통해 드러나는 당시 일본사회나 식민지 조선의 실태가 갖는 특징을 검토한다.

차례

조선행정지도(1940년)

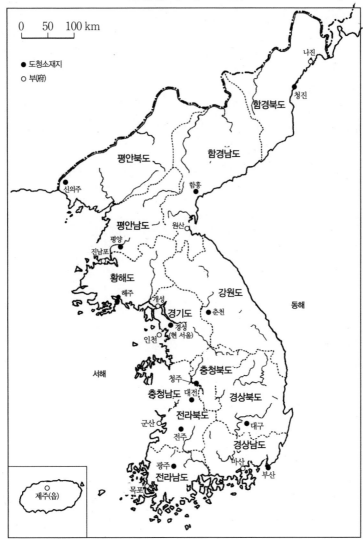

조선총독부의 지방행정조직 개편은 크게 1910년, 1914년, 1930년 세 차례 이루어졌는데, 1930년 개편으로 도-부/도-군-읍-면 체계로 편제되었다. 1945년 해방 당시의 행정구역은 13도-22부(경성부, 인천부, 개성부, 대전부, 군산부, 전주부, 목포부, 광주부, 대구부, 부산부, 마산부, 진주부, 해주부, 평양부, 진남포부, 신의주부, 함흥부, 원산부, 청진부, 나진부, 성진부, 흥남부)-218군-2도(제주도, 울릉도)였다. (편집자)

서장
조선인 강제연행을 묻는 의미

2011년 11월, 전시하에 노무동원된 아버지가 사망한 것으로 알려진 홋카이도의 탄광병원 터에서 고인의 명복을 비는 한국인 유족들. 일본의 시민단체가 초청한 그들은 아버지의 고초를 실감할 수 있었다고 말했다. (사진 제공: 고바야시 히사토모小林久公)

용어를 둘러싼 논의

'서문'에서 언급한 대로, '조선인 강제연행'은 오늘날 일본에서 잘 알려져 있고 자주 사용되는 말이다. 대부분의 역사사전도 '강제연행'이나 '조선인 강제연행' 항목을 싣고 있는데, 그에 따르면 다음과 같은 설명이 확인된다. 중일전쟁 이후 일본인 남자가 출정하면서 노동력이 부족해진 가운데 강제연행이 이루어졌고, 일본 정부는 1939년 이후 패전까지 매년 수립한 계획에 기초하여 노동자를 동원했으며, 폭력적으로 인원을 확보했다. 또 조선인을 일본군 병사나 군속, 그리고 '종군위안부'로 삼은 것까지 강제연행으로 풀이하는 사전도 있다.

이 같은 기술에는 그간 이루어진 역사 연구의 성과가 반영되어 있지만, '조선인 강제연행'이라는 용어의 사용과 관련해서는 최근 약간의 논의가 진행되고 있다.

우선 용어 사용에 부정적인 사람들은, 개념 규정이 엄밀하지 않아서 사용하는 사람에 따라 병사·군속 및 군위안부를 포함하거나 노동자로 한정하는 등 여러 가지 형태를 보이기 때문이라고 설명한다.

그러나 모든 역사용어의 개념이 엄밀하게 규정되는 것은 아니다. 오히려 일반적으로 무난하게 수용될 수 있는 사항을 토대로 다양한 차원에서 사용되는 용어는 드물지 않다. 이를테면 조선인을 본인의 의사와는 상관없이 정부의 계획에 따라 노동자로 동원했을 경우, 최소한 '조선인 강제연행'의 범주에 포함시킬 수 있다는 이해가 일반적이다. 이 같은 경향은 역사사전의 설명을 보아도 잘 알 수 있다. 그러므로, '조선인 강제연행'을 일정한 폭을 지닌 개념으로만 사용해야 한다는 제약은 없을 것이다.

그리고 개념 규정과는 다른 차원에서 '조선인 강제연행'이라는 용어의 사용이 타당하지 않다는 의견도 있다. 이 같은 주장은 전시하 조선인 동원의 강제성을 의문시하거나 조선인 동원을 특별하게 보지 말아야 한다는 시각이 낳은 것으로 보인다. 전자는, 요컨대 당시의 경제적인 격차나 조선에서의 생활고 탓에 일본 내지 사업소에 취업하고 싶어하는 사람들이 상당히 많았으며 강제성 등은 없었다는 인식에 바탕을 두고 있다. 실제로 동원계획에 따라 일본 내지에서 일하게 된 조선인들의 증언 중에는 자신이 희망해서 일본으로 건너간 사례가 분명히 확인된다. 후자는, 전시하 일본 정부의 계획에 입각한 동원이 조선인에게만 한정되었던 것은 아니라는 의견이다. 이는 역사적인 사실에 비추어 보더라도 부정할 수 없는 주장인데, 실제로 징용되거나 근로봉사에 끌려가 가혹한 노동을 강요당한 일본인이 상당수 존재한다. 게다가 「국민징용령」에 따른 징용은 이른 단계부터 조선인이 아닌 일본인에 대해 이루어졌고, 그 적용을 받은 인원수 또한 일본인이 조선인을 웃돈다.

하지만 기존의 역사 연구는 본인의 의지에 반해 폭력적으로 조선인을 노동자로 끌고 오는 행위가 자행되었다는 점을 분명히 밝혀왔다. 이는 이 책에서 소개하는 바와 같이, 당사자의 증언을 비롯해 동시대 행정 당국의 사료를 통해서도 뒷받침된다. 게다가 동원을 수행하기 위한 제도나 정책도 일본인과 동일한 것이 아니었고, 적어도 일본인 사이에서는 폭력적인 동원이 그렇게 빈번히 발생하지는 않았다. 이 같은 관점을 뒤집을 만한 사료나 해석이 등장하지 않는 한, 역시 조선인 강제연행이라는 용어의 사용이 틀렸다거나 문제가 있다고 지적할 수는 없을 것이다.

덧붙이자면 전시하에 조선인에 대한 폭력적인 동원이 이루어진 사실이, 결코 협소한 역사학자의 세계에서만 인정되는 것은 아니다. 강제연행 피해자가 일본 정부나 기업에게 피해 보상을 요구한 재판에서는―비록 원고 측 청구는 기각되었지만—그와 같은 사실이 존재했다는 점 자체는 인정되었다.

뒤늦은 연구

무엇보다 '조선인 강제연행'이라는 용어와 관련된 논의 가운데 지금까지 역사 연구자가 충분히 설명하지 않았던 중요한 문제와 명확히 하지 않았던 부분이 있음을 인정해야 한다.

앞에서도 언급한 바와 같이, 식민지 조선에는 일본 내지 취업을 희망하는 사람들이 존재했고, 실제로 전시에 스스로 원해서 일본 내지의 노동현장을 선택한 조선인들이 있었다. 그런데도 왜 조선인을 억지로 끌어오는 일이 벌어진 것일까? 또는 그러한 폭력적인 동원은 보편적인 현상이 아니라 특정 시기와 지역에서 일어난 예외적인 문제일 수 있다는 추측도 가능한데, 그럴 경우 무엇이 폭력적인 동원을 초래했는지 궁금해진다.

그리고 훨씬 가혹한 상황에 놓여 있었던 것으로 알려진 조선인의 징용이 오히려 일본인보다 늦게 적용되고, 그 규모 또한 적었다는 사실도 이해하기 어려운 부분이다. 애당초 동일한 일본제국의 영역이었던 조선에서 일본과 다른 형태의 동원이 실시된 이유도 충분히 설명되지 않은 상태이다. 조선인 동원의 양상과 일본인을 대상으로 적용한 법령 및 제도, 실태의 차이를 상세히 다룬 연구는 확인되지 않는다.

현대 일본에서는 이 같은 의문이나 과제를 풀기 위해 도전하는 역사 연구자를 거의 찾아볼 수 없으며, 필자가 아는 한 애초에 '조선인 강제연행'에 관심을 가진 역사 연구자 자체가 매우 적다.

한국 내의 진상 규명 활동

그에 비해 동원되었던 사람들과 그 유족들이 많이 살고 있는 한국에서는 1990년대의 민주화 이후 '조선인 강제연행' 문제가 널리 제기되었고, 21세기에 들어서는 정부도 여러 가지 형태로 대응하기 시작했다. 2004년에는 법령에 기초하여 '일제 강점하 강제동원 피해자 진상규명 위원회'가 발족했고, 위원회 설치 기한이 만료된 2010년에는 '대일항쟁기 강제동원 피해자 조사 및 국외 강제동원 희생자 등 지원 위원회'에 업무가 인계되었다.

이들 위원회는 한국 정부가 실시하는 보상의 전제로서, 동원되었던 본인과 유족의 신고에 근거해 사실 조사에 나서는 한편 동원 이후 사망자의 유골·유품, 관련 역사자료 및 관계자 증언을 수집해 자료집과 보고서를 간행하고 있다. 분명 중요한 작업이지만, 아직까지 '조선인 강제연행'의 전체상을 명백히 밝힐 수 있는 보고서는 제출되지 않았고, 앞서 지적한 의문도 해소되지 않았다.

한편, 이 문제에 관한 조선민주주의인민공화국(북한)의 최근 역사 연구 동향은 자세히 알려지지 않은 상태다. 다만 1960년대까지 제출된 몇 편의 논문 중에는 한국이나 일본에서 소재가 확인되지 않은 귀중한 사료(북조선에만 남아 있는 사료로 추정된다)를 이용한 연구도 있다. 전시에 일본에 의해 동원된 사람들과 그 유족들이 북조선에도 많이 남아 있는 것은 틀림없는데다 동원으로 발생한 피해에 대한 보상 문제가 해결되지 않은 상태이기 때문에, 적지 않은 관심을 갖고 있을 것으로 추측된다. 또한 북조선계 재일조선인 민족단체는 1970년대부터 노무동원에 관한 조사를 벌여왔고, 지금도 사료를 발굴하거나 증언 기록을 확보하는 등의 성과를 올리고 있다.

일본사회의 무관심

한국에서 이 문제에 관한 조사가 본격적으로 추진되는 가운데, 일본사회 일각에서도 한국 측 조사에 협조하면서 '조선인 강제연행'의 사실을 규명하거나 관계자 유골을 봉환하는 등의 대응을 시작했다. 그리고 2005년에는 그러한 활동에 힘쓰는 단체나 개인이 '강제동원 진상규명 네트워크'를 결성했고, 일본 정부도 한국 정부의 요청에 응해 사료를 제공하거나 유골에 관한 조사를 진행했다.

그렇지만 한국 내의 진상 규명 활동이나 그에 협조하는 일본의 시민운동, 그리고 일본 정부의 대응에 대해 일본 언론이 대대적으로 보도하는 일은 거의 없다. '조선인 강제연행' 문제에 관심을 가진 일본인들이 적었던 것도 관련되어 있겠지만, 무엇보다 일본 정부의 대응이 결코 적극적이지 않기 때문이다. 여기에 앞서 언급한 것처럼 이 문제에 대한 일본 역사학계의 관심 또한 높지 않다.

하지만 일본 정부의 계획에 따라 일본의 행정기구가 조선인을 동원한 사실을 감안할 때, 일본 정부는 관련 사실을 주체적으로 조사할 책무를 지며, 그러한 책무를 다하면 역사 인식을 둘러싼 이웃나라와의 불필요한 갈등도 줄어들 것이다. 부연하자면, 앞서 언급한 북조선 거주 피동원자와 유족에 대한 보상 문제를 어떤 형태로든 해결해야 하고, 그 전제가 되는 조사 또한 당연히 요구된다.

일본의 역사 연구자는 외국의 연구자보다 사료에 접근하기 쉽고 언어상으로도 유리(동원과 관련된 정책 당국의 사료는 일본어로 작성되었다)한 만큼 더욱더 적극적으로 이 문제를 연구할 책무가 있다. 지금 일본사회에서는 그릇된 사료 해석으로 '조선인 강제연행'에 대한 잘못된 언설이 유포되고 있다. 그러한 상황을 초래한 요인은 여러 가지가 있겠지만, 이 문제에 관한 역사 연구가 늦어진 사실도 큰 몫을 했을 것이다.

이 책의 논의 대상

필자는 이와 같은 상황을 조금이나마 개선하기 위해 조선인 강제연행에 대한 역사 연구에 매진해왔다. 다만 군인이나 군속으로 동원된 사례나 위안부까지 다룰 수는 없기 때문에, 전적으로 정부가 결정한 계획, 정확한 용어를 사용하면 노무동원계획(1939~1941년도)과 국민동원계획(1942~1945년도, 단 1945년도의 경우 해당 연도의 일관된 계획은 세워지지 않았다)에 초점을 맞추어 사료를 수집하고 연구했다.

노무동원계획·국민동원계획에 기초한 동원은 수적인 규모가 커서 '조선인 강제연행'이라는 용어를 사용하는 논자들은 반드시 개념에 포함시키며, 역사사전 또한 당연히 이 부분을 중심으로 강제연행을 설명하고 있다. 그리고 '조선인 강제연행'에 대해 일반적으로 떠올리는, 전시하 조선에서 끌려온 사람들이 일본 내지의 탄광이나 토건공사 현장에서 종사한 노동의 대부분은 노무동원계획·국민동원계획에 기초하여 실시되었다.

따라서 '조선인 강제연행'이라는 개념을 넓게 잡으면 언급되지 않는 부분도 있겠지만, 이 책에서는 그 핵심 요소를 주요 논의 대상으로 삼았다.

역사 연구로서의 의의

필자는 전문 연구자가 적은 가운데 일본사회에 확산된 오해를 바로잡기 위한, 어쩌면 단순한 동기에서 이 문제를 연구하기 시작했다. 당시의 오해는 조선인 노무동원의 강제성 유무, 폭력성의 정도라는 점에 집중되어 있었기 때문에 그와 관련된 몇 편의 글을 발표할 기회가 주어졌다. 그

문제에 대해 논하는 것은 그다지 어렵지 않았고, (이미 필자 이외의 연구자가 조선인에 대한 폭력적인 노무동원이 실시되었다는 사실을 밝혀낸 상태였기 때문에) 솔직히 그렇게 커다란 흥미를 느끼는 연구 주제도 아니었다.

그런데 이후 본격적인 연구를 진행하면서 조선인 노무동원에 대해 아직 알려지지 않은 많은 부분과 기존 연구가 제대로 설명해내지 못하는 측면을 파악하게 되었다. 앞서 언급한 의문들, 즉 스스로 원해서 일본 내지로 건너온 조선인을 어떻게 볼 것인가, 왜 조선인에게는 징용과는 별도의 제도로 동원이 진행되고, 전쟁 말기가 되어서야 비로소 징용이 시행되는가 하는 것들이었다. 이 질문들에 대한 답을 고민하면서 다방면의 사료를 수집해 분석하다 보니, 밝혀지지 않은 상태로 남겨진 문제를 고찰하기 위해서는 단지 노동자가 확보된 현장이나 직접적인 관계자의 행위에만 주목할 것이 아니라 좀더 넓은 시야를 갖고 분석할 필요가 있다는 사실이 보이기 시작했다.

동시에 이 연구는 일본이라는 국가가 안고 있었던 문제와 조선에 대한 식민지 지배의 특질을 파악할 수 있는, 적어도 그를 위한 단서를 포착하는 계기가 될 것임을 의식하게 되었다. 바꾸어 말하면, '조선인 노무동원'이라는 역사적인 사상事象은 단지 조선민족이 입은 피해의 규모를 알리고 일본인에게 가해의 역사와 진지하게 마주하라고 촉구하는 데에만 중요한 것이 아니라, 더 넓고 커다란 의의를 지닌 역사 연구의 과제이며 가치 있는 연구 주제라는 사실을 깨닫게 된 것이다.

총력전이 보여주는 국력

여기서 위와 같이 생각하게 된 경위와 이유를 좀더 자세하게 밝혀두겠다. 먼저 일본 국가의 문제점이 포착된다는 측면은 다음과 같이 설명할 수 있다.

애초에 조선인 노무동원은 총력전의 일환으로 진행되었다. 총력전은 문자 그대로 모든 힘을 다해 싸우는 것으로, 총력전에서는 해당 국가의 역량, 즉 국력이 드러나게 된다. 이때 국력은 군사력과 그것을 창출하는 물적 자원을 비롯해 인적 자원, 즉 노동력을 포함하는데, 그것은 단순히 양적 차원에 그치는 문제만은 아니다. 노동력이 필요한 부서에 합리적으로 인력을 배치하고 그를 위한 조사를 진행하는 한편, 근무자의 역량을 적절히 이끌어내거나 가족의 생활을 보장하는 방안 등을 포함한 구상이나 정책이 존재하며, 그것이 제대로 작동하지 않는다면 잠재적으로 풍부한 인적 자원이 있다고 해도 무의미하기 때문이다.

총력전을 수행한 여러 국가, 즉 제2차 세계대전의 주요 교전국이 저마다의 방식으로 실시한 노무동원은 국가가 소유한 자원의 양과 더불어 각 사회의 형태, 문화, 사상에 따라 규정되었다고 보는 것이 타당하다.

게다가 일본제국의 총력전에서 조선인 노무동원 문제가 차지하는 비중은 작지 않다. 이 같은 사실은 군수물자 증산에 직결되는 석탄 채굴이나 군사기지 건설 같은 중요 임무에 조선인 노동자가 배치되었던 것만 봐도 명백하다.

따라서 일본제국에 의한 조선인 노무동원의 실태와 거기에서 파생된 여러 가지 문제에 주목하면 당시 일본 국가의 문제점을 파악하는 데에 유효한 단서도 찾아낼 수 있을 것이다.

식민지 조선의 특징

조선에서 구체화된 동원정책은 그다지 원활하게 추진되지는 않았다. 일본인을 대상으로는 실시되지 않은 것으로 보이는, 폭력을 배경으로 본인의 의사에 반해 자행된 동원도 결코 드물지 않았다.

이 같은 사례는 일본제국의 민족차별과 인종적 억압의 가혹함을 상징하는 것으로 많은 비판을 받아왔다. 그 비판은 받아 마땅한 것이지만, 한편으로는 그것이 동원을 추진한 쪽, 즉 일본제국의 정책 당국자가 원했던 결과가 아니라는 점에도 주목해야 한다고 필자는 생각한다.

일본제국은 어디까지나 전쟁 승리를 목표로 노동력을 합리적으로 배치하고 생산을 늘리기 위해 노무동원을 실시했다. 따라서 일본제국에 이상적인 상황은 피동원자가 기꺼이 동원 현장에 가서 의욕적으로 생산활동에 종사하는 것이지, 현실로 나타난 것처럼 동원 과정에서 갖가지 충돌이 발생하거나 근로의욕이 없는 노동력을 동원 현장에 배치하는 것은 오히려 일본제국의 목표인 전쟁 승리를 저해하는 요인이었다.

그리고 이 같은 사태가 벌어진 배경에는 조선사회와 조선 통치의 현실, 그리고 당시 조선 민중의 동향이 자리하고 있다. 따라서 중요 국책인 조선인 노무동원이 제대로 진행되지 않은 이유를 고찰하면 조선에 대한 식민지 지배의 특징이 모습을 드러내게 될 것이다. 이 연구는, 동일하게 일본제국의 지배하에 있었던 대만의 식민지 통치와 비교해 조건 및 실상에 어떤 공통점과 차이점이 있었는지 파악하기 위해서도 필요한 작업이다.

현대적 과제와의 유사점

이처럼 조선인 노무동원은 일본제국과 그 식민지인 조선사회를 다룬 역사 연구에서 대단히 중요한 문제다. 그런데 필자는 이 문제가 의외로 현대 사회가 직면한 외국인노동자의 도입과 활용, 처우 문제와 유사성을 지닌 것 같다는 생각을 하게 되었다.

이런 생각이 의외로 느껴진 이유는, 조선인 노무동원과 외국인노동자 문제의 유사성을 지적하거나 그런 측면을 함께 고찰한 기존 연구가 보이지 않았기 때문이다. 이는 조선인 노무동원이 전쟁이라는 비상사태 아래 전개된 악랄한 범죄행위로, 평상시의 국제적인 노동력 이동과는 다른 차원에서 논해야 한다는 인식에 따른 결과로 풀이된다. 또 노동력이 극도로 부족한 가운데 민관이 합심해 논의도 없이 조선인 노무동원을 강력히 추진했다는 일반적인 인식도 영향을 미친 것으로 보인다.

하지만 현대의 외국인노동자와 전시하의 조선인 노무동원은 노동력 부족을 배경으로 호스트host 사회의 다수majority가 기피하는 직장에 투입하기 위해 도입된다는 측면에서 일맥상통한다. 젊은 노동력이 감소하는 사태 또한 오늘날에는 저출산, 전시하에는 군사동원이라는 다른 사정이 있지만(전시하에는 평상시로 돌아가면 노동력 부족이 해소될 것이라는 전망이 있었던 부분도 차이를 보이지만) 역시 공통된 현상이다.

그리고 조선인 노동자의 도입이나 그들의 처우 및 사회통합과 관련해 오늘날 일본사회에 존재하는 외국인노동자에 대한 논의와 유사한 사례도—언론에 공개할 기회가 제한되어 있었던 만큼 양적으로는 상당히 적지만—확인된다.

그런데 잘 따져보면, 그러한 논의가 있었다는 것은 이상한 일이 아니다. 행정 당국과 개별 기업에 요구되었고 또 그들이 목표로 삼았던 것은 군수생산의 유지 및 확대이다. 게다가 당연한 이야기이지만, 절대적인 노동력 부족 현상이 갑자기 발생한 것도 아니다. 일본이 총력전으로 중일전쟁을 시작한 시점에는 주로 탄광에서 노동력 부족 문제가 대두했는데, 그 원인은 다른 산업보다 열악한 노동조건과 대우에 있었다. 그런 가운데 노동자를 충원하기 위한 방책이 반드시 조선인 노동자를 끌어오는 것으로만 한정되어 있었던 것은 아니다. 덧붙이자면, 일본어가 통하지 않는 미숙련 조선인 노동자의 도입은 개별 기업이나 행정 당국에 그저 유리하기만 한 것은 아니었다.

따라서 전시하에 노동력이 부족하다고 해서 조선인 노동력을 도입할지 여부가 무조건적이고 필연적으로 시행해야 하는 정책으로 연결되지는 않았다. 동시에 조선인 노동자를 도입한다고 해도 그 규모나 방법에 대한 의견과 기업을 포함한 사회적인 대응은 다양하게 전개될 수 있는 상황이었다.

민족관계·민족정책의 검증

한편 전시하 조선인 노무동원과 관련된 논의와 대응을 살펴보는 작업은 다음과 같은 측면과 관련하여 의의를 가진다.

우선, 조선인 노무동원은 일본 노동문제의 일환으로 존재하기 때문에 그에 관한 논의는 일본인 노동자의 노동조건이나 대우—특히 일손 부족이 두드러졌던 탄광 등의 조건 및 대우—의 실태를 고찰할 재료도 제공한다.

그리고 조선인 노동자의 도입에 관한 논의와 그들에 대한 대응 문제의 검토는 일본제국과 일본인이 조선인을 어떤 존재로 바라보고 있었는지를 이해하는 데에 중요할 뿐만 아니라, 당시 일본사회를 어떻게 인식하고 있었는지를 파악하는 데에도 도움을 줄 것이다. 왜냐하면 조선인 노동자를 도입할지 여부를 비롯해 그 방법과 규모를 따지는 것은, 일본인이 아닌 민족의 존재를 전제한 사회를 바꿀 것인지, 만일 바꾼다면 어느 수준까지 변화를 허용할 것인지 하는 문제와 표리관계를 이루고 있기 때문이다. 그런 만큼 패전할 때까지는 다민족제국이었던 일본 국가의 민족관계 및 민족정책의 내실을 검증하는 의미도 지니게 될 것이다.

물론 이런 작업이 곧바로 현대적 과제를 해결할 수는 없지만, 소수 민족ethnic minority과 다수자majority의 관계나 외국인노동자와 관련된 문제를 고찰하는 데에 무익하지는 않을 것이다. 공교롭게도 1945년 8월 기준으로 일본 내지에 거주했던 조선인 수와 최근 집계된 외국인노동자 수가 비슷하다는 사실(전자는 약 200만 명으로 추산되며, 2009년 말 시점의 법무성 입국관리국 통계에 따르면 외국인등록자 수는 218만 6121명이다. 다만 2010년대 초반의 일본인 인구가 약 1억 2800만 명인 데에 비해, 패전 이전 일본 내지의 인구는 약 7000만 명인데다 중국인과 대만인의 존재까지 감안하면 소수 민족이 총인구에서 차지하는 비율은 1945년 8월 시점이 지금보다 높았다)을 고려할 때, 전시하와 현대 일본의 차이는 비록 크지만, 당시 상황은 현대인이 참고할 만한 충분한 가치를 지니고 있다.

사료와 방법

이 책에서는 위에서 언급한 점을 의식하면서, 강제연행의 중심을 이루는 조선인 노무동원을 새로운 시각으로 분석해 일본과 조선의 역사적 특질과 그것이 일본인·조선인에게 지니는 의미를 고찰해보고자 한다.

하지만 이런 목표는 다소 지나치게 의욕적일 수도 있다. 이미 지적한 것처럼, 충분한 연구가 진행되지 않은 이 문제에 대해서는 아직도 기초적인 역사적 사실이 밝혀지지 않은 부분이 많은데다 역사 연구자가 제대로 설명하지 못하는 의문도 남아 있기 때문이다. 그래서 이 책에서는 조선인 노무동원이 계획된 방식과 실행에 옮겨진 과정을 해명하고 자세히 설명하는 데에 유념하고자 한다.

필자의 논의를 뒷받침할 주요 사료는 행정 당국 및 기업, 관련 산업단체가 작성한 문서와 당시에 발행된 신문·잡지 등이다. 우리는 이 사료들을 통해 동원을 실시하는 쪽이 세운 계획이나 정책·제도와 그 배경을 엿볼 수 있을 것이다.

하지만 '조선인 노무동원'이라는 역사적 사상事象을 제대로 파악하기 위해서는 당연히 조선 민중의 시점에서도 사실을 검토해야 한다. 즉 정책·제도뿐만 아니라 동원되는 쪽에 입각한 실태도 해명할 필요가 있는 것이다. 다만 이와 관련하여 동시대에 작성된 사료는 거의 남아 있지 않다. 조선인의 자유는 식민지 지배 아래 극도로 제한되었고, 교육의 기회를 박탈당한 민중은 사료를 남기기 어려웠기 때문이다. 따라서 이 부분에 대해서는 일본의 패전=조선의 해방 이후 수집된 당사자의 회고나 증언 또는 당시 행정 당국이나 기업 등의 문서에 일부 포함된 조선 민중의 동향에 관한 기술을 주의 깊게 활용하면서 분석하고자 한다.

무엇보다 동원된 조선인의 경험은 제각기 놓여 있었던 조건이나 사정에 따라 굉장히 다양해서 일일이 소개할 수는 없기 때문에, 이 책에서는 어디까지나 정책·제도와 관련해 논의를 진행할 것이다.

이 밖에도 조선인 강제연행에 대해서는 일본의 패전 이후 지금에 이르기까지 많은 문제가 남아 있다. 미지급된 임금 문제도 아직 해결되지 않았고, 동원에 의해 정신적·육체적 피해를 겪었지만 그에 걸맞은 충분한 보상을 받지 못한 사람들도 존재한다. 그리고 그런 역사와 어떻게 마주하고 미래로 이어갈 것인지, 또 유골의 봉환이나 위령과 추도는 어떻게 추진할 것인지에 대한 문제도 제기되고 있다. 하지만 이 같은 이른바 전후보상이나 사상적인 과제는 필자의 능력으로는 감당하기 벅차기 때문에 이 책에서는 다루지 않는다.

제1장

입안 조사, 그리고
준비가 부족한 채로 시동

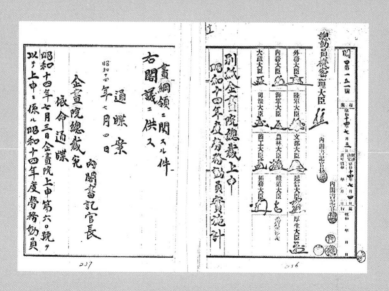

국립공문서관에 보존되어 있는 최초의 노무동원계획인 「쇼와 14년도 노무동원 실시 계획 강령」의
각의關議결정 문서의 첫머리. 이 계획에는 조선에서 일본 내지로 이동시켜야 할 노동자 수가 8만
5000명으로 적혀 있다.(아시아역사자료센터 사이트)

1. 식민지기 조선사회와 인구이동

'근대화'의 정도

노무동원이 실시되던 무렵의 조선사회는 어떤 상황이었고, 사람들은 어떻게 생활하고 있었을까? 노무동원과 관련하여 당국자가 직면했던 문제와, 관련 정책이 조선 민중에게 끼친 영향을 알아보기 위해서는 먼저 그점을 파악해둘 필요가 있다. 여기서는 전시체제의 구축을 전후한 1930년대 후반의 조선 내 상황과 관련하여 조선인 노무동원을 고찰하는 데에전제가 되는 부분을 분명히 해두고자 한다. 구체적으로는, 21세기 일본을 살아가는 인간으로서는 감각적으로 파악하기 어려울 것들을 중심으로 다소 복잡하겠지만 통계자료를 활용하는 동시에 일본 내지와 비교하면서 설명하겠다.

조선의 면적은 약 22만 제곱킬로미터로 일본 혼슈本州보다 약간 작으며, 인구는 전시하에 이천수백만 명 규모였다. 일본 내지에 비해 면적은 60퍼센트, 그리고 인구는 3분의 1 수준으로, 일본제국을 통틀어 결코 작은 존재가 아니었다. 또한 일본인과 소수의 외국인(주로 중국인)이 전체

인구의 2~3퍼센트 정도를 차지했다.

조선으로 판도를 넓힌 일본은 인프라를 정비하고 근대적인 제도와 문물을 도입하는 등 '개발'을 추진했다. 비록 조선민족의 이익이 아닌 일본제국을 위한 것이었지만(그리고 일본이 하지 않았다 해도 조선민족 스스로가 식민지화 이전부터 자주적인 근대화를 위해 노력했다는 측면도 강조되어야 하지만), 어쨌든 조선사회가 근대화되어갔던 것은 확실하다. 특히 이 시기에는 일본 또는 당시 앞서가던 외국의 여러 도시와 유사한 첨단 문화 및 기술이 유입된 지역, 그리고 그 혜택을 누리는 사람들이 있었던 것도 사실이다.

그러나 경성(현재의 서울)과 같은 도시를 벗어나 조선 전체로 눈을 돌리면, 도시화나 공업화가 진행된 곳은 일부에 지나지 않았고, 인프라도 제대로 갖추어지지 않은 상태였다. 게다가 같은 시기 일본 내지에 비해서도 상당히 뒤떨어지는 수준이었다.

우선 많은 인구가 도시가 아닌 지역에 살고 있었다. 애당초 일본의 시市에 해당하는 부府가 13개밖에 없었고, 부에 거주하는 인구가 조선 전체 인구에서 차지하는 비율=도시인구비율은 1935년 기준 겨우 7퍼센트 정도였다. 대상을 조선인으로 한정하면 이 비율은 조금 더 줄어든다. 또한, 1930년대에는 중국 대륙에서 일본이 세력권을 확대하는 가운데 조선에서 중화학공업이 발전했지만, 직업별 인구에서 농업이 차지하는 비율은 여전히 매우 높은 수준이었다. 1940년 기준으로 직업을 가진 전체 가구 중에서 농업 가구가 차지하는 비율은 약 69퍼센트로 나타났다. 참고로 같은 시기 일본 내지의 통계를 보면, 도시인구비율(일본 내지 인구에서 도시 거주자가 차지하는 비율)은 약 38퍼센트, 그리고 직업을 가진 인구 가운데 농업에 종사하는 인구는 41.5퍼센트였다.

주요 지점을 연결하는 교통망도 정비되고 있었지만, 이 또한 일본 내지에 비하면 상당히 뒤쳐져 있었다고 보는 것이 타당하다. 국유철도의 경우 1935년의 영업거리는 3389.5킬로미터, 수송량은 17억 6300만인킬로미터(여객 1인을 1킬로미터 수송한 양을 나타냄)로, 각각 일본 내지의 5분의 1, 그리고 14분의 1 수준을 살짝 웃돈다. 농촌지역에 거주하는 조선인이 철도를 이용해 간단히 이동하는 상황은 아니었던 것이다. 여기에 버스 노선도 빈약했고, 주요 철도역에서 비교적 큰 정(町: 조, 식민지기 행정구역으로 오늘날의 '읍邑' 정도에 해당한다 – 옮긴이)을 연결하는 열차도 하루에 몇 편 정도에 지나지 않았다.

따라서, 도시에서 농촌지역으로 이동하거나 농촌지역 내를 이동할 때 편리한 교통수단을 활용하는 데에는 한계가 있었고, 시간이 걸리는 것이 보통이었다. 당시 일본 문단에서도 활약한 김사량(金史良, 1914~1950?)이 단편소설 「풀 속 깊이草深し」에서 묘사한 대로 어느 산골의 화전민 마을을 방문하기 위해 군청이 있는 마을에서 하루에 한 편밖에 없는 버스로 이동한 뒤 몇 시간을 더 걸어야 간신히 당도하는 것은 다소 극단적인 경우이겠지만, 가장 가까운 철도역까지 나가는 데에도 몇 시간을 걸어야 했던 마을은 그리 드물지 않았다.

그리고 그런 마을에 전화나 전기 설비가 없는 것 또한 특별한 일이 아니었다. 그런가 하면 김달수(金達寿, 1919~1997)가 조선의 고향을 방문한 경험을 바탕으로 당시에 발표한 소설 「족보族譜」에 쓴 것처럼, 전기는 들어와도 전등은 거의 사용하지 않는 마을(김달수는 마을에서 전기요금을 낼 수 있는 집이 두 집밖에 없었다고 썼다)도 있었을 것이다.

낮은 식자율

조선과 일본 내지는 앞서 살펴본 물질적 '근대화'에서 상당한 격차를 보였지만, 조선에 거주하는 주민들의 교육이나 문화 또한 결코 '내지에 버금'가지 않았다. 조선총독부는 조선 내 교육이나 문화의 향상을 과시했고, 전쟁 말기까지 초등교육이 어느 정도 보급되고 일본어를 이해하는 조선인이 많아진 것은 분명한 사실이다. 하지만 조선인 취학률이 상승한 것은 전시였으며, 그 이전에 당국은 조선인의 교육에 그다지 힘을 기울이지 않았다.

이 같은 사실은 당시 일본 국가가 조선인에게 바라고 있었던 역할과 관련되어 있다. 즉, 조선인의 총력전 동원을 상정하지 않고 가족 단위로 운영하는 농업에 종사하는 것을 기본으로 여겼던 당시 일본 국가에는, 일본어 능력이나 근대적 교육에 기초해 지식을 습득하거나 단체훈련을 받은 조선인이 그다지 필요하지 않았다. 따라서 당국은 굳이 비용이 드는 교육을 적극적으로 보급하지 않아도 무방했던 것이다.

1925년 기준 조선인의 취학률은 17.6퍼센트(남자 27.2퍼센트, 여자 7.3퍼센트)였고, 1936년 기준 일본어독해율(10세 이하를 독해 불능자로 계산한 수치)은 9.8퍼센트(남자 16.1퍼센트, 여자 3.4퍼센트)였다. 이처럼 총력전 돌입 이전에 학령기를 맞은 조선인의 경우, 일본어가 통하지 않는 것이 보통이었다.

게다가 당시에는 일본어는 물론 조선어의 글자를 모르는 사람들도 상당수 있었다. 한글독해율(13세 이상 인구 중 이해자)은 해방 직후의 남한(38도선 이남)에서도 22퍼센트에 머물렀다. 따라서 전시체제가 확립되는 시점에서는 더욱 적었을 것으로 추정된다.

그리고 학교에 다니지 않아 일본어는커녕 한글도 모르는 사람들은 도시보다는 농촌에 많았고, 농촌에서도 경제적으로 낮은 계층이 주를 이루었다. 자소작농이나 소작농 중에는 세대주를 포함해 아무도 글자를 모르는 집안이 종종 있었고, 조선총독부 조사에 따르면 1938년 기준 자소작농의 8.3퍼센트, 그리고 소작농의 12.4퍼센트가 그에 해당되는 것으로 보인다.

한편 식민지기 조선의 초등학교 취학률과 일본어 이해자의 비율은 대만보다도 낮았다. 대만에서도 총력전 이전 단계에 인재 육성에 힘을 쏟았다고 볼 수는 없지만, 식민지가 된 이후 조선보다 오랜 시간이 경과한 영향에 따른 결과로 풀이된다.

미디어의 미발달

낮은 식자율識字率의 영향으로 대중매체의 보급이 극도로 제한적이었던 상황도 당시 조선사회를 이해하는 데에 중요한 요소이다. 1940년 기준으로 일본어 일간지를 구독하는 조선인은 11만 명에 미치지 못했고, 1939년에는 조선어 일간지 구독자가 일간지 3개를 단순합산해도 19만 명도 채 되지 않았다. 같은 시기의 조선인 인구가 2200만 명 정도, 그리고 약 410만 가구가 있었던 사실을 감안하면, 이 같은 신문 구독자 수는 미미한 수준이었다. 또한 대부분의 구독자가 도시에 거주했던 만큼, 농촌에서는 일반적으로 관공서나 학교를 제외하고는 신문을 구독하는 가정이 전혀 또는 거의 없는 실정이었다고 보아야 할 것이다.

한편 20세기 전반에 신문과 함께 주요 미디어로 떠오른 라디오의 경우, 조선에서도 1927년에 방송을 시작했다. 당시 조선어 프로그램이 전파를 탄 것으로 미루어 조선인 청취자도 상정하고 있었던 것은 틀림없다. 그런 만큼 라디오가 보급되면 글자를 모르는 조선인에게도 커다란 영향을 끼칠 가능성이 있었다.

하지만 조선인의 라디오보급률(라디오 등록 대수를 전체 가구 수로 나눈 것)은 1935년 기준 0.37퍼센트에 불과했다. 이 수치는 조선 전체를 대상으로 집계한 것이기 때문에, 농촌의 라디오 보유 가구는 더욱 적었을 것—애초에 전기가 들어오지 않는 지역도 드물지 않았다—으로 추측된다. 이 같은 현실은 농촌에서도 신문을 구독하고 라디오를 마련한 가정이 일반적이었던 동시대 일본 내지의 상황과 크게 달랐다.

행정기구와 구성 인원

일본제국은 식민지 조선에 조선총독부를 두어 지배했다. 조선총독부는 중앙의 성省과 청廳에 해당하는 본부本府를 비롯해 일본 내지의 현縣 수준의 조직인 도道, 시市·정町·촌村에 해당하는 부府·읍邑·면面을 두는 행정기구로, 말단에 주재소를 설치한 경찰을 전역에 배치해 조선민족의 저항을 억압했다. 여기에 조선총독부의 수장인 총독은 경우에 따라 조선에 주둔하는 2개 사단을 움직일 수 있었다.

이런 가운데 이미 잘 알려져 있듯이 조선민족은 여러 가지 형태로 항일운동을 계속했다. 항일 의사를 표출하지 않는 사람들도 실제로는 일본제국의 지배에 대해 갖가지 불만을 갖고 있었을 것이다. 하지만 전시체제가 구축된 1930년대 말에 철저한 탄압과 민족운동가에 대한 감시 및 회유가 이루어지면서 조선 내에서는 적극적인 항일운동을 전개할 수 없는 분위기가 형성되어 있었다.

그렇다고 해서 조선 내 모든 공간에서 빈틈없는 감시와 통합 시책이 실시되었다고 보기는 힘들다. 일반 행정기구와 경찰의 직원 배치 상황에서 여러 가지 한계가 노출되기 때문이다.

먼저 일반 행정기구에 대해 살펴보면, 1935년 기준 조선의 읍과 면에 소속된 관리는 1만 5909명(명예직인 읍면장과 구장은 제외)으로, 읍면 인구 1만 명당 관리 수를 산출하면 7.8명이 된다. 같은해 일본 내지 정촌町村의 인구 1만 명당 일반 관리 수(정町·촌장村長, 조역[助役: 부읍장, 부면장], 수입역[收入役: 회계관리 직원으로 관청 내 서열 3위에 해당하는 직위], 구장 등은 제외)는 11.0명이었기 때문에 조선 측 관리 수가 조금 적다. 조선에서는 의회나 징병과 관련된 사무가 그다지 많지 않았다는 사정도 있지만, 식자율과 일본어독해율이 낮았던 조선에서 일본 내지에 버금가는 주민 관리와 시책 수행을 기대할 수 있었을지 의문이다.

한편 경찰력을 중시한 조선총독부는 각 면面에 1개 이상의 주재소를 정비했지만, 경찰관의 배치 상황도 일본 내지에 버금가는 수준은 아니었다. 조선 전체의 경찰관은 1935년 말 기준 1만 9410명으로, 이 가운데 순사巡査가 1만 8153명이었다. 순사 1인당 인구와 면적을 산출하면 각각 1168명, 12.16제곱킬로미터가 되는데, 같은해 일본 내지의 순사 1인당 인구와 면적은 각각 1098명, 7.4제곱킬로미터였다. 게다가 도시에 인구가 집중되지 않고 교통 편의도 열악했던 조선에서 경찰관이 관내 상황을 파악하는 데에는 일본 내지보다 많은 수고가 뒤따랐을 것이다.

사회교화의 한계

이런 가운데 총력전에 돌입한 일본제국은 조선 민중을 교화시켜 전쟁에 협력하도록 만들지 않으면 안 되었다. 이를 위해 조선총독부는 1937년 7월, 정보 선전의 강화를 추진하는 '조선중앙정보위원회'를 설치했고, 1938년 7월에는 '국민정신총동원조선연맹'을 발족시켰다(1940년에 '국민총력조선연맹'으로 개조). 이 두 조직은 직역과 지역별로 정비되었고, 맨 아래에는 같은 시기 일본 내지의 '도나리구미隣組'처럼 10세대 정도를 하나로 묶은 '애국반'을 설치했다.

그러나 이 같은 익찬翼贊조직이 정비된 후에도 조선 민중은 총력전에 적극적으로 협력하지 않았다. 일본 내지에서는 그럭저럭 민간단체를 규합해 익찬조직을 결성하거나 탈바꿈을 추진했지만, 조선 사정은 달랐다. 조선에서는 조선인이 근대적인 조직에서 자주적으로 활동하는 행위 자체가 현저하게 제한되어 있었기 때문이다. 앞서 언급한 '국민정신총동원 조선연맹'도 형식적으로는 민간단체로 간주되었지만, 대부분의 임원이 관료인데다 사무국이 관청에 설치되었던 만큼 사실상 관제단체와 다름없었다.

그리고 이 같은 조직이 만들어지기는 했지만 위로부터의 교화는 그 자체로도 상당한 어려움을 동반했다. 도시의 부유층만 라디오를 듣고 신문을 보는 사람도 적은 가운데 대중매체를 통한 선전효과에 커다란 기대를 걸 수는 없는 노릇이었다. 실제로 조선총독부는 정보 선전의 수단으로 강연회나 경찰관과 관리가 주최하는 좌담회, 그리고 종이연극紙芝居 등을 주로 활용했다.

다만 이조차도 실제로는 얼마나 효과적이었는지 의문이다. 앞서 인용한 김사량의 소설 「풀 속 깊이」에는 조선인 군수가 당시 사회교화의 과제였던 색의色衣 장려(일반적으로 흰색 민족의상을 입었던 당시 조선인에게 염색한 민족의상을 입도록 권장했다)에 대해 주민들을 상대로 연설하는 장면이 나온다. 여기에서는 군수가 일부러 사용하는 "실로 애처로울 정도로 괴상한 내지어(일본어)"를 하급관리가 조선어로 통역하지만, "산골 주민들은 입을 떡 벌린 채 무슨 소리를 하는 건지 모르겠다며 신기한 듯 쳐다보는" 상황이 전개된다. 김사량 본인의 견문을 바탕으로 쓴 이 소설은, 당시 사회교화의 정책적인 의도나 내용이 민중에게 전달되지 않는 현실을 그리고 있다.

덧붙이자면, 이 소설에는 연설을 듣기 위해 모였던 민중이 돌아갈 때 관리들이 옷에 먹물로 표시를 하고, 색의 착용에 의지를 보인 조선인이 증가했다며 상급 관청에 보고할 예정이라는 이야기도 나온다. "숫자를 늘리지 않으면 군수는 해먹을 수가 없지", "관청에서는 무엇보다 숫자, 숫자가 우선"이라는 군수의 발언은, 정책의 실질적 효과나 실태 파악을 경시하고 상의하달의 형식만 중시하던 당시 조선 행정의 현실을 보여주는 것으로 생각된다.

농민의 몰락과 이동

이상에서 살펴본 측면과 더불어, 조선의 당시 경제상황, 구체적으로는 생활에 곤란을 겪는 사람들이 많았고 식민지 시기를 통틀어 농민이 몰락하는 현상이 넓은 범위에서 포착된다는 사실을 분명히 해둘 필요가 있다. 조선총독부가 조사한 계층별 농민 구성을 보면, 자작농의 감소와 자소작, 소작농의 증가 경향이 이어져서, 1940년에는 자작농이 약 18퍼센트, 자소작농이 약 23퍼센트, 소작농이 약 53퍼센트, 화전민과 농업노동자가 합계 약 6퍼센트로, 오직 자기 소유지에서 농업을 영위한 사람은 20퍼센트에도 미치지 못하는 수준이었다. 그리고 다수를 차지하는 소작농은 최고 70퍼센트에 달하는 고액 소작료에 시달리고 있었다. 사실 당시에는 충분한 농지에서 경영을 유지하는 조선 농민 자체가 그리 많지 않았다. 조선에서 농업으로 생계를 유지하기 위해서는 1정보(町步: 3000평, 9917제곱미터 — 옮긴이) 정도의 농지가 필요했던 것으로 알려져 있지만, 1938년의 통계에 따르면 조선의 전체 농가 가운데 1정보 이하의 농지를 경영하는 가구가 63퍼센트 수준이었다. 또한 곡창지대인 조선 남부의 도에서는 1정보 이하의 농지를 경영하는 가구의 비율이 더욱 커서 전체의 약 80퍼센트로 조사되었다.

이처럼 생활에 곤란을 겪다가 기회를 얻은 사람들은 조선의 농촌이 아닌 다른 지역으로 이동한 뒤 생존을 위해 일했다. 이들이 향한 곳은 조선 내 도시나 광공업지대, '만주'(중국 동북부, 이하 따옴표를 생략), 그리고 일본 내지였다. 이 가운데 일본 내지는 생활의 유지와 향상을 위한 일자리를 얻을 수 있는 유망한 곳으로—특히 조선 남부에서는—인식되었다. 이 같은 인식의 배경에는, 조선 내 광공업이 고용을 충분히 흡수할 수 있을 만큼 발달하지 못한데다가 임금이나 노동조건도 일본 내지보다 열악했고, 만주의 경우 치안이 안정되지 않았던 사정 등이 깔려 있다.

일본 내지로 향하는 조선인의 규모는 제1차 세계대전의 호황을 배경으로 1910년대 중반부터 두드러지기 시작했다. 그러다가 1920년대에 호황이 끝나고 이후 공황이 발생해 일본 내지에서는 실업이 사회문제로 대두되었지만, 일본으로 건너가는 조선인은 이 시기에 오히려 증가했다. 그래서 내무성은 조선총독부 경찰과 협조하여 비자와 유사한 도항증명서의 소지를 사실상 의무화해 1920년대 후반 이후 조선인의 유입을 최대한 억제하는 조치를 단행했다. 그럼에도 불구하고 조선 농민의 경제상황이 악화되는 가운데 일본 내지로 향하는 사람들은 전혀 줄어들지 않았다.

한편, 시간이 흐르면서 나름대로 수집한 정보와 사전준비를 바탕으로 유리한 조건을 찾아 일본으로 이동하는 조선인(이하 '생활전략적 이동'으로 지칭한다)이 많아졌다. 취직하거나 거주할 곳도 정하지 못한 채 일본 내지에 가도(일본인 당국자는 이것을 '무작정도항[漫然渡航]'이라고 불렀다)

악질적인 알선업자의 꼬임에 빠져 감방숙소, 즉 '문어방タコ部屋'이라 불렸던, 노예적인 노동을 시키기 위해 엄격히 감시하는 노동자관리시설로 보내질 것이 뻔했고, 애당초 그래서는 도항증명서를 받을 수 없었기 때문이다.

「조선인 이주대책의 건」

일본 정부는 이 같은 상황에 대처하기 위해 1934년 10월 「조선인 이주대책의 건」을 각의閣議결정했다. 이것은 조선인 이동의 통제와 관련해 일본제국이 처음으로 내린 정부 차원의 결정으로, 일본 내지의 일본인 실업 문제나 민족갈등의 격화를 방지하기 위해 조선에서 일본 내지로 이동하는 사람들을 최대한 저지·억제하는 내용이었다. 구체적으로는 도일 희망자에 대한 행정지도를 강화하고 일본 내지의 사업주를 대상으로 조선에서 오는 신규 노동력의 고용을 삼가도록 지도하는 한편, 도일 희망자를 만주(1931년에 만주사변이 일어나고 이듬해에 만주국이 건국되면서 일본제국의 세력권에 편입되었다), 또는 조선 북부의 개척을 위한 노동력으로 활용하는 방안 등이 담겨 있었다.

각의결정 이후 실시된 정책은 실제로 일정한 성과를 거두었다. 조선총독부 통계에 따르면, 1933년과 1934년의 도일자는 15만 명대, 이 가운데 일시 귀향자의 재再도일을 제외한 노동자=신규 도일 노동자는 7만 명대였지만, 1935~1937년에는 도일자가 10만~12만 명대의 추이를 보였고 신규 도일 노동자 또한 3만 명대로 떨어진데다가 이 기간에는 감소했다. 다만 1938년에는 도일자가 16만 명대로 올라서 각의결정 이전의 수준을 회복했지만, 신규 도일 노동자는 3만 9000명 정도에 머물렀다.

물론 신규 도일자가 감소한 것은, 조선 농촌의 경제상황이 급격히 개선되었기 때문이 아니라 조선인의 도항증명서 발급 신청이 대량으로 각하된 결과였으며, 당연히 조선 민중의 불만을 야기했다. 한편 같은 시기 일본 내지에서는 조선인 도일을 억제하는 방침을 변경해야 한다는 목소리가 일고 있었다.

2. 노동력 부족에 관한 논의

군수경기와 일손 부족

흔히 간과하는 사실이지만, 일본 내지에서 노동력이 부족해진 것은 중일전쟁에 따른 일본인의 출정 등으로 갑자기 발생한 현상이 아니었다. 중일전쟁 발발 직전에는 이미 인력 부족을 호소하는 목소리가 두드러지고 있었다.

이런 동향은 군비 확장과 관련해 1930년대 중반에 중화학공업 생산이 증가하면서 전개되었지만, 당시 모든 부문에서 절대적인 노동력 부족 현상이 빚어진 것은 아니었다. 같은 시기의 내무성 통계만 보더라도 일본 내지의 실업자는 30만 명을 넘었고, 농촌에서도 '과잉인구'가 존재했다. 실제로 신규 졸업생을 비롯한 공황기 귀농자와 실업자, 그리고 전업轉業이나 겸업兼業이 유리하다고 판단한 농민들을 흡수하면서 광공업 취업자 수는 점점 증가했다.

하지만 산업별로 나누어 보면 사정이 달랐다. 중화학공업 부문의 취업자는 현저하게 늘어났지만, 탄광 등 광업 부문의 취업자는 상대적으로 낮은 증가세를 보였다. 중화학공업의 생산을 위해 당시 필요했던 석탄의 경우 채굴의 많은 부분을 인력에 의존하고 있었지만, 탄광에서는 증산을 담당할 충분한 노동력을 확보하지 못하고 있었던 것이다.

탄광 경영자는 이런 상황을 타개하기 위해 조선인의 도일을 억제하는 정책을 철폐하라고 요구하면서 조선인 도입을 통한 일손 부족 문제의 해결을 모색하기 시작했다. 일부 탄광에서는 이전부터 조선인 노동자를 사용하고 있었고 도일 희망자가 조선에 상당히 많다는 사실도 알려져 있었기 때문에, 그와 같은 움직임은 그다지 특별할 것이 없었다.

그러나 그런 노력은 탄광 노동력 부족의 근본적인 해결책이 되지 못했다. 탄광 취업을 기피하는 이유는 탄광 내 노동조건이 중화학 공장 등에 비해 열악했기 때문이며, 사람을 모으기 위해서는 노동자의 대우나 노무관리를 개선할 필요가 있었다. 아니면 인력에 의존하지 않고 기계화를 추진하는 방법도 선택할 수 있었을 것이다.

하지만 그런 측면은 고려하지 않은 채, 곤궁에 처한 조선인들의 무지를 이용해 노동자를 확보하면 그만이라는 발상으로 조선인 도입이 추진되려는 분위기가 조성되고 있었다. 1937년 6월 16일자 『오사카마이니치大阪每日 신문』은 이 문제에 대해 다음과 같이 전하고 있다.

탄광노동자는 특별히 숙련공이라 부를 정도는 아니고, 한두 해 일하면 어렵지 않게 자기 앞가림은 할 수 있는데, 우리나라에서는 이 산업을 시작할 때부터 '감방숙소'로 불리는 특수한 '오야가타'(親方: 인부들의 두목, 십장 - 옮긴이)제도적인 노동조건이 많든 적든 퍼져 있기 때문에 노동자를 모집하기 어렵다. … 특히 요즘 같은 시절에 너무 많이 바라는 것은 흡사 낙타가 바늘구멍을 지나는 것과 같다. 이런 처지인데 새삼스레 노동자의 대량 도항을 금지한 것은 유감스럽다. 조선의 경기가 어떻든, 조선 농민이 여전히 반¥기아상태의 곤궁에 빠져 있다는 사실은 변함이 없기 때문에, 내지라 하면 금덩어리라도 굴러다니는 줄 아는 반도인을 대거 꾀어들이기 위해서는 부산에 있는 감시소의 문을 닫아버리면 되는 것이다.

조선인 노동자의 도입을 요구하는 일본 내지의 동향은 조선총독부에도 전해졌다. 조선 농촌의 '과잉인구'를 농촌 이외의 공간으로 이동시켜 정리하려고 했던 조선총독부는 당시, 일본의 탄광으로 노동자를 보내는 데에 찬성하지 않았다. 앞서 인용한 기사가 나온 지 약 열흘이 지난 1937년 6월 27일자『조선일보』는, 조선인 노동자를 알선해달라는 규슈지방 탄광의 의뢰를 당국이 허가하지 않을 방침이라고 보도하고 있다. 이 기사는 당국이 불허 방침을 정한 이유가, 과거 일본 내지의 탄광이 일만 시켜주면 뭐든지 하겠다는 조선인을 끌어와 값싼 임금으로 혹사시킨 "천대賤待 사실"이 있기 때문이라고 설명했다. 조선 통치 책임자는 사기성 짙은 모집과 악랄한 노무관리에 따른 조선인의 불만 고조를 경계하지 않을 수 없었던 것이다.

중일전쟁의 발발

이와 같은 논의가 진행 중이던 1937년 7월 7일, 앞서 인용한『오사카마이니치 신문』기사가 나온 지 3주 만에 루거우차오蘆溝橋 사건이 일어났다. 이 사건을 계기로 중국과 일본의 군사충돌이 확대되고, 일본인 청년남성의 군사동원도 증가했다. 이에 따라 탄광의 노동력 확보를 더욱 곤란하게 하는 상황이 더해진 반면, 군수품 생산을 확대하기 위한 석탄 증산 요구는 한층 거세게 되었다. 이런 가운데 탄광 경영자 단체는 1937년

9월, 조선인 도항 제한의 완화 조치를 포함한 대책을 마련해달라고 정부 당국자에게 진정했다.

하지만 일본 내지의 노동행정을 담당하는 내무성은 조선인의 도일을 억제하는 방침을 간단히 바꾸지 않았다. 정부는 이미 7월 말에 군수요원을 충원하는 데에 부족함이 없도록 유관 기관에 지시하는 한편, 9월에는 「군수공업동원법」(총동원을 위해 1918년에 제정된 법령)에 기초해 노무동원을 실시하기 위한 법적 조치를 단행해 내무성 사회국을 중심으로 군수 노무의 충원을 진행하고 있었다. 다만 도일 규제를 완화해 조선인 노동자를 대량으로 도입하는 조치는 이 단계에서는 아직 취해지지 않았다.

당국이 이처럼 대응한 이유는, 일손이 필요한 직장에 조선인을 투입했을 경우 전쟁이 끝난 뒤—'지나사변'이라 불린 중국과 일본의 무력충돌은 당초 단기간에 일본의 승리로 끝날 것으로 예상되었다—그들이 일본 내지에서 실업자 문제를 야기할 것을 우려했기 때문이다. 또 일본 내지의 도시 빈민가에 조선인이 거주하고, 군수경기가 지속되던 1936년 기준 일본 내지의 실업자 가운데 약 10퍼센트를 조선인이 차지했던 상황 (참고로 이 수치는 공황기를 웃도는 수준이었다) 등도 관계 당국자의 판단에 영향을 끼쳤을 가능성이 높다.

물론 행정 당국이 탄광 노동력을 확보하는 데에 완전히 손을 놓고 있었던 것은 아니다. 내무성 사회국은 전쟁 발발 이후 대책 마련에 나서서 12월에는 공익 직업소개기관에 노동자 확보를 독려하는 통첩을 보냈다. 여기서 당국은 일본 내지에 거주하는 조선인 가운데 실업자는 가능한 한 탄광에 투입하는 방안을 구체적인 해법으로 제시하고 있다.

하지만 내무성 사회국이 지시를 내리기 전인 10월, 오사카 시의 직업소개소 현황을 조사한 경찰 당국은 조선인 구직자가 '저렴한 노동단가'

와 '과격한 노동', '문화생활에 대한 동경', 그리고 '전시체제하 자유노동자의 수요 증가' 등을 이유로 탄광의 구인求人 모집에 응하지 않으려한다고 보고했다. 이를 통해 탄광의 노동조건을 개선하는 것이 노동력확보의 필요조건이었다는 사실을 알 수 있으며, 실제로 내무성도 탄광경영자에게 노동환경 개선을 주문하고 있었다.

다만 이후에도 탄광의 노무관리 실태나 임금 등이 뚜렷하게 개선되지는 않았다. 그 때문에 탄광노동자 부족을 해결하기 위한 시책이 실효를거두지 못하면서 석탄산업은 "노동력 시장의 노동력 흡수 경쟁에서 패퇴"(노동과학연구소, 『탄광의 반도인 노동자』, 1943)하게 된다.

3. 법령 정비와 동원계획의 수립

국가총동원법

그러는 사이 중국과 일본의 전면적인 군사충돌이 장기화하는 사태에 직면한 일본 정부는 총력전을 수행할 체제를 정비하고자 했다. 정부는 총력전을 확립하기에는 충분하지 않았던 「군수공업동원법」을 대신해 국가총동원법안을 제국의회에 제출하고 통과시켰다. 1938년 5월부터 시행된 이 법은 전시 또는 전쟁에 준하는 사변이 발생할 경우, 국가가 인적·물적 자원을 통제·운용하기 위해 필요한 조치를 취할 수 있게 한 것이었다.

「국가총동원법」은 관련 절차 등 세부규정을 칙령으로 정하도록 규정했기 때문에 이후 총동원에 대한 각종 칙령이 공포되었다. 노무동원에 대해서는 이를테면 「국가총동원법」 제4조의 '징용에 관한 칙령'으로 1939년 7월에 「국민징용령」이 공포, 시행되었다. 그 밖에도 징용 시행을 위한 전제로, 직업소개소에 대한 취업 장소 및 거주지 등의 신고(이를 국민등록이라 부른다), 징용과는 다른 총동원 업무에 대한 협력, 또는 고용 및 직장 이동의 제한, 임금 통제 등과 관련된 각종 법령이 의회를 거치지 않고 칙령으로 제정되었다. 참고로 「국가총동원법」 및 이 법률과 관련된 칙령의 대부분은 조선을 비롯한 식민지에서도 일본 내지와 동일하게 시행되게 된다.

직업소개소의 국영화

이와 함께, 정비된 법에 기초한 노무동원을 수행하기 위해 행정 부문의 체제도 확립되었다. 노무동원을 수행하기 위해서는 우선 구인 및 구직 현황을 파악하고 노동자를 등록한 뒤 사업소에 배치하거나 이동을 제한하는 등 노동시장을 간접적으로 통제할 필요가 있었다. 중앙정부의 경우 내무성에서 분리되는 형식으로 1938년 1월에 발족한 후생성이 이 업무를 담당했다.

한편, 지역의 행정기구에서는 직업소개소가 관련 업무를 담당했다. 하지만 총력전이 시작되기 전까지 일본 내지의 직업소개소는 대부분 시·정·촌이 설립한 실업구제기관의 성격이 강했다. 따라서 정부는 직업소개소의 국영화를 통해 노무동원과 관련된 각종 업무를 수행하는 기관으로 규정하고 수행 기능을 강화해야 할 필요성을 느끼고 있었다.

그래서 정부는 「직업소개법」의 전면 개정을 결정하고 개정안을 국회에서 통과시킨 다음, 1938년 4월 1일에 공포하여 7월 1일부터 시행했다. 이 법은 "노무의 적정 배치를 도모하기 위해 기본법에 따라 정부가 직업소개사업을 관장"(제1조)하고, 정부가 아닌 주체의 직업소개소 사업을 원칙상 금지(제2조)하며, 정부가 직업소개소를 설치한다(제3조)고 정했다. 이에 따라 시·정·촌 등의 공공 직업소개소는 국영으로 이관되었고, 노무동원을 담당하는 직원도 증원되었다. 1938년 기준 일본 내지의 직업소개소는 384곳, 직원은 3079명이었다. 하지만 이에 반해, 다음에서

알 수 있듯이 조선에서는 「직업소개법」도 시행되지 않았고 직업소개소
의 체제 또한 매우 빈약했다.

조선의 노동행정

조선에서도 중일전쟁 발발 이후 총력전에 부합하는 체제와 시책이 검
토되기 시작되었고 1938년 8월에는 '조선총독부 시국대책조사회'가 설
치되었다. 조선총독부는 이 조사회에 '전진 병참기지'인 조선이 어떻게
'시국', 즉 총력전에 대응해야 하는지 자문했다. 이에 대해 관료와 민간
의 조선인 유력자 등으로 구성된 위원들이 심의에 들어가 정치, 경제, 교
육, 문화 등 사회 전반에 필요한 시책을 논의했고, 노무수급의 조정 방안
에 대해서도 의견을 나누었다.

　당시 조선총독부는 조선이 여전히 농업사회인데다 노동자 규모 또한
적었기 때문에 그리 다양한 노무 관련 시책을 시행하지 않고 있었다. 그
리고 일본 내지에서 시행되고 있었던 「공장법」 등 노동자 보호 법규—오
늘날의 기준에 비추어 보호 법규로 보기 어려운 내용이지만—도 조선에
서는 시행되지 않았고, 구체적인 노동 관련 통계 또한 집계되지 않은 상
태였다. 게다가 설치된 직업소개소 수와 직원 수도 일본 내지에 비해 매
우 적었는데, 이를테면 1937년 말 시점에 공립 직업소개소는 10곳, 그리
고 전임 직원은 34명(이 밖에 겸임 직원 4명)에 지나지 않았다.

　다만 같은 시기 조선에서도 노동행정의 중요성은 커지고 있었고, 특히
조선 북부의 공업화를 위한 노동력 확보가 당면 과제로 인식되고 있었
다. 하지만 이 문제에 대해서는 직업소개소가 아닌 부·읍·면을 통한 '알
선' 제도가 중추적 역할을 담당했다. 1934년부터 실시된 이 제도의 취지
는 조선 남부의 가난한 농민들을 조선 북부의 사업장으로 취업, 이주시

키는 것이었다. 조선인 알선 대상자는 해마다 증가해서, 1937년도에는 1만 1965명이었던 대상자는 1938년도 6월 말까지 이미 1만 9516명으로 불어나 있었다.

이 같은 상황에 대해 '조선총독부 시국대책조사회'는 노무조정기관을 정비하고 확충하라고 건의했다. 하지만 단기간에 조선 전역에 직업소개소 등을 설치하고 직원을 대량 충원하는 것은 현실적으로 곤란했기 때문에 결국, 전문적인 노무조정기관을 증설하거나 직원을 늘리기 위한 구체적인 계획은 수립되지 않았다.

이 밖에 '조선총독부 시국대책조사회'는 노동자에 대한 일제 조사를 실시하고 기술자를 등록하는 한편, 노동자에 대한 대우를 개선할 것 등 노동과 관계된 사안에 대해서도 건의했다. 또한 노무수급 시책과 관련해서는 조선 밖으로 이동하는 노동자에 대해 조선 내 노동사정을 감안하여 문제가 발생하지 않도록 유의하고, 그에 따른 폐해를 사전에 방지해야 한다고 지적했다. 다만, 일본 내지로 노동력을 송출하는 구체적인 방책은 언급하지 않는데, 시국대책조사회의 의사록에서도 관련 논의가 확인되지 않는 정황으로 미루어, 적어도 이 문제가 주요 시책이 될 것이라는 인식은 없었던 것으로 보인다.

노무동원계획의 수립

이런 가운데 1939년부터는 해마다 기획원을 중심으로 물자, 노동력, 수송 등에 관한 국가총동원계획이 수립되고 그에 기초한 구체적인 통제와 동원이 시작된다. 노동력과 관련해 1939년 7월 4일에 각의를 통과한 노무동원 실시계획은, 전쟁 수행을 위해 해당 연도에 필요한 노동력의 수요와 공급원을 정리한 것이었다(〈표 1〉, 〈표 2〉). 이 가운데 일본 내지의 탄광 등에 배치할 노동력의 공급원으로 조선반도에서 건너오는 노동자 8만 5000명이 편성되어 있었다. 이것이 바로 일본제국이 일본 내지와 관련해 최초로 결정한 조선인 노무동원 정책이다.

이 결정은 중일전쟁 초기까지 조선인 노동력을 활용하는 데에 신중한 태도를 취했던 일본제국이 정책을 전환했다는 것을 의미했다. 그 배경에는 전쟁이 장기화될 것이라는 전망과 노동력 부족 현상의 가속화 등이 깔려 있었을 것이다. 다만, 동원계획을 수립하기 위한 조정에 들어간 시점에서도, 모든 정책 당국자들이 조선인 노동자의 활용에 적극적이었던 것은 아니었다.

일본 내지의 성省·청庁 가운데 이 문제와 관련된 곳은 후생성, 치안문제를 담당하는 내무성, 그리고 산업정책을 담당하는 상공성이었다. 상공성은 처음부터 조선인을 도입하는 데에 찬성했지만, 당시의 보도를 보면 내무성과 후생성은 1939년 4월에도 찬성하지 않았던 것으로 확인된다. 내무성과 후생성이 담당하는 행정 내용을 감안할 때, 전후에 예상되는 실업문제나 민족적인 갈등 등이 치안에 끼칠 영향을 우려한 결과 그와 같은 소극론을 낳은 것으로 보인다.

조선총독부도 난색을 표했다. 조선 농촌에 거주하는 '과잉인구'의 생활문제를 해결하는 동시에 도일 억제라는 민족차별에 대한 조선 민중의 불만을 해소하는 계기가 될 수 있는 만큼, 일본 내지로 노동자를 송출하는 정책은 조선총독부에도 이로운 측면이 있었다. 하지만 조선 북부의 개발에 필요한 노동력을 확보하기 위해서는, 대량의 조선인 노동자를 일본 내지로 송출하는 사태는 피해야 했다. 그리고 내지로 송출된 조선인이 주로 탄광노동자로 활용되는 실정에 조선총독부가 불만을 갖고 있다는 보도도 나오고 있었다. 탄광의 노무관리에 대한 우려가 여전히 가

<표 1> 1939년도 노무동원계획의 '일반 노무자 신규 수요 수'(일본 내지)

(단위: 명)

	남	여	합계
군수산업	146,000	15,000	161,000
생산력 확충 계획 산업	137,000	6,000	143,000
위의 부대산업	152,000	17,000	169,000
수출 및 필수품 산업	30,000	65,000	95,000
운수통신업	93,000	6,000	99,000
소계	558,000	109,000	667,000
감모 보충 소요 수	154,000	221,000	375,000
합계	712,000	330,000	1,042,000

출전: 기획원, 「쇼와 14년도 노무동원 실시계획 강령(안)」, 1939년 6월 20일

<표 2> 1939년도 노무동원계획의 '일반 노무자 공급원별 공급 목표 수'(일본 내지)

(단위: 명)

	남	여	합계
학교 신규 졸업자	266,000	201,000	467,000
물자동원 관계 이직자	70,000	31,000	101,000
농촌 이외의 미취업자 (조수 포함)	64,000	23,000	87,000
농촌 미취업자(조수 포함) 및 농업 종사자	191,000	65,000	256,000
노무 절감 가능 업무 종사자	82,000	11,000	93,000
여성 무직자	0	50,000	50,000
이주 조선인	85,000	0	85,000
합계	758,000	381,000	1,139,000

출전: 기획원, 「쇼와 14년도 노무동원 실시계획 강령(안)」, 1939년 6월 20일

시지 않았음을 추측하게 하는 대목이다.

그런데 관료사회가 아닌 민간에서도 조선인 도입을 부정적으로 바라보는 시각이 확인된다. 『도요게이자이신포東洋經濟新報』 1939년 5월

27일호는「조선인 노동자 이입 문제, 장래의 영원한 입장에서 보아 극도로 신중해야」라는 제목의 사설을 실었다. 사설은 이미 일본 내지에 거주하는 조선인의 규모가 동화同化될 수 있을 양이 아니고(이 논설은 1937년 기준 73만 명, 오사카 부府 인구의 5퍼센트에 해당한다는 수치를 제시했다), 평상시로 돌아갔을 때 실업문제가 예상된다고 지적하면서 "과연 저들을 일본 국가의 건전한 구성분자라고 말할 수 있을지 의문"이기 때문에 안이하게 조선인 노동자를 도입해서는 안 된다고 주장했다.

하지만 조선인 노동자의 송출/도입에 대한 소극론은 노동력 부족에 시달리는 일본 내지의 현실 앞에서 힘을 잃었고, 동원계획을 수립하는 최종 단계에서는 구체적인 규모를 두고 절충하는 작업에 초점이 맞춰졌다. 앞서 언급한 8만 5000명이라는 수치는 바로 그렇게 결정된 것이었다.

그런데 이 수치는 일본 내지에 필요한 인원수를 조선총독부 측에 약속하도록 요구한 것이었지, 치밀한 조사를 통해 산출한 결과물이 아니었다. 이와 관련해 관계 성·청의 한 관료는 한 좌담회에서 다음과 같이 밝히고 있다.

조선 쪽에는 이렇다 할 노무기관, 노무통계 같은 것이 거의 없습니다. 선인鮮人에게 과연 얼마나 노동의 여력이 있는지, 공급원은 있는지 정확히 알지 못합니다. 그런데도 내지 쪽에서 많이 필요하다고 하니까, 올해는 8만 5000명 정도를 보내기로 약속한 것입니다. 그렇지만 이것은 조선에서 필요한 정도를 계획적으로 정한 다음 산출한 숫자가 아니고….(「반도 노무자 문제 좌담회」, 『산업복리』, 1940년 3월호).

도일 규제의 강화

위와 같이 조선 측과 일본 측 당국자는 조선에서 일본 내지로 노동력을 동원하기로 결정했다. 이에 따라 양측은 구체적으로 동원을 수행하기 위해 필요한 정책적 조치나 세부절차의 확인 작업 등을 시작했다.

양측은 우선, 도일 규제의 유지와 통제를 강화하는 시책을 실시했다. 당국의 이 같은 태도는 다소 이해하기 어려울 수도 있다. 일본 내지에서 일손 부족을 호소하는데도 조선인 노동자의 이동을 가로막는 규제가 강화되는 조치는 얼핏 모순되어 보이지만, 실은 전혀 그렇지 않다. 다시 말해 일본 내지의 산업계와 행정 당국은 필요한 노동력을 필요한 장소에 배치하는 것이 목적이었기 때문에, 이를 실현하기 위해서는 조선인이 자유롭게 일본 내지로 건너와 제멋대로 원하는 직장에 취업하는 일이 없어야 했던 것이다.

따라서 노무동원계획이 아닌 개별적인 조선인의 도일(이를 '연고緣故도항'이라 불렀다)이 완전히 금지되지는 않았지만, 일본 내지에 가기 위해서는 여전히 도항증명서를 취득해야 했다. 그리고 조선인의 도일을 억제하는 1934년의 각의결정은 바뀌지 않았고, 실제로 도항증명서를 취득하지 못해 일본 내지에 가지 못하는 조선인은 노무동원이 시작된 이후에도 결코 적은 수가 아니었다.

이와 동시에 도항증명서를 보유하지 않은 조선인이 어선 등을 이용해 일본 내지로 향하는 '밀항'(이 용어는 일본제국의 신민인 조선인의 일본제국 내 이동을 제한하는 법령이 존재하지 않았기 때문에 적절하지 않은 말이지만, 당시 일반적으로 쓰였고 실제로 존재했던 단속을 교묘히 피한다는 느낌을 잘 전달하는 만큼 사용하기로 한다)에 대한 경계가 강화되었다.

이 정책은 작은 배를 이용한 이동이 위험하고 또한 악질적인 브로커로부터 조선인을 보호해야 한다는 명목을 내걸었지만, 실제 목적은 조선인이 스스로 원해서 일본 내지의 노동현장에 '자유롭게' 취업하는 것을 저지하는 것이었다고 보아야 한다. 군수경기에 이어 중일전쟁의 발발로 군수생산이 확대되는 가운데, 좋은 조건의 일자리가 있다는 이야기가 조선 내 조선인들에게 전해지면서 1930년대 말 이후의 밀항은 도쿄나 오사카 등 대도시를 목적지로 하는 사례가 늘어났다. 그런 가운데 밀항을 방치할 경우, 노무동원계획에서 요구하는, 열악한 조건의 탄광에 취업할 조선인을 확보하기 곤란해질 가능성이 있었다. 이에 대한 구체적인 대응조치로 조선총독부는 밀항의 위험성을 알리는 계몽운동을 벌였고, 밀항 브로커에 대한 일제 검거를 실시했으며, 어선을 이용한 일본 내지 이동을 금지하는 규칙을 제정해 단속을 실시했다.

'모집'과 절차

노무동원계획에 편성된 조선인의 확보와 송출, 도입을 추진하는 방안과 관련해서는 조선총독부와 일본 내지 당국 사이의 「조선인 노동자 내지 이주에 관한 방침」과 「조선인 노동자 모집 및 도항 취급 요강」이 확인된다. 조선 내 노무동원은 위에 적시된 이른바 '모집'을 통해 시작되었고, '모집'은 다음과 같이 진행해야 하는 것으로 알려져 있었다.

우선, 조선에서 모집한 노동자의 사용을 원하는 일본 내지의 사업자가 관할 직업소개소를 통해 지방장관을 상대로 희망 이유 및 고용인원 수 등을 기재한 신청서류를 제출하면, 도·부·현은 심사를 진행하고 후생성과 품의를 거친 다음 조선총독부에 서류를 보낸다. 만일 조선총독부 측이 지장이 없다고 판단할 경우, 모집 예정지가 속한 도에 연락을 취한 다음 이를 허가하고 모집을 시작하도록 지시한다. 그러면 모집인은 자신이 확보한 노동자의 명부를 작성해 모집지 관할 경찰서장에게 제출하고, 경찰서장이 문제가 없다고 판단한 자는 일본 내지로 이동시킨다. 이 때 개별 도항증명서는 필요하지 않지만, 노동자는 고용주 또는 대리인의 인솔 아래 집단적으로 이동해야 하고, 승선지 관할 경찰서에 신고한 뒤 사증을 받아야 한다. 그리고 일본 내지의 취업지에 도착하면 관할 협화회(協和会: 조선인 관리 조직. 뒤에 설명한다)나 경찰서, 직업소개소 등에 보고해야 하며, 조선인 노동자는 이들 단체의 간부 및 직원의 지시에도 복종하면서 일하게 된다.

이와 같이 모집(이하, 이 책에서 단순히 '모집'이라고 할 때는 조선에서 이루어진 노무동원 방법을 가리킨다) 과정에서 행정 당국은 주로 서류심사에 기초한 인허가를 담당했고, 모집을 실행하는 주체는 사업주였다. 뒤에서 설명하겠지만, 현실세계에서는 지방행정기구의 직원이나 경관까지 모집에 관여하는 실정이었는데도 문서에서는 이렇게 규정한 이유는 무엇이었을까? 아마도 이 부분은, 당시 조선에는 농촌의 생활난 탓에 다른 지역에 취업하기를 희망하는 사람들이 상당수 있었고, 노무수급을 조정하는 전문적인 행정기구가 없었을 뿐만 아니라 읍이나 면에도 결코 많은 직원들이 있었던 것은 아니었다는 사실과 관련되어 있을 것이다. 앞서 지적한 것처럼, 조선에서는 애당초, 적절한 노무배치를 위한 행정의 역할을 규정한 기본적인 법률인「직업소개법」이 시행되지 않았다.

한편, 당시「직업소개법」을 대신해 모집 절차나 문제적 행위를 규율하는 근거가 된 것은 조선총독부의 부령府令인「노동자 모집 취체取締 규칙」이었다. 하지만 원래 이 규칙은 노무동원에 부합하는 형태로 만들어진 것이 아니었다. 1918년에 등장한 이 규칙의 핵심은 제1차 세계대전의 호황기에 두드러졌던 일본 내지 기업의 조선 내 인력모집 과정에서의 사기행위 등을 방지하는 데에 있었다. 따라서 관련 절차를 처리하고 행정처분을 판단하는 주체가 경찰로 규정되어 있었는데, 본디 조선총독부에서 노무행정을 담당해야 할 주체가 경찰(경무국)이 아닌 내무국 사회과인 점을 감안할 때 업무계통상 변칙적인 상태였다. 게다가 1918년에 제정된 낡은 부령(여기에 1920년대 이후 일본 내지의 경기가 침체되면서 기업이 대규모 취업 권유에 나서지 않게 되자 이 규칙은 사실상 존재 가치를 잃었다)을 그대로 가져온 것은, 준비가 부족한 상황에서 조선의 노무동원이 시작되었음을 보여준다.

모호한 합의

앞서 살펴본 「방침」과 「요강」에는 '조선인 집단이입'을 실시하는 데에서 주의해야 할 부분 등도 제시되어 있다. 그중에는 실현하기 힘들거나 모호함 때문에 해석이 분명하지 않은 사항들이 포함되어 있는데, 여기에는 당시 일본 내지 당국과 조선총독부의 인식차가 그대로 남아 있다.

우선, 송출되는 조선인은 견실한 사상과 확신할 신원을 바탕으로 건장한 신체를 갖는 동시에 가능한 한 '국어'(일본어)를 이해할 수 있어야 했다. 일본 내지 측에서 보면 일본어를 이해하는 조선인을 원하는 것이 당연했지만, 당시 일본어를 이해하는 조선인은 적었다. 그리고 일본 내지의 탄광에 취업을 희망하는 사람은 어려운 생활 탓에 학교에 다닌 적도 없는 조선인 가운데에서 찾아야 하는 실정이었다. 물론 일본 내지 측도 이 같은 사정을 잘 파악하고 있었던 듯, 실제로 「요강」에는 일본 내지에 도착한 조선인 노동자가 되도록 빨리 '국어'를 익히도록 해야 한다고 적혀 있다.

또한, 도입 노동자의 이른바 체류기간을 결정하는 방식에 대해서는 해석의 여지를 남겨두고 있다. 「방침」에 따르면 "조선인 노동자는 산업의 종류 및 성질에 따라 무기한 이주자와 기한부 이주자 등 두 가지"로 나뉘는 동시에 사업이 축소 또는 중지될 경우에는 조선인의 전직轉職 알선이나 귀향 장려 등을 추진하게 되어 있었다. 조선인의 내지 정착을 꺼리는 일본 내지 측 당국은 어디까지나 조선인을 시한부로 활용하고 필요가 없어지면 고향에 돌려보낼 작정이었던 것으로 보인다. 이에 반해 농업 경영으로는 생계유지가 불가능한 사람들을 조선 농촌 이외의 지역으로 이동시킬 생각이었던 조선총독부 측은 무기한의 일본 내지 이주 정책을 원했다.

이 문제는 가족의 처우와도 관련이 있다. 노무동원계획에 따라 일본 내지로 건너온 조선인은 훈련기간(약 3개월)이 끝나면 가족 초청을 신청할 수 있고 당국은 신속히 도항증명서를 발급하여 도항을 가능하게 한다고 규정되어 있었다. 하지만 조선인을 고용한 개별 기업이 주택과 기타 준비 등을 하지 않으면 가족 초청은 현실성을 갖지 못했다. 「방침」과 「요강」에서는 이와 관련된 아무런 시책도 찾아볼 수 없다.

협화회의 정비

다만, 일본 내지 당국은 새로 건너오는 조선인 노동자를 수용하면 여러 가지 문제가 발생할 수 있다고 가정하고 노무동원을 실시하기 전부터 관련 대책을 준비했다. 이 가운데 조선인을 관리하기 위해 정비한 조직이 협화회協和会이다.

이전부터 일부 당국자들은 일본 내지에 거주하는 조선인의 동화나 민족적 갈등을 방지하는 문제를 과제로 인식하고 있었고, 총력전 준비가 거론되기 시작한 1930년대 중반에는 관이 주도하는 조선인 지도가 본격화되었다. 구체적으로는 과거부터 이어져온 조선인의 자주적인 활동을 억압하면서 협화회 등의 이름으로 조직한 단체에 조선인을 편입시킨 다음, 일본식의 생활습관과 일본어를 주입하는 한편 일본 국가에 대한 충성심을 가르치는 활동 등이 실시되었다. 조선인 지도는 주로 경찰관이 맡았기 때문에, 항일의식을 가진 사람들의 활동을 감시하는 것도 그들의 주요 임무였다.

중일전쟁이 시작되고 나서는 이 같은 사업의 중요성이 더욱 커졌고, 국가 시책으로 전국적인 조직이 정비되었다. 1939년 6월에는 후생성이 관할하는 재단법인 '중앙협화회'가 발족되었고, 각 도·부·현(조선인 인구가 적었던 오키나와 현은 제외)과 가라후토청(樺太庁: 1875년의 '사할린[가라후토]-치시마千島 교환 조약'에 의해 사할린섬은 러시아의 영토가 되었으나, 러일전쟁 후에 체결된 1905년의 포츠머스 조약으로 북위 50도 이남의 절반은 일본령이 되었고, 태평양전쟁 패전 이후 1951년의 샌프란시스코 조약으로 다시 소련에 귀속되었다. 일본이 '남사할린'을 통치했던 시절의 행정조직이 가라후토청으로, 이하 이 책에서 '가라후토'는 '남사할린'을 가리킨다－옮긴이)의 하부조직도 정비를 끝냈다. 이후 노무동원으로 일본 내지로 건너온 조선인들은 위와 같이 정비된 협화회에 강제로 가입해야 했다. 그리고 후생성이 관할하는 단체가 된 이후에도 협화회의 운영에는 경찰이 지속적으로 관여했다. 요컨대 직장 내 노사분쟁을 포함해 조선인이 뭔가 문제를 일으킨 경우에는 언제든지 탄압할 수 있는 체제가 구축되었던 것이다.

조선 직업소개령

이렇게 각종 기구와 제도가 정비되면서 1939년 9월부터 일본 내지로 향하는 '조선인 집단 이입'이 시작되었다. 다만 앞서 본 것처럼 조선인의 이

동은 「노동자 모집 취체 규칙」에 입각한 모집을 통해 이루어졌고, 직업소개소가 중심적 역할을 수행하지 않는 변칙적인 방법에 따른 것이었다.

노무동원이 시작된 이후 불완전한 기구와 미비한 법령을 재정비하는 움직임이 나왔는데, 먼저 1940년 1월에는 「조선 직업소개령」 및 그 시행 규칙이 시행되었다. 「조선 직업소개령」은 일본 내지 직업소개법의 이른바 조선판에 해당하는 법령으로, 정부가 "노무의 적정 배치를 도모하기 위해" 이 법령에 따라 직업소개 사업을 관장한다고 규정했다(제1조). 다만, 직업소개법과는 달리, 조선에서 직업소개 업무를 하는 주체를 직업소개를 전문적으로 실시하는 국가 행정기구로 한정하지 않았고, 부·읍·면도 조선총독부가 정한 바에 따라 직업소개를 할 수 있도록 정했다(제3조).

그리고 「조선 직업소개령 시행 규칙」에는 조선총독의 허가를 받아 실시하는 노동자 모집 관련 절차 및 금지사항, 처벌에 관한 내용이 담겼고, 이 규칙이 시행되면서 「노동자 모집 취체 규칙」은 폐지되었다. 그리고 「조선 직업소개령」의 시행에 따라 조선 내 노동자 모집과 관련된 사무는 경찰이 아닌 부서(조선총독부 본부에서는 내무국, 그리고 도 단위에서는 사회과)가 관할하게 되었다. 그렇지만 모집지의 관할 경찰서에 모집 사실을 알리거나 노동자를 인솔하여 출발할 때 신고하는 등의 의무는 계속되었다.

이와 더불어 1940년 1월에는 칙령으로 「조선 직업소개소 관제」가 공포되어 일부 공립 직업소개소가 국영으로 이관되었다. 하지만 국영 조선총독부 직업소개소는 경성 등 6곳에 불과한데다 직원 수 또한 제각기 소장과 사무관 2명, 서기 26명 등 조선을 통틀어 174명에 그치는 수준이었다. 앞서 다룬 바와 같이 부·읍·면도 직업소개소를 설치할 수 있었지만, 실제로 실행에 옮겨진 사례는 확인할 수 없다.

　이런 사정이었기 때문에 이후에도 조선의 노무동원이 직업소개소를 중심으로 실시되는 일은 없었다. 국영 조선총독부 직업소개소가 설치된 부府에서는 직업소개소가 관할 지역의 동원 행정을 맡았지만, 그 밖의 지역에서는 계속해서 일반 지방행정기구, 즉 부·읍·면이 해당 업무를 담당했다. 한편, 조선에서는 국가총동원법에 기초한 노동 관련 칙령을 통해 직업소개소장의 임무를 부·읍·면의 장(부윤, 읍장, 면장)이 대행할 수 있도록 규정되어 있었다.

4. 노동자 확보와 처우 실태

직업소개와 통제

전시하 노무동원이라고 하면, 아마도 많은 사람들이 한 장의 쪽지로 전달된 국가의 명령에 따라 갑자기 자신이 하던 일과는 상관없는 군수공장 등으로 배치되는 장면 따위를 떠올릴 것이다. 물론 「국민징용령」에 따른 징용처럼, 그런 사례가 없는 것은 아니다(뒤에서 다루겠지만, 실제로는 일본 내지의 경우 공동체의 유력자가 다방면의 배려를 통해 가족의 생활이 곤란해지는 경우에는 되도록 동원하지 않는 조치가 취해졌고, 유력자에게 부탁하여 관계자를 통해 징용을 면제받는 것도 불가능한 일은 아니었다. 따라서 일본 내지에서는 징용령서徵用令書를 받았다고 해서 어찌할 바를 모르는 경우가 그리 많지는 않았을 것으로 생각된다).

개인의 자유와 생활을 박탈해 특정 직장에서 일하게 하는 징용이라는 수단은 국가의 책임을 수반하며, 사무절차도 그리 단순하지 않다. 전쟁 관련 물자를 생산하는 사업장에 필요한 노동자를 배치하는 정책적 목표가 다른 수단을 통해 달성된다면 무엇보다 바람직한 일이다. 그렇기 때문에 징용은 그리 간단하게 활용될 수 없었고, 법령 조문에서도 예외적인 위치를 차지하고 있었다. 「국민징용령」 제2조는 "징용은 특별한 사유가 있거나 직업소개소의 직업소개와 그 밖의 모집 방법에 의거하여 필요한 인원을 확보할 수 없는 경우에 한해 이를 실시한다"고 정했으며, 징용 대상이 되는 국민등록은 오직 특정 기술자에게만 적용되었다.

게다가 노무동원이 실행에 옮겨졌을 때는 감소하고 있었지만 여전히 십수만 명의 실업자가 존재했고, 앞으로 전쟁 중심의 생산체제로 이행하면 '평화산업'의 직장을 떠나야 하는 이들이 발생할 것이라는 전망도 나오고 있었다. 그리고 당연히 학교에서는 해마다 다수의 신규 졸업자를 배출하고 있었다. 상황이 이랬기 때문에, 동원 실시 첫해인 1939년도의 동원계획에 따라 행정 당국의 관여 속에 노동자를 확보하는 작업은 주로 국영 직업소개소의 직업소개를 통해 이루어졌다. 1939년도에 실시된 징용은 육군의 고용과 관련된 850명뿐이었다. 그리고 직업소개소를 통하지 않은, 즉 개인적인 연줄을 통해 군수산업 등과 관련된 공장에 취직해 결과적으로는 노무동원계획에 편성되지 않았던 신규 수요를 메워버린 사례도 상당히 많다.

그렇다고 당시에 눈에 띄는 정책이 전혀 실시되지 않은 것은 아니다. 노동시장에 대한 정부의 간접적인 개입은 시작되고 있었는데, 노무동원계획이 각의를 통과하기 전에 이미 「학교 졸업자 사용 제한령」과 「종업원 고용 제한령」은 시행되었으며, 이에 입각한 통제도 실시된 상태였다. 전자는 광공업 기술과 지식을 보유한 신규 졸업자의 고용에 대해, 후자는 숙련공과 기술자의 직장 이동에 대해, 각각 인가를 의무화하는 것이었다. 또한 1940년 2월에는 신규 취업 예정자가 불요불급한 산업으로 유출되는 것을 억제하기 위한 「청소년 고용 제한령」이 시행되었다.

이들 법령은 조선에서도—시기적으로 다소 지체되는 법령도 있었지만—시행되었다. 다만 조선에서는 도시에 구직자가 체류하고 있는 것도 아니고 광공업 기술과 지식을 습득한 신규 졸업자도 적었다. 조선 농촌의 '과잉인구'를 미숙련노동자로 활용하는 것이 동원계획의 취지라는 측면을 감안한다면, 당시에 등장한 노무통제를 위한 여러 법령이 일본 내지와 같이 중대한 의미는 갖지 않았다고 보는 게 타당하다.

지역사회의 운영위원

일본 내지에서는 동원계획에 편성된 노동자를 확보하기 위해 지역사회가 직업소개소에 협력하는 구상이 마련되었다. 이와 관련해 「직업소개법」 제4조 2항은 직업소개소의 업무를 보조하기 위해 연락위원을 둔다고 정하고 있다.

연락위원은 노무 공급원의 개척, 즉 계획된 충원을 실현하기 위해 조건에 부합하는 인물이 구인에 응하도록 노력하는 등 직업소개소의 업무에 협조하는 역할을 맡고 있었다. 연락위원은 지방장관(각 도·부·현의 지사)이 임명하며, 무급이지만 활동에 필요한 일부 비용을 국고에서 지급받았다. 일반적으로 반상회 성격의 정내회町內会나 부락회部落会의 직원, 방면方面위원(관청의 무급 직원으로 한국의 동洞이나 리里에 해당하는 소규모 공동체에서 빈곤자와 상담을 진행하고 생활보호 절차를 보조하며, 보통 해당 지역의 명망가가 임명되었다), 사법보호위원, 청년단 간부 등 지역사회의 실정을 잘 파악하고 일정한 영향력을 가진 인물이 연락위원으로 임명되었다. 당시의 연락위원에 대해 명예직의 성격이 강해 실질적인 기능을 수행하지 못했다는 평가도 있지만, 지역사회의 상황을 파악하는 입장에 있었던 민간인을 국가가 비용을 부담해 노무동원에 협력하도록 하는 체제가 구축되었다는 사실은 분명하다.

이 밖에도 「직업소개법」의 규정에는 없는 노무보도원補導員이 일본 내지 직업소개소의 업무를 보조했다. 노무보도원은 반관반민단체인 재단법인 직업협회가 임명하는 직책으로, 기업 관계자 가운데에서 선발되었다. 이들이 직업소개소의 통제를 어지럽히는 경우도 있었다고 전해지지만, 활동 자체는 "주목할 만하다"는 평가를 받았다. 이런 평가가 나온 이유는 아마도 개별 기업의 이익을 우선시하면서 노동자 확보에 역량을 발휘했기 때문이겠지만, 지역사회와 밀착되어 있는 연락위원이 노무통제에 관한 임무를 맡고 있었던 만큼 지역사회의 질서를 어지럽히거나 지역경제에 타격을 주는 행위는 용납되지 않았을 것으로 추측된다.

그러나 조선에서는 이 같은 체제가 확립되지 않았다. 앞서 지적한 것처럼, 조선에는 노무수급을 위한 전문적인 행정기구=직업소개소의 체제가 빈약했기 때문에, 대부분의 지역에서는 일반 지방행정기구인 부·읍·면이 노무동원과 관련된 사무를 수행했다. 그리고 각 사무소가 구인, 구직을 접수하는 것이 아니라, 조선총독부의 허가를 얻은 개별 기업이 지역사회로 직접 들어가서 모집하는 방법으로 동원계획에서 배정된 인원을 채우는 실정이었다.

게다가 일본 내지와는 달리, 조선 내 노무배치 행정의 기본 법령인 「조선 직업소개소령」에는 연락위원 제도의 규정이 없었다. 이 사실은 기업 관계자가 해당 지역의 질서와 경제를 제대로 고려하지 않고 자기 입맛에 맞게 노동자를 찾아나서도 이를 막을 수 있는 체계가 없었음을 의미한다. 면장은 대개 조선인으로 지주 등 지역에 일정한 영향력을 갖는 인물인 경우도 있었지만, 당시 조선에서는 오히려 주재소의 순사가 권력을 쥐고 있는 것으로 보이는 게 현실이었다.

낮은 충원율

그렇다면 조선 내 노동자 확보의 실태는 어떠했을까? 이 질문에 관한 최근의 역사 연구는, 적어도 1939년도에는 적극적으로 모집에 응하고자 하는 조선인이 많았다는 측면에 주목하는 경향을 보이고 있다. 이들 연구는 1939년에 조선 남부—'과잉인구'가 체류하고 있는 것으로 알려졌던 지역—에 미증유의 가뭄이 닥쳐서 다수의 이농離農 희망자가 발생한 사실과 관련지어 당시 동향을 설명한다.

물론 그런 사실을 부정할 수는 없지만, 그렇다고 1939년도에 조선에서 일본 내지로 노동자가 순조롭게 송출된 것은 아니었다. 이 같은 사실은 당초 계획한 인원과 실제로 배치된 노동자의 숫자를 살펴보면 명백하게 드러난다. 앞서 살펴본 계획에서는 1939년도에 8만 5000명을 일본 내지와 가라후토(사할린)에 보내기로 되어 있었지만, 실제로 배치된 인원은 3만 8700명에 머물렀다. 1939년도에는 조선총독부가 승인한 모집 건수 자체도 5만 8134명으로 당초 계획을 크게 밑돌았는데, 이는 동원계획에 대한 각의결정이 7월에 나왔기 때문에 계획에 기초한 사무절차를 시작한 이후 연도 말까지 실제로 7개월밖에 없었던 시간적 제약에 따른 결과로 보인다(일본 내지의 기업이 조선인을 도입하기 위한 준비를 마치지 못했거나 주저했을 가능성도 있다). 아무튼 당초 계획한 인원수에 대한 충원율은 45.5퍼센트, 모집 승인 수에 대한 충원율 또한 66.6퍼센트에 그쳤으며, 이 같은 수치는 충원율이 확인되는 이후 연도보다 심하게 낮은 수준이다.

그러면 가뭄의 영향으로 많은 이농 희망자가 발생했는데도 당초 계획대로 노동자를 송출하지 못한 이유는 무엇이었을까? 이 질문에 대한 답은 조선 내 지방행정기구의 사무숙련도와 기업이 실시하는 모집에 대한 협력과 배려가 충분하지 않았던 당시 상황에서 찾을 수 있다. 대형 탄광에서 노무를 담당한 직원이 전시기에 쓴 책(마에다 하지메前田一, 『특수노무자의 노무관리』, 산카이도山海堂출판부, 1943)에는 다음과 같은 이야기가 나온다.

> 처음에는 수많은 업자들이 동일한 모집 지역에 진출한 탓에 거기서 경쟁 관계가 생기기도 했고, 대체로 단시간에 대량의 인력을 공출해야 했던 사정과, 이번 모집의 목적, 정신이나 절차, 방법 등이 충분히 조선 내 지방청에 전달되지 않은 것 때문에 업자들이 모집하는 과정에서 겪은 곤경이나 장애가 예상을 뛰어넘었고, 그래서 초기에는 모집 성적이 모두 좋지 않았던 것 같다.
>
> 특히 모집과 더불어 일의 절반을 차지하는 수송 문제는 처음부터 매우 신경이 쓰이는 부분이었는데, 짧은 시일 안에 준비가 필요한 지방버스의 비립比立(비율? 의미가 분명하지 않지만 원문 그대로 – 옮긴이), 철도에 대한 승차 신청, 각 승선지에서 필요한 노무자의 도항사증, 세관검사 등의 사무는 말할 것도 없고, 수송기관의 혼잡이 마침 폭주하면서 실로 형언할 수 없는 어려움이 따랐던 것이다.

위 설명에서는, 일단 서류상의 절차를 마치고 말단 행정 당국자나 지역사회에 영향력을 가진 주재소 경관의 협력을 얻은 단계까지 왔다면, 노동자 확보 자체는 그리 곤란한 일이 아니었다는 현실이 엿보인다. 반대로 이들이 기업 관계자와 일심동체가 될 정도로 협력해주지 않는 한, 농사지을 땅이 없어서 핍박한 생활에 내몰린 사람들이 아무리 많다고 해도 노동자를 확보하기는 어려웠던 것이다. 신문 광고나 라디오 선전은 대부분의 농민들에게 전해지지 않는데다, 면사무소가 형식적으로 일본 내지 탄광의 구인정보를 게시판에 붙여놓아보았자 글자를 모르는 농민들에게는 아무런 의미도 없었고, 일본 내지에서 온 기업 관계자는 면사무소에서 각 마을 중심부로 향하는 길조차 알지 못했을 것이다.

가뭄 이재민의 응모

실제로 모집을 위해 조선에 온 탄광 직원 등의 출장 기록과 전후 증언은, 관청과 경찰의 협력을 확보하는 것이 그들의 주요 업무 가운데 하나였다는 사실을 보여준다. 주재소 순사에게 머리를 숙이고, 면사무소의 내로라하는 인물에게도 부탁해 모집을 시작했다는 한 탄광 직원은 1939년도에 상당수의 응모자가 있었다며 다음과 같이 회상하고 있다(홋카이도도립 노동과학연구소, 『석탄광업의 광원 충원 사정의 변천』, 1958. 참고로 아래 원문에는 쇼와 13년=1938년으로 표기되어 있지만, 1938년에는 조선 내 모집이 허가되지 않았고 가뭄 또한 발생하지 않았으므로 쇼와 14년=1939년이 맞다).

처음(쇼와 13년) 갔을 때는 유례없는 대가뭄이 휩쓸고 간 뒤였습니다. 다들 나무뿌리와 풀뿌리를 먹고 있는 처지였기 때문에 첫 번째 마을에 도착했을 때는 구세주가 나타났다고 할 정도였고, 마을 한 곳당 10명(을 배정했는데), 200명 가까이 모이는 바람에 돌려보내느라 애를 먹었습니다. … 마치 장날처럼 사람들이 모여들었지요.

이런 가운데 조선총독부도 가급적이면 가뭄 이재민을 동원한다는 방침을 이미 확인하고 있었고, 실제로 '응모자 쇄도'라는 제목의 보고서도 제출된 상태였다.

이처럼 상당수의 가뭄 이재민이 다른 산업보다 노동조건이 열악한 탄광의 모집이었는데도 응모를 희망했지만, 동원계획 응모가 아닌 별도의 경로=연고도항으로(즉 종전과 같이 직접 도항증명서를 발급받아) 일본에 가려는 조선인의 경우 탄광 등의 취업을 희망하는 사례는 많지 않았다. 1939년 9월~12월까지 연고도항으로 도항한 자를 산업별로 살펴보면, 공장(평화산업)이 49.9퍼센트로 가장 많았고, 토목건축이 24.0퍼센트, 공장(시국산업)이 18.6퍼센트로 뒤를 이었으며, 탄광·광산은 가장 낮은 7.6퍼센트에 그치고 있다.

그리고 연고도항으로 일본에 건너간 노동자는 동원계획이 실시된 1939년 9월 이후부터 눈에 띄게 감소했다. 1939년 한 해 동안 연고도항으로 일본에 건너간 사람은 모두 6만 4034명(으로 추산되는데, 3만 명대를 기록했던 1930년대 중반보다는 증가했지만, 그것은 가뭄의 영향으로 보인다)이지만, 이 가운데 9월~12월까지의 합계는 1만 3631명이었다. 이 시기에는 전쟁 수행을 위한 동원과 상관없는 조선인의 생활전략적 이동이 최대한 억제되었지만, 빈틈을 찾아 일본 내지로 이동하는 사람들은 밀항을 시도했고, 그에 대한 단속이 강화된 정황은 앞서 살펴본 바와 같다.

그런가 하면 당국의 정책을 역이용해 일본 내지로 이동하려는 조선인의 움직임도 있었다. 처음부터 도망칠 것을 예정하고 동원계획에 응모하는 사례가 이때부터 문제시되고 있었던 것이다.

도망을 막기 위한 감시

물론 처음부터 도망칠 것을 예정하고 동원에 '편승'하는 행위는 어느 정도 일본 내지 사정에 밝아야만 할 수 있는 것이었다. 다만 그렇지 않은 조선인 사이에서도 동원 배치된 곳에서 도망치는 사례가 빈번히 발생하게 되었다.

이 같은 상황은 탄광노동 자체를 기피하는 의식과 사업장의 열악한 노무관리가 초래한 것으로 보이며, 모집단계에서 제시한 조건과 실제 상황이 다른 사례도 있었다(이 때문에 노사분쟁이 자주 일어났던 것에 대해서는 뒤에서 다루겠다).

게다가 당시 일본 내지에는 탄광보다 좋은 조건에서 돈을 벌 수 있는 직장이 있었고, 일손 부족에 시달리는 가운데 일각에서는 다른 사업장의 노동자를 도주하게 만들어 자기 사업장으로 빼내는 행태까지 나타나고 있었다. 그리고 노무동원이 시작되기 전에 일본으로 건너와 오랜 기간 일본 내지에서 살아온 조선인 가운데, 건설현장의 '함바'(노동자가 집단거주하는 허술한 주거공간으로, 경영자인 '오야가타'[親方: 우두머리]가 노동자의 일과 식사를 돌보는 한편으로 중간착취를 행하기도 한다-옮긴이)를 경영하게 된 사람들도 드물지 않았다. 운 좋게 그런 곳에 다다를 수 있다면, 노무동원된 사업장에서 도주한 조선인은 일본 내지에서 동포 노동자들과 함께 노동을 지속할 수 있었다.

물론 경찰 당국은 조선인의 도주를 강력히 경계했는데, 여기에는 인근 주민과의 마찰을 회피하는 목적도 있었던 것으로 보인다. 도주한 조선인을 적발한 경우에는 원래의 직장으로 돌려보내거나 고향으로 송환했는데, 어떤 조치를 취할지는 협화회원장章 소지 여부(본인에게 건네지 않고 기업이 보관하는 것이 보통이었다)로 판단했다. 하지만 조선인 함바 책임자 중에는 경찰 당국에 이야기해서 도주자에게 협화회원장을 발급하게 할 정도로 힘을 가진 사람도 있었고, 중요한 공사와 관련된 함바일 경우에는 경찰도 도망자의 고용을 묵인하기도 했다.

동원 배치된 조선인의 도망이 줄어들 기미를 보이지 않자 그들에 대한 감시 또한 강화되어갔다. 일부 탄광이나 토건공사 현장에서 전근대적이고 억압적인 노무관리가 이루어졌다는 사실은 잘 알려져 있지만, 노무동원 대상자는 일반 노동자와 구별된 더욱더 엄격한 감시의 대상이 되었다. 물론 모든 사업소에서 감방숙소와 같은 관리가 이루어진 것은 아니며, 동원 노동자의 증언 중에는 쉬는 날에 시내에 놀러 나갔다는 증언도 확인된다.

하지만 1940년 8월에 열린 한 재벌기업그룹의 노무 담당자 좌담회에서는, 노무동원된 조선인에 관해 "주택 주변에 보초 따위를 세우거나, 경우에 따라서는 철조망을 쳐서 아주 엄중히 관리합니다"라는 발언이 등장한다(닛산 간담회 본부日産懇話会本部, 『시국하 노무문제 좌담회』, 1941). 일부 대기업은 이미 노무동원 정책이 실시된 초기 단계부터 인권을 무시한 감시와 관리를 자행하고 있었던 것이다.

분쟁·쟁의의 빈발

노무동원된 조선인을 받아들인 사업장에서는 노동쟁의나 관헌이 '내선인內鮮人 쟁투사건'이라고 부르는 일본인과 조선인의 충돌사건이 많이 발생했다. 양측을 '분·쟁의'로 조사한 특고特高 경찰에 따르면, 분·쟁의 건수와 참가 인원수는 1939년부터 1940년 말까지 각각 338건, 2만 3383명으로 집계되었다. 특히 참가자는 1940년 말 기준 '이입 조선인 노동자'의 26.3퍼센트로, 4명 중 1명이 분쟁이나 쟁의에 관련되어 있었던 셈이다.

특고 경찰은 분·쟁의의 원인을 1) 모집 시의 노동조건과 실제 노동조건의 괴리, 2) 언어습관의 차이가 낳은 오해, 3) 갱내 작업을 위험시한데에 따른 기피, 4) 안전대책 및 복리시설 설비에 대한 요구 등으로 정리하고 있다. 단순한 오해가 발전하여 대규모 충돌로 발전된 사례도 있겠지만, 일반적으로 나타나는 설비나 노무관리의 미흡에 더해, 작업 내용, 임금, 노동시간 등의 노동조건에 대한 충분한 설명 없이(경우에 따라서는 지나치게 큰 기대를 하게 하는 방법으로 전달하면서) 모집하거나 일본어가 통하지 않는 다른 민족이고, 게다가 탄광노동의 경험이 없다는 점을 제대로 배려하지 않은 노무관리 등이 문제를 야기한 것으로 추측된다. 한편, 『특고월보』는 일본인 노무담당 직원의 구타나 기업 측이 병에 걸린 조선인 노동자에게 제재를 가해 사망에 이르게 한 데에 동료가 항의한 것으로 보이는 사례 등 폭력적인 노무관리 탓에 발생한 몇 가지 사건을 구체적인 분·쟁의 사례로 꼽고 있다.

사용자 측의 인식

그렇다면 사용자 측인 사업주는 조선인 노무동원 정책을 어떻게 평가하고 있었을까? 이와 관련해서는 일본 내지에서 조선인이 좋은 평가를 받고 있다는 조선 내 신문 등의 보도가 확인된다. 후생성과 상공성의 관료들은 1940년 12월 관계 관청의 관료와 사용자 측 기업 관계자가 참석한 가운데 열린 좌담회(『산업복리産業福利』 1940년 3월호에 '반도 노무자 문제 좌담회'라는 제목으로 게재되었다)에서 "대단히 성적이 좋다", "상당한 성과를 올리고 있다고 한다"고 언급하고 있다.

하지만 같은 좌담회에서 나타난 사용자 측 기업 관계자의 인식은 그리 단순해 보이지 않는다. 현장의 실정을 잘 알고 기업 경영에 대한 책임도 있었기 때문이겠지만, "취업률은 비교적 예상 외로 좋지만", "현재 성적으로는 낙관할 수 없다"(석탄광업연합회 직원)거나, "걸핏하면 부화뇌동할 때가 있다", "익숙해지면 이동이 심해질 것 같다"(홋카이도 탄광기선주식회사 직원)는 관점을 드러내고 있는 것이다.

그리고 이 좌담회에도 관계자가 참석했던 재단법인 협조회協調会의 『전시 노동사정』(1944)에는, "(조선인의) 집단이입은 쇼와 14년 10월에 시작되었으나… 광업소에서 들리는 소리는 그다지 좋지 않았던 것이 사실"이라는 기술이 나온다. 또한 조선인과 일본인의 관계를 주시하던 특고 경찰은 "최근 내지인 사업주 쪽에서 저들이 시국하의 노무자로 적합한지에 대해 점점 비관적인 견해를 표출하는 경향이 있다"는 관찰을 보여주고 있다(『특고월보』 1940년 11월).

실제로, 일반에 널리 전해지는 매체에서는 다뤄지지 않았지만, 일본인 노동자와의 관계에서도 문제가 발생했다. 특고 경찰에 따르면, 조선인 노동자 500명을 고용한 가와사키川崎 중공업의 함선 공장에서는 일본인 노동자가 조선인과 같이 식사하지 않았고, 상호부조를 목적으로 하는 친목회에 조선인을 가입시키지 않은 것으로 전해진다. 마찬가지로 특고 경찰이 홋카이도청의 조사로 소개한 기사에 따르면, 미쓰비시三菱 오유바리大夕張 광업소에서는 일본인 숙련노동자들 사이에서 "조선인과의 공동작업을 싫어하고, 또한 훈련기간을 마친 조선인과 동일한 대우를 받는 데에 불만을 품고 전출하는 자"가 증가했다. 그 결과, 이 사업소에서는 전체 노동자 수가 증가했는데도 석탄 생산량은 감소하는 사태마저 발생했다(『특고월보』 1940년 11월).

이상으로 미루어, 조선인 노무동원 정책이 별다른 문제 없이 생산력 확충이나 기업 경영에 긍정적인 효과를 거두었다고는 보기 힘들다는 사실을 알 수 있다. 실효를 기대하며 조선인을 받아들인 기업 측은 도망 방지, 일본인 노동자와의 양호한 관계 유지를 포함한 노무관리의 개선 등 여러 가지 문제에 직면해 있었다. 결국 이런 문제를 초래한 근본적인 원인은 열악한 노동조건과 일본인의 차별적인 인식, 언어불통, 문화에 대한 이해 부족 등이었고, 조선인 노동자를 받아들이기 전에 대비책을 마련했어야 했을 것이었다.

제2장
'잉여' 없는 노동력의 실정

일본 내지의 조선인 거주자를 통제하는 조직이었던 협화회의 '회원장章'. 사진은 1937년에 일본의 탄광에 취업한 조선인의 회원장으로, 동원된 조선인은 의무적으로 회원장을 소지해야 했다. 회원장은 배치된 노동현장에서 도주한 자를 적발하는 데에 활용되었다.(한국 정부 '대일항전기 피해 조사 및 국외 강제동원 희생자 등 지원위원회' 제공)

1. 동원의 전개와 모순의 표출

'잉여노동력'의 조사

노무동원이 실행에 옮겨지기 시작한 1939년 11월, 일본 내지에서는 후생성령에 의거해 노동동태조사가 실시되었다. 이 조사는 과거 반년 간의 노동자의 직장 이동이나 과부족 상황, 전망 등에 대한 전체 고용주의 회답을 직업소개소가 취합·정리한 것으로, 이후 연 2회 실시가 의무화되었다. 이 조사는 동원계획을 수립하기 위한 기초자료를 수집하는—동원이 시작되고 나서 이런 조사가 실시되는 것은 순서가 거꾸로이긴 해도—중요하고 필요한 작업이었다.

하지만 조선에서는 이런 조사가 실시되지 않았다. 농민이 대다수였던 조선에서는 직장 이동 등과 관련된 실태를 파악할 필요가 별로 없었다는 해석도 가능하지만, 같은 조건 아래에 있었던 대만에서는 이 조사를 실시했던 만큼 조선에서 실시하지 않은 이유는 다른 데에서 찾아야 할 것이다. 일본어이해율의 차이나 조사를 수행할 인력이 부족했던 사정이 관련되어 있을 것으로 추측된다.

그런데 조선총독부는 1940년 3월 뒤늦게 노무자원조사를 실시하라고 지시했다. 이 조사의 목적은 조선 전역의 각 면에 5명 정도의 조사원을 배치하고, 경영규모가 '이상 경작면적' 미만인 농가(이를 '과잉농가'라 불렀다)를 조사하여 '노동 출가 및 노동 전업 가능자' 및 '노동 출가 및 노동 전업 희망자' 수를 파악하는 데에 있었다. 조사에서는 '연령 20세 이상 45세 미만으로 건강상태가 보통 이상인 자'를 '가능자'로 인정했고, 이 가운데 1940년도 안에 출가나 전업을 희망한다고 응답한 사람을 '희망자'로 분류했다. 이 조사는 전체 '과잉농가'가 아닌 일부 표본(추출 비율을 파악할 수 있는 충청남도의 경우, 13퍼센트 정도였디)을 대상으로 실시되었다.

하지만 조사 결과를 정리하는 데에는 시간이 걸렸다. 각 도의 보고서 제출 기한은 당초 4월 말이었지만, 모든 도가 5월 이후, 특히 많이 지체된 도는 7월이 되어서야 겨우 집계표를 제출했다. 한편 비정상적으로 많은 가능자 및 희망자 수를 보고한 평안북도의 경우, 조선총독부 내무국장의 지시로 재집계에 들어갔다.

이처럼 조사 결과를 종합하는 과정에서 지연과 문제가 뒤따랐지만—이런 종류의 조사에 익숙하지 않았고, 사무량에 걸맞은 인원이 확보되지 않았기 때문으로 보인다—조선 전역의 잉여노동력을 파악하는 본격적인 조사는 이번이 처음이었다. 이 조사를 바탕으로 산출한 결과, 가능자가 116만 197명, 희망자는 26만 1162명으로 나타났고, 이 가운데 남자는 각각 92만 7536명, 24만 720명이었다.

본격화하는 동원행정

(조선에서는 제시간에 대지 못했지만) 이러한 조사를 바탕으로 1940년도의 동원계획이 수립되었다. 7월에 각의를 통과한 동원계획은 일본 내지와

(단위: 명)

	남	여	합계
군수산업	207,000	51,000	258,000
생산력 확충 계획 산업	139,000	7,000	146,000
위의 부대산업	51,000	7,000	58,000
수출 및 필수품 산업	34,000	63,000	97,000
운수통신업	109,000	8,000	117,000
토목건축업	14,000	1,000	15,000
소계	554,000	137,000	691,000
감모 보충 소요 수	228,000	141,000	369,000
합계	782,000	278,000	1,060,000
농업 종사자 감소에 대한 보충 소요 수	154,000	162,000	316,000

출전: 기획원 제3부, 「쇼와 15년도 노무동원 실시계획 강령(안)」, 1940년 7월 13일

관련된 수요가 106만 명, 공급원은 122만 4000명으로 전년과 같은 수준이었고, 수요의 산업별 항목 및 공급원의 종류별 항목과 그 비율에도 큰 변화는 없었다. 그리고 조선반도에서 일본 내지로 이동시킬 노동자는 전년보다 약간 많은 8만 8000명으로 늘어나 있다(〈표 3〉, 〈표 4〉).

다만, 1940년도의 동원계획에는 전년도에는 없었던, 농업 종사자 감소를 보충하기 위한 31만 6000명이 별도로 편성되었는데, 농업 생산을 위한 노동력 유지가 문제화되고 있었던 일본 내지의 당시 상황이 엿보이는 대목이다.

이해의 동원계획에서는 조선 내 노무수급계획에 대한 정보도 찾아볼 수 있다(〈표 5〉, 〈표 6〉). 그에 따르면 수요는 42만 5400명으로, 이 가운데 일본 내지 이주가 8만 8800명, 가라후토 이주는 8500명, 만주 개척민은 3만 명이 포함되어 있으며, 수요와 동일한 42만 5400명의 공급원 가운

〈표 4〉 1940년도 노무동원계획의 '일반 노무자 공급원별 공급 목표 수'(일본 내지)

(단위: 명)

	남	여	합계
농업 이외에 대한 공급			
소학교 신규 졸업자	256,000	167,000	423,000
중등학교 신규 졸업자	32,000	10,000	42,000
물자 동원 관계 등 이직자	174,000	44,000	218,000
농촌 이외의 미취업자 (조수 포함)	35,000	12,000	47,000
농촌 미취업자(조수 포함) 및 농업 종사자	122,000	80,000	202,000
노무 절감 가능 업무 종사자	145,000	19,000	164,000
여자 무직지	0	40,000	40,000
이주 조선 노무자	88,000	0	88,000
합계	852,000	372,000	1,224,000
농업에 대한 공급 소학교 신규 졸업자	154,000	162,000	316,000

출전: 기획원 제3부, 「쇼와 15년도 노무동원 실시계획 강령(안)」, 1940년 7월 13일

데 절반을 넘는 25만 명이 농촌에서 공출할 수 있는 자들이다. 그 밖에도 여성 무직자, 농촌 이외 지역의 공출 가능자, 학교 신규 졸업자 등이 다수를 차지하고 있으며, 이들 항목에는 재조在朝 일본인이 포함되어 있는 것으로 판단된다.

일본 내지에서는 이 같은 계획에 입각한 노무조정이 전년과 같이 직업소개소를 중심으로 실시되었다. 노동성이 편찬한 『노동행정사』 제1권(1961)에 따르면 1940년도에는 22만 1085명에 대한 징용이 실시된 것으로 나타나, 국가의 직접적인 명령에 따른 동원이 본격화한 것으로 보인다. 다만, 이 시기에 이루어진 징용은 육해군의 고용과 관련된 부분에 한정되어 있었기 때문에, 동원계획과는 별개의 사례가 다수 포함되었

(단위: 명)

	남	여	합계
군수산업	9,200	1,900	11,100
생산력 확충 계획 산업	84,700	2,100	86,800
생산력 확충 산업 부대산업	32,400	800	33,200
수출 및 필수품 산업	1,000	500	1,500
운수통신업	14,600	700	15,300
감모 보충 인원수	96,700	53,500	150,200
내지 이주 수	88,800	0	88,800
가라후토 이주 수	8,500	0	8,500
만주 개척민	20,000	10,000	30,000
합계	355,900	69,500	425,400

출전: 기획원 제3부, 「쇼와 15년도 노무동원 실시계획 강령(안)」, 1940년 7월 13일

〈표 6〉 1940년도 노무동원계획의 '일반 노무자 공급원별 공급 목표 수'(조선)

(단위: 명)

	남	여	합계
학교 신규 졸업자	42,100	14,600	56,700
물자 동원 관계 등 이직자	7,200	0	7,200
농촌 이외 지역의 공출 가능자	56,600	0	56,600
농촌 지역의 공출 가능자	250,000	0	250,000
여성 무직자	0	54,900	54,900
합계	355,900	69,500	425,400

출전: 기획원 제3부, 「쇼와 15년도 노무동원 실시계획 강령(안)」, 1940년 7월 13일

을 가능성이 크다. 한편, 역년(曆年: 일반적으로 해당 연도의 4월 1일부터 이듬해 3월 31일까지를 가리키는 '회계년도'와는 달리, 해당 연도의 1월 1일부터 12월 31일까지를 가리키는 개념 – 옮긴이) 1940년에 대한 통계의 경우, 미국 전략폭격조사단이 전후에 일본 정부 측 자료에 입각해 정리한 조사

보고(J. B. 코헨 저, 오우치 효에大內兵衛 역,『전시·전후의 일본경제』, 岩波書店, 1950~1951)에는 '신규 징용'이 5만 2692명으로 기재되어 있다.

그리고 1940년도의 동원계획에서 남자에 대한 수요는, 앞서 인용한 『노동행정사』 또는 미국 전략폭격조사단이 작성한 보고서의 징용 통계를 크게 웃돈다. 이런 여러 가지 측면을 고려할 때, 동원계획과 관련된 노동자 확보는 여전히 직업소개소를 통한 취직이나 연줄을 통한 채용, 신문광고 등을 참조한 응모 등이 중심이었다는 사실을 알 수 있다.

조선 농촌 노동력의 실정

앞서 살펴본 조사를 통해, 조선 농촌에 실제로 다수의 출가·전업 희망자가 있다는 사실이 확인되었다. 그중 남자가 24만 720명이었고 1940년도의 동원계획이 예정한 농촌의 공급 수(모두 남자)가 25만 명이었으므로, 수요가 출가·전업 희망자 수를 1만 명 남짓 웃돌고 있었다.

덧붙이자면, 이때는 이미 규모는 작았지만 조선인도 병력으로 동원하고 있었다. 1938년도부터 「육군특별지원병령令」이 시행됨에 따라 조선총독부 육군병지원자훈련소에서 6개월의 훈련을 받은 자 가운데 일부가 입영했고, 그 규모는 1938년도에 300명, 1939년도에 600명, 그리고 1940년도에는 3000명으로 불어났다. 이 밖에도 같은 연도에 동원계획과는 별도로 671명의 군 요원이 동원된 사실을 전하는 사료도 있다. 노동력이 풍부하다고 알려졌던 조선 농촌이었지만, 실제로는 이미 다소 무리하지 않으면 계획대로 동원할 수 없는 상황이었던 것이다.

이 같은 부담을 줄여가면서 상황을 개선하기 위해서는 두 가지 조건이 필요했다. 하나는, 동원계획이 아닌 조선인 자신의 네트워크와 판단에 의한 생활전략적 이동—당연히 동원계획이 제시한 탄광 등지보다 유리한 조건에서 일할 수 있는 장소로—을 완전히 차단하는 것이었다. 또 다른 하나는, 행정 당국과 모집을 위해 조선에 온 기업 관계자가 출가·전업 희망자의 소재를 완전히 파악하는 것이었다.

먼저 전자는 실현이 불가능한 조건이었다. 당시 일본 내지를 향한 연고도항은 강력히 제한되었던 것으로 보이며, 1940년에 파악된 연고도항은 전년의 절반 수준에 그치는 3만 2885명(추산)으로 집계되었다. 여기에 밀항해서 적발되지 않은 채 일본 내지 취업에 성공한 조선인도 상당수 있었을 것이다. 밀항으로 경찰에 적발된 조선인이 전년보다 줄어들기는 했지만 5885명에 달했던 사실을 감안할 때, 비록 전체적인 규모는 알려지지 않았지만 적지는 않았을 것이라고 추측할 수 있다. 물론 이 밖에도 동원계획의 범주를 벗어나 경성부 등 조선 내 도시나 만주로 이동하는 조선 농민 또한 존재했다.

후자 또한 실현 가능성이 없는 조건이었다. 노무자원조사의 대상이 된 것은 전체 농가의 10퍼센트였고, 거기서 나온 결과를 바탕으로 희망자의 소재가 등록되었다는 사정은 알려지지 않은 상태였다. 그렇기 때문에 어떤 직장이든 좋으니 농촌을 떠나겠다는 가난한 농민의 소재를, 외부에서 온 기업 관계자가 쉽게 파악할 수는 없는 노릇이었다. 전후에 나온 김달수의 소설 「비망록」에는, 강원도 산촌에서 농사지을 땅은 좁은데 아버지와 할아버지가 아직도 일을 하고, 동생도 이제는 일할 나이가 되었다는 한 남자가 "동원되기를 기다리고 있었다"고 말하는 장면이 나온다. 분명 김달수는 직접 그런 체험을 한 조선인의 이야기를 듣고 소설을 썼을 것이다.

결국, 1940년도의 동원계획이 정한 수요만큼 조선 농촌에서 노동력을 공급하는 데에는 상당한 무리가 뒤따랐다. 피동원자의 증언을 통해서도, 이미 자신의 의지와는 관계없는 폭력적인 인원 확보가 자행된 사실이 확인된다. 경상북도 김천군 출신인 윤만덕尹萬德은 1940년 6월 무렵에("스물세 살 때 결혼하고 반년 정도 지난 어느날"이라고 언급한 만큼 시기에 대해서도 큰 문제는 없어 보인다) "일본인과 조선인 앞잡이 4명이 신발을 신은 채 방안에 들이닥쳐 그대로 끌고 갔다"고 증언하고 있다(조선인강제연행진상조사단 편저, 『조선인 강제연행 조사의 기록 주부中部·도카이東海편』 柏書房, 1997). (일본 내지를 향한 송출은 아니지만) 동원이 강제성을 띠고 민중 사이에서 불만이 생겨나고 있었음을 전하는 동시대 사료도 있는데, 이를테면 '알선'으로 조선의 광산 등에 온 노동자들이 1940년에 '이산離散'한 이유를 조사한 조선총독부는 전체의 10.9퍼센트가 강제모집으로 추정된다고 인정했다(조선총독부 노무과 조사계, 「조선의 노무자 이동 상황」, 『조선 노무』 1942년 5월). 그리고 민족운동 지도자였지만 이 시기에는 일본의 국책에 협력했던 윤치호는 1940년 12월 19일자 일기에서, 어떤 마을에 배정된 만주 이민에 대해 희망자가 없을 경우 추첨으로 선발할 것이라는 이야기를 적고 있다. 아울러 "일본 내지는 농촌, 공장, 광산의 노동자 부족으로 심한 고통을 받고 있다. 하지만 조선 또한 노동력 부족을 느끼기 시작했다. 무슨 이유로 조선에서 강제이민을 시작하는 것인가"(원문은 영어. 필자가 번역)라고 덧붙이고 있다.

경관과 면 직원의 협력

계획 단계의 무리한 추진에도 불구하고, 1940년도에는 전년도보다 더욱 활발하게 조선에서 일본 내지로 노동자가 송출되었다. 조선총독부는 기업의 모집 신청에 대해 모두 7만 1695명을 승인했고 이 가운데 5만 4944명이 실제로 배치되었다. 모집 신청 건수와 실제 배치 건수 모두 전년도보다 늘어났고, 계획 수와 승인 수에 대한 충원율 또한 각각 62.4퍼센트, 76.6퍼센트로 전년도를 웃돌았다.

비록 계획된 대로 실시되지는 않았지만, 충원율이 상승한 이유는 경찰과 지방행정기구의 직원들이 기업의 모집에 적극적으로 협력했기 때문이었다. 그런데 조선인 동원은 많은 경우 마을의 조선인 유력자의 비협조나 반대 속에서 진행되었다.

그렇다고 해서 조선인 유력자가, 처우가 열악한 일본 내지로 끌려가는 조선인을 동정했던 것은 아니다. 이들이 동원에 협조하지 않거나 반대한 이유는, 마을의 최하층 조선인이 상대적으로 좋은 조건의 일본 내지 직장을 선택하는 사태를 막으려고 했기 때문이었다. 대부분의 유력자는 농업노동자를 값싼 임금으로 고용하는 지주였기 때문에, 마을 내 농업노동자가 줄어들어 임금이 오르게 되면 커다란 타격을 입게 될 처지에 놓여 있었다.

오늘날 접할 수 있는 기업 측 사료 중 일부는, 그런 조건 아래에서 일본 내지로 가려는 노동자를 확보했던 상황을 전해주고 있다. 예컨대 스미토모住友 우타시나이歌志內 탄광이 1940년 7월부터 8월까지 조선에서 실시한 모집에 대해 출장자가 작성한 보고일지에는, 지주들의 '악선전'이 모집을 방해하고 있는데 현지 경찰과 지방행정기구의 협조 속에 문제를 해결하겠다는 기술이 나온다. 그리고 경찰서의 고등계 주임이 주재소에 전화를 걸어 "구장에게 맡기지 말고 스스로 권유할 것을 독려"하거나, 군청의 사회과 노무계 주임이 관내 각 면을 분담해 돌아다니면서 "예정 인원수가 모이지 않거나 하는 면이 있으면… 으름장을 놓을 것"이라고 말한 사실 등도 보고되었다.

그런데 말단 행정기구의 장이나 마을의 유력자들이 비협조적인 태도를 취하는 경우는 자주 있었던 것으로 보인다. 이 같은 분위기는, 연도 말기에 열린 경상북도의 관계 사무직원 협의회에서 "읍·면장, 구장 등이 소승적 견지에서 고의로 일반에 알리지 않고 오히려 모집을 방해하는 사례가 있는바, 좋은 취지를 최대한 살릴 수 있도록 만전을 기하라"는 지시가 나온 것만 보더라도 쉽게 감지된다.

도회의 비판

한편 일본 내지로 노동자를 송출하는 데에 농업노동자의 임금을 낮은 수준으로 억제하려는 지주들만 반대한 것은 아니었다. 적어도 겉으로는 그와는 다른 논점의 비판도 조선 내부에서 확대되고 있었다. 이 같은 정황은, 일본 내지로 향하는 노동자를 다수 송출했던 경상남도 도회(道会: 도회는 도에 관한 중요 사건을 의결하고 의견서를 제출하는 등의 권한을 가졌다. 도지사가 임명하는 의원 외에 간접선거로 선출되는 의원도 있었다. 간접선거는 부·읍·면 의원이 납세 자격에 따른 제한선거로 선출했다)의 논의에서 확인된다. 1941년 3월에 열린 도회에서 한 의원은 다음과 같이 발언하고 있다.

본도에서 노동력의 부족 현상은 이미 모든 산업부문에 걸쳐 나타나고 있습니다. 특히 노동력의 원천이라고 할 만한 농촌에서 전체적으로 노동자 부족을 호소하고 있습니다. 이것은 금일 반도가 대륙의 병참기지로서 떠맡고 있는 생산력 확충의 우위성을 고려할 때 결코 간과할 수 없는 바이며, 특히 제국의 경제권을 관통하는 식량증산 계획의 중심을 이루는 반도의 농업생산력 확충을 위한 기존 계획에 농업노동자의 부족이 지장을 초래하게 된다면, 그것은 단지 반도뿐만 아니라 우리나라 전체를 통틀어 중대하고 커다란 문제가 아닐 수 없다고 생각합니다.

이 같은 주장의 배경에 지주의 이해관계가 깔려 있었을 가능성이 있다고 해도, 이 발언은 조선에 식량생산기지의 역할을 요구하면서도 거기에 필요한 노동력은 빼앗아가는 일본제국 정부의 모순을 정확히 짚어내고 있다. 이에 대해 도 내무부장은 여전히 '과잉인구'가 존재한다는 것을 들어 반론하고, "일할 수 있는데도 노동하는 게 싫어서 일하지 않는다고 말하는 자도 있다", "담뱃대나 꼬나물고 고용인을 부리면서 강 건너 불구경하듯 하는 사람도 꽤 있지 않은가"라고 지적하면서 "근로정신의 앙양"을 강조하는 답변을 내놓았다. 하지만 그러면서도 내무부장은 "총독부에서는 지금 조선 전체의 노동력을 조선의 문제로 중대하게 바라보고 있고, 내지의 노동력 부족 문제와 함께 정말로 어쩔 수 없는 것에 대해서도 최소한도의 범위 내에서 내지 노무동원계획의 요청에 응하는 것으로 받아들이고 있습니다. 따라서 우리 도에서도 장래의 노동력 공출은 아마 감소하지 않을까 생각합니다"라고 언급했다. 조선총독부도 농업생산의 유지는 물론 조선의 공업화를 위한 노동력 확보의 중요성은 충분히 인식하고 있었던 만큼, 시키는 대로 일본 내지로 노동자를 보내려고 했던 것은 아니었다. 하지만 뒤에서 보듯이 조선에 대한 노동력 공출 요구는 증대되어갔다.

2. 동원에 대한 우려와 이론異論

동원체제의 강화

이런 가운데 일본제국은 1941년 초에는 행정기구를 재편하고 새로운 입법을 통해 노무동원체제를 강화하기 시작했다. 1월에는 후생성에서 직업부와 실업대책부를 통합한 직업국이 발족하면서 그 아래에 설치된 5개 과課가 노무동원 실시와 관련된 업무를 담당하게 되었다. 같은달, 일본 내지의 직업소개소가 국민직업지도소로 재편되었다. 국민직업지도소는 관제官制를 통해, 단순한 직업소개에 그치지 않고 동원의 전제가 되는 등록이나 국민징용, 이동의 제한 등 동원계획의 실시와 관련된 통제를 담당한다고 명시했다. 1941년도를 기준으로 국민직업지도소 444곳에 5266명의 직원들이 근무하고 있었다.

그리고 3월에는 「국민노무수첩법」이 공포되었다. 이 법은 특정 노동자로 하여금 국민직업지도소가 교부하는 국민노무수첩을 소지하고 고용 시 이를 제출하도록 의무화해서 노동자의 소재 파악과 이동 통제를 강화하기 위한 것이었다. 국민노무수첩의 소지가 의무화된 노동자의 범위는 여성과 사무직원, 임시 피고용자를 제외한 거의 모두를 포함할 만큼 굉장히 넓었다. 일본 내지에서는 7월에 이 법이 시행되었다.

한편 조선의 노무동원 실시 체제에도 약간의 변화가 있었다. 3월에 조선총독부 내무국 사회과에서 노무과가 떨어져 나오면서, 동원계획을 위한 노동자의 확보나 이동 제한 등과 관련된 사무를 독립된 하나의 과가 취급하게 되었던 것이다. 다만 지역 차원에서 동원행정을 담당하는 기구의 체제는 거의 달라지지 않았다. 이를테면 조선의 직업소개소는 국민직업지도소로 재편되지 않았고, 개수 자체도 그다지 증가하지 않았으며, 1941년 기준으로 도마다 겨우 한 개의 직업소개소가 설치되어 있는 수준이었다. 이런 사정이었기 때문에 동원계획은 계속하여 부·읍·면이 중심이 되어 담당해야 했다. 그런데도 당시 읍면의 직원 수는 크게 늘어나지 않은 2만 2385명으로 확인되며, 이를 전체 읍면 수로 나누면 9.6명이었다. 따라서 규모가 작은 면의 사무소에는 4~5명 정도가 일하는 상황이었을 것이다.

한편 조선에서는 「국민노무수첩법」이 시행되지 않았는데, 이는 단순히 고용자가 적은 조선에서는 이동 통제가 동원행정에서 차지하는 비중이 작았기 때문만은 아니었다. 조선총독부 내무국 노무과의 한 직원의 이야기처럼 "방대한 노무수첩을 교부하는 데에 필요한 사무의 번거로움, 조선 내에 극도로 적은 직업소개소, 조선인 노동자 가운데 아직도 글을 쓰지 못하는 자가 많은 현실 등을 고려하면 조선에는 아직 시기상조인데다, 해봤자 효과가 없는"(「좌담회 조선 노무의 결전 기여력」, 『다이리쿠도요게이자이大陸東洋経済』 1943년 12월 1일호) 실정이었던 것이다.

같은해 8월, 일본제국 정부는 「노무 긴급대책 요강」을 각의결정했다. 이 요강은 절박한 시국에 대응하여 인적 자원의 활용을 극대화한다는 취지에 입각해 노무 배치·조정을 강화하는 한편 그를 뒷받침하기 위해 새로운 칙령을 제정하고, 노무 공급원을 확보하기 위해 직업 전환을 촉진하며, 국민등록제도를 확충하고 인원을 보강하기 위해 징용제도를 개정하는 방안을 비롯해 노무행정기구의 정비 확충과 각 유관 관청 간의 연락 긴밀화 등을 명시하고 있었다.

이처럼 노무동원이 강화된 배경에는 중일전쟁의 장기화와 더불어 긴박해진 국제정세가 관련되어 있다고 판단된다. 일본제국과 미·영 양국의 대립이 나날이 깊어지는 가운데, 미국은 7월에 일본군이 남부 프랑스령 인도차이나에 진주하자 석유와 그 밖의 물품의 대일 수출을 금지하는 조치를 취했다. 이에 일본제국은 외교적인 협상을 계속했지만 미국과의 전쟁이 불가피한 상황으로 치달으면서, 그때까지보다 더 큰 규모의 노무동원이 요구되었던 것이다.

확대되는 동원 규모

1941년도의 노무동원계획은 과거 연도보다 두 달 늦은 9월에 각의를 통과했다. 이 계획의 전체적인 규모를 보면, 일본 내지와 관련된 수요(상시 인원)가 211만 2000명, 공급원(1941년도 이후 동원계획의 용어에 따르면 공급)이 221만 2000명으로, 양쪽 모두 전년도의 약 2배, 실제 수치로는 100만 명 정도 증가했다(〈표 7〉, 〈표 8〉). 그 밖에 일본 내지에서 연인원 4881만 명을 단기동원하는 계획이 별도로 잡혀 있었다.

그리고 항목별 내용도 달라져서, 군수산업과 국방토목건축업에서 크게 증가한 수요를 충당할 공급원 중 전년도까지는 편성되었던 일본 내지 농촌으로부터의 공급이 모습을 감추었다. 학교 신규 졸업자는 미미하게 증가하는 데에 그쳤고(졸업자 수 자체가 해마다 거의 일정하기 때문에

<표 7> 1941년도 노무동원계획의 '일반 노무자 신규 수요 수'(일본 내지)

(단위: 명)

	남	여	합계
군수산업	680,000	170,000	850,000
생산력 확충 계획 산업	133,000	10,000	143,000
위의 부대산업	19,000	3,000	22,000
생활필수품 산업	1,000	3,000	4,000
운수통신업	97,000	10,000	107,000
국방토목건축업	153,000	4,000	157,000
소계	1,083,000	200,000	1,283,000
감모 보충 등 인원수	421,000	408,000	829,000
합계	1,504,000	608,000	2,112.000

출전: 기획원, 「쇼와 16년도 노무동원 실시계획」, 1941년 9월 12일

<표 8> 1941년도 노무동원계획의 '일반 노무자 상시 인원 공급 수'(일본 내지)

(단위: 명)

	남	여	합계
국민학교 신규 수료자	256,000	167,000	423,000
중등학교 신규 졸업자	68,000	22,000	90,000
요要정리 공업 종사자	275,000	117,000	392,000
상업 종사자	537,000	93,000	630,000
운수통신업 종사자	54,000	4,000	58,000
공무 자유업 종사자	67,000	6,000	73,000
가사 사용인	8,000	59,000	67,000
기타 유직자	62,000	7,000	69,000
무직자	45,000	124,000	169,000
일반 토목건축업 종사자	135,000	25,000	160,000
이주 조선 노무자	81,000	0	81,000
합계	1,588,000	624,000	2,212,000

출전: 기획원, 「쇼와 16년도 노무동원 실시계획」, 1941년 9월 12일
주: 농업의 순 감모減耗를 보충하기 위해 국민학교 신규 수료자 가운데 31만 명을 확보하지만 그와 같은 사실
은 계획에 편성하지 않음을 원표 비고란에 기재하고 있다.

당연한 결과다), 무직자의 공급도 편성되기는 했지만 주요 공급원은 이와는 다른 영역에서 기대하는 실정이었다. 즉, 일본 내지의 비군수산업인 상공업 등에 이미 종사 중인 사람 가운데 전업 또는 폐업하거나 그럴 수밖에 없게 된 사람을 공급원으로 삼으려 했던 것이다. 그 규모는 불안정한 고용관계에 있었을 일반 토목건축업 종사자를 제외한 산업을 통틀어, 1941년도 전체 공급원의 58.3퍼센트에 해당하는 128만 9000명이었다.

이처럼 일본 내지와 관련된 노무동원은 전년도의 2배 수준으로 불어났지만, 조선반도와 관련해서는 전년도를 살짝 밑도는 상황이었다. 당시 조선 내 노무동원의 수요와 공급원은 41만 9600명으로 동일했지만(〈표 9〉, 〈표 10〉), 조선반도에서 일본 내지로 이동할 노동자가 전년도보다 조금 적은 8만 1000명이었기 때문에, 일본 내지와 관련된 공급원에서 차지하는 비율은 3.7퍼센트로 감소했다(〈표 8〉).

다만 이들 통계를 근거로 단순하게 조선의 부담이 일본 내지에 비해 줄었다고 분석할 수는 없다. 1941년도 노무동원계획에서 주목해야 할 부분은, 조선과 관련된 공급원의 항목별 내용이 전년도와 큰 차이를 보이지 않는다는 점이다. 당시 일본 내지에서는 농촌을 노동력의 공급원으로 삼는 것을 중지하고 있었다(그렇다고 일본 내지 농민들이 인근 공장에서 일하는 것을 금지했다는 의미는 아니다). 농업 생산의 유지를 배려하는 동시에 농업과 군수산업 등이 아닌 '불요불급'한 산업과 직종에서 노동력을 확보할 수 있는 조건이 일본 내지에 있었음을 보여주는 대목이다.

이에 반해 조선에서는 지속적으로 농촌으로부터의 노동력 공급이 요구되었다. 그 규모는 전년도보다 2만 6700명 많은 27만 6700명이었는데(이 가운데 남자는 21만 5300명으로, 전년도보다 약간 줄어들었다), 농업인구의 비율이 높은 탓에 상공업자의 전업에서 공급원 염출을 기대할 수

<표 9> 1941년도 노무동원계획의 '일반 노무자 신규 수요 수'(조선)

(단위: 명)

	남	여	합계
군수산업	7,800	400	8,200
생산력 확충 계획 산업	103,200	4,500	107,700
위의 부대산업	16,400	1,700	18,100
생활필수품 산업	9,000	3,300	12,300
운수통신업	13,500	500	14,000
국방토목건축업	5,700	700	6,400
감모 보충 인원수	61,700	61,200	122,900
일본 내지가라후토남양 제도로 이주한 노동자	100,000	0	100,000
만주 개척민	20,000	10,000	30,000
합계	337,300	82,300	419,600

출전: 기획원, 「쇼와 16년도 노무동원 실시계획」, 1941년 9월 12일

<표 10> 1941년도 노무동원계획의 '일반 노무자 공급 수'(조선)

(단위: 명)

	남	여	합계
초등학교 및 중등학교 신규 졸업자	72,300	8,800	81,100
농촌 지역의 공출 가능자	215,300	61,400	276,700
농촌 이외 지역의 공출 가능자	41,600	11,900	53,500
일본 내지의 이주 노동자	8,100	200	8,300
합계	337,300	82,300	419,600

출전: 기획원, 「쇼와 16년도 노무동원 실시계획」, 1941년 9월 12일

없었던 조선에서는 결국 농촌에 공급원을 의존할 수밖에 없었다. 물론, 청년 남성이 병역을 이행하지 않는 등 조선 농촌의 노동력이 풍부한 것처럼 보일 근거는 있었다. 다만 뒤에서 설명하듯이, 실제로는 조선 농촌도 노동력이 남아도는 상태는 아니었다.

동원 강화를 위한 법 개정과 시책

위 계획을 실시하기 위해, 앞서 다룬 「노무 긴급대책 요강」의 일부가 이후 실행에 옮겨졌다. 10월에는 「국민직업능력신고령」이 개정되어 요要 등록자, 즉 징용 대상 가능자의 범위가 확대되었다. 1940년 10월에는 16세 이상 20세 미만의 일부 남성 기술자 등으로 한정되어 있었던 등록 대상이 16세 이상 40세 미만의 남자와 16세 이상 25세 미만의 여자일 경우 신고해야 하는 것으로 확대된 것이다. 그리고 1941년 12월에는 「국민징용령」이 개정되어, 국가가 실시하는 총동원 업무 및 정부 관리 공장의 총동원 업무 외에, 「공장사업장관리령」에 기초한 지정 공장(후생대신이 지정하며, 대부분이 민간기업의 군수공장)의 고용과 관련된 노동자를 확보할 때도 징용을 실시할 수 있게 되었다.

보통 2년가량 장기동원되는 징용과는 다른 동원을 뒷받침할 새로운 법령도 만들어졌다. 1941년 11월에 공포되고 12월에 시행된 「국민근로보국협력령」은 「국가총동원법」 제5조에 있는 총동원 업무에 대한 협력을 구체적으로 규정한 것으로, 학교 등을 단위로 국민근로보국대를 조직해 정부나 지방 공공단체가 지정하는 총동원 업무를 맡도록 했고, 동원 기간은 1년 중 30일 이내로 정했다.

아울러 12월에는 「종업원 이동 방지령」과 「청소년 고용 제한령」을 통합한 「노무조정령」도 공포되었다(이듬해 1월에 시행되었다). 이에 따라 지정 기능자와 국민학교 수료자, 그리고 일반 청장년(14세 이상 40세 미만의 남자와 14세 이상 25세 미만의 여자)을 고용하기 위해서는 국민직업지도소의 소개를 거치거나 허가를 받아야 하게 되었다.

일본 내지의 징용 증가

1941년도에는 동원계획의 목표를 충족시키기 위한 수단으로 일본 내지의 징용이 크게 증가했다. 『노동행정사』에 따르면, 일본 내지에서 모두 92만 8567명이 징용되었고, 육해군에 직접 고용되지 않고 관리 공장으로 징용된 사람이 72만 3682명을 헤아렸다. 그리고 미국 전략폭격조사단 보고에서는 1941년(역년)의 신규 징용자가 전년보다 상당히 늘어난 25만 8192명으로 확인된다.

다만, 여기서 가정 사정에 대한 고려 없이 징용 명령을 받으면 무조건 울며불며 자신의 일터를 떠나 하고 싶지도 않고 대우도 열악한 직장에 배치되는 경우가 전부는 아니었다는 사실에 주의할 필요가 있다. 애당초 이 시점에는 탄광이나 토건공사 현장처럼 대우가 열악한 사업소로는 징용을 실시하지 않았고, 이런저런 연줄을 통해 손을 쓰면 징용 대상에서 제외되는 것도 불가능하지는 않았다.

징용에 따른 동원은 보통, 국민직업지도소가 국민등록자 가운데에서 충원 예정자보다 많은 인원(미경험자는 약 3.5배, 경험자는 4~5배)에게 출두를 명한 다음 전형을 거쳐 결정하는 과정을 밟았다. 그리고 이 과정에서, 국민직업소개소의 직원에 대한 지역 유력자의 탄원이나 정실관계가 영향을 끼치는 사례도 잦았다. 조건이 불리한 직장으로 징용될 것 같은 사람에 대해서는 정내회町內会 간부들이 조금 더 나은 군수공장 등으로 취직·전업을 추천하기도 했고, 「직업소개법」이 규정한 연락위원은 특별한 사정이 있는 자의 경우 징용 대상으로 지정하지 않도록 국민직업지도소에 요청할 수도 있었다. 또한 전형에서는 신체 건강한 독신자, 저연령자, 부양가족이 없는 자, 통근 범위 내에 있는 자를 우선하여, 개인의 사회적 현실에 맞추어 되도록 무리가 없게끔 사정을 참작하여 시행한 것으로 알려져 있다.

조선 내 충원율의 저하

징용이 늘어나고 있었던 일본 내지와는 달리, 조선에서는 아직 징용이 실시되지 않았다. 「국민징용령」이 시행된 조선에서 징용을 발동하는 것은 법적으로 불가능한 조치는 아니었지만, 실제 시행에는 어려움이 따랐기 때문이다. 우선, 이 시점의 징용은 육해군의 직접고용에 의하거나 군수물자 생산 공장의 노동자를 충원할 목적으로 시행되었다. 하지만 조선인은 주로 탄광이나 토건공사 현장에 배치되었기 때문에 사정이 달랐으며, 당시 조선의 행정기구에는 국민징용과 관련된 사무적 절차 등을 수행할 능력이 확보되어 있지 않았다. 이미 살펴본 대로, 조선에서는 「국민노무수첩법」의 시행조차 보류된 상황이었기 때문이다. 게다가 징용의 전제가 되는 국민등록 또한 미비하고 신뢰성이 떨어지는 것들로 가득했을 가능성도 있다. 실제로 1939년 7월에 나온 보도에 따르면, 국민등록의 접수를 시작했지만 마감 전 경성부의 등록 수는 "예상 목표치의 6분의 1에도 미치지 못하는 저조한 성적"을 거두었다(『경성일보』 1939년 7월 23일자).

이런 와중에서도 1941년도에 조선인을 대상으로 처음 징용이 실시된 사실이 전해지고 있다. 다만 이 사례는 동원계획의 범주 안에서 이루어진 것이 아니라, 군과 관련된 고용과 연관되어 있는 것으로 추정된다. 탄광이나 토건공사 방면의 노동자를 충원하기 위한 조선 내 동원계획은 계속해서, 동원 대상지가 일본 내지인 경우에는 기업의 모집, 그리고 조선 내 사업소인 경우에는 부·읍·면의 알선을 통해 각각 이루어졌다. 그러나 노무수급 상황이 절박해지면서 필요한 인원수를 확보하는 것이 어려워진 상황이었다.

　1941년도에 동원에 적극적으로 응할 의지를 갖고 있었던 조선 농촌 거주자는 1) 출가·전업 희망자로서 전년도에 동원되지 않은 채 "동원을 기다리고 있던" 자, 2) 어떤 이유에서든 새롭게 출가·전업을 희망하게 된 자, 3) 새롭게 생산연령인구에 도달한 자로 나눌 수 있다. 이 가운데 2)는 1941년도에 딱히 급증할 요소는 없었고, 3)은 연간 십수만 명이었 던 것으로 알려지지만 고향을 떠나려는 사람이 전부는 아니었을 것이다. 1)에 대해서도, 출가·전업 희망자를 전년도에도 가능한 한 동원하려 했 을 것이기 때문에 대량으로 있었다고 보기는 어렵다. 게다가 행정기구 가 대대적으로 확충된 것도 아니었기 때문에, 출가·전업 희망자의 소재 를 원활히 파악할 수 없었던 상황도 기존과 다를 바 없었다.

　그럼에도 불구하고, 일본 내지로의 조선인 송출과 관련된 조선총독부 의 승인 건수는 전년도를 웃도는 7만 7071명에 달했다. 다만 실제로 배 치된 인원은 전년도보다 조금 감소한 5만 3492명이었다. 이에 따라 당 초 계획 인원수에 대한 충원율은 66.0퍼센트로 전년도를 웃돌았지만, 전 체 승인 수에 대한 충원율은 전년도보다 7.2퍼센트포인트 낮은 69.4퍼센 트에 머물렀다(이와는 달리 실제로 배치된 인원을 5만 322명으로 전하는 사료 도 있는데, 그에 따르면 계획 인원수와 승인 수에 대한 충원율이 각각 62.2퍼센트, 65.3퍼센트로 달라지지만, 전자가 전년도를 살짝 웃돌고 후자가 감소하는 경향은 동일하다). 따라서 적극적으로 동원에 응하려는 자가 줄어든 데에 영향을 받은 것이 틀림없어 보인다. 그리고 조선 내 동원에 대한 충원율은 알려 져 있지 않지만, 이 시기에는 조선 북부의 노동현장에 배치하기 위한 알 선에 대해 예정 인원수의 약 3분의 1밖에 모으지 못했다는 신문기사도 확인된다.

과잉인구론의 검증

동원할 노동자를 확보하기 어려워진 조선에는 또 하나의 문제가 있었다. 바로 노무동원을 추진하면 추진할수록 심각해질 수밖에 없는, 이전부터 우려를 낳았던 농업 생산에 대한 영향이었다.

조선은 원래 이 문제와 관련하여 일본 내지에 비해 상대적으로 유리한 조건을 갖추고 있었다. 아직 조선인은 징병 대상이 아니었기 때문에 청장년 남자가 농업 생산에서 계속 중추적 역할을 했고, 일본 내지에 비하면 지역 내 광공업 등의 발달이 미숙한 상태였으며, 더욱이 조선 농촌에는 생활에 필요한 만큼의 경지를 보유하지 못한 사람들이 살고 있었다.

이 같은 사실은 조선의 노동력에는 아직 여유가 있다는 인식의 유력한 근거로 여겨졌으며, 당국자나 익찬단체 간부는 당시 조선에 과잉인구가 존재하고 국가를 위해 노동력을 공급하는 것은 조선에 주어진 중요 임무라고 열렬히 선전하고 있었다. 이를테면, 언론인이자 국민총력조선연맹 선전부장을 맡고 있었던 미타라이 다쓰오御手洗辰雄는, 반관반민단체인 조선노무협회의 기관지『조선노무』1941년 10월호에 기고한 글에서 과거 이상의 동원이 가능하다고 단정하고 있다. 미타라이는 이 글에서, 일본 내지는 "이제 노동력에 한치의 여유도 없는 상태"인 데에 반해 조선은 "대부분의 노동력이 아직 농촌에 보존되어 있는 상태"로 "그중에서 2할이나 3할을 공출하는 것은 아주 간단하다"고 주장하면서, "(노동력 부족을) 가족의 근로 정도에 따라 보충할 수 있기 때문"이라고 그 이유를 내세웠다. 나아가 "인구 2400만의 조선에서 300만, 400만 정도의 노무동원은 결코 지나친 것이 아니다. 요즈음 내지로 5만, 만주로 3만, 북선北鮮으로 몇만이라는 노동력의 계획적인 공출을 실시할 때마다 금세 농촌 노동력의 부족을 낳아 공출이 곤란해진다고 호소하는 상황이지만, 이런 일은 내지나 독일, 그 밖의 다른 나라 상황에 비추어 보면 상식적으로 전혀 이해할 수 없는 것"이라고 강조했다.

하지만, 조선총독부 주변에는 이와는 다른 견해도 존재했다. 이전부터 조선의 농촌경제에 관한 논고를 발표해온 나카타니 주지中谷忠治는『조선노무』1942년 2월호에 기고한「농촌노동력 조정에 관한 일 과제」에서 이 문제를 다루었다. 나카타니는 이 논고에서, 조선 남부의 한 도道에 관한 실지조사와 인구통계 추산에 입각해, 여전히 농번기에는 조선 농촌의 노동력이 부족하다는 결론을 내리고 있다. 또 "6월 초순, 중순, 하순, 즉 보리베기와 모내기를 하는 시기에는 모든 농민을 풀full가동해도 제때 작업을 완수하기 곤란하고, 농업 이외의, 이를테면 농촌 또는 도시의 미숙련 또는 무기술 노동력의 일부를 동원해야 간신히 고비를 넘길 수 있는 정도이며, 추수철, 즉 11월 중에는 도 전체가 벼 수확과 보리 파종에 뛰어들어도 인원수가 많이 모자라는 형편이다"라고 지적했다(한편, 모내기 등을 하는 시기에 충분한 노동력을 확보하지 못할 경우에는 '적기適期'를 연기해 심는 조치를 취하지만, 그럴 경우 수확량이 감소하는 결과를 초래한다). 아울러 "노동력 부족은 공동작업, 근로배가운동 또는 유휴노동력의 총동원적 전개에 따라 충분히 타개할 수 있다고 믿는 부류가 있지만, 그런 방법으로 확보할 수 있는 노동력에는 태생적인 한계가 있고, 또 그런 한계를 넘는 이른바 과로過勞는 당초 목적과는 반대로 수확의 감소마저 초래할 우려가 있다는 점을 깊이 명심해야 한다"고 주장했다. 장황한 표현이지만 요컨대, 노동 강화는 노동력 부족 문제를 극복할 수 없을 뿐만 아니라 오히려 생산의 감소마저 초래한다는 것이다.

그리고 나카타니는『조선노무』1942년 10월호에 실은「조선 농촌의 인구 배출 여력의 계출計出에 관한 일 시론」에서 이 문제를 좀더 자세히 설명하고 있다. 나카타니는 아래와 같은 방법을 사용해 전라북도의 사례를 분석하고, 연간 순별旬別 농업 생산과 관련된 도 전체의 소요노동량, 즉 수요와 공급 가능한 노동량, 그리고 그에 따른 과부족을 추산했다.

우선, 노동력에 대해서는 연령과 성별을 고려한 노동단위를 설정했다. 즉, 19~50세 남성 1명의 하루 노동량을 1.0으로 잡고, 예컨대 동일 연령의 여성은 0.8, 17~18세 남성은 0.9 등의 계수로 환산하는 방식이다. 다음으로 순별旬別 노동력 수요에 대해서는, 자신이 직접 전라북도에서 실시한 청취조사와 조선 농회農会의 자료를 비롯해 일본 내지의 제국농업, 홋카이도 농회 등의 자료를 참고로 열흘마다 각 작물 등에 필요한 농가 작업량의 평균치를 계산하고 경작면적 등을 곱해 산출한다. 또한 이에 대해 공급 가능한 노동량은 전라북도의 농업인구를 토대로 추산했다. 구체적으로는 1935년에 실시된 국세조사에 입각해 10~70세의 모든 남녀가 노동할 경우의 노동단위가 62만 5147노동단위라고 기재하고 있으며, 이를 보통의 순旬=열흘로 환산하면 10배가 된다.

나카타니는, 위와 같은 방법으로 순별 노동력 수급 상황을 검토한 결과, 농번기에는 현 상태에서도 노동력에 여유가 없다는 결론을 도출했다. 더구나 노동력 부족이 두드러지는 6월 중순의 수요가 1054만 5268노동단위인 데에 비해 공급할 수 있는 노동량은 625만 1470노동단위에 불과하기 때문에 429만 3798노동단위, 즉 하루에 청장년 남자 약 43만 명이 부족하다는 것이었다.

물론 나카타니도 농업노동력은 농번기에만 부족하고 "다른 계절에는 대부분 여유로운 형편"이라는 사실을 인정하고 있다. 그렇다면 계절에 따른 노동력 조정은 불가능했던 것일까?

나카타니는 논문에서 이 부분을 언급하지 않는데, 이는 나카타니의 생각이 부족했기 때문이 아니라, 조선 농촌의 실정을 아는 사람에게는 그런 조정이 있을 수 없다는 사실이 너무나 분명했기 때문이었을 것이다.

조선의 주요 작물이자 일본제국이 증산을 기대했던 쌀의 상당수는 '천수답'에서 재배되고 있었다. 천수답은 관개시설을 이용하여 물을 끌어오지 않고 자연강우에 의존하는 논이다. 당시 천수답의 비율은 조선 전체 논 면적의 30퍼센트 정도였고, 남부 각 도에서는 30~40퍼센트 수준이었다. 이런 천수답에서는 비가 오기를 기다렸다가 논에 물이 차면 노동력을 투입하기 시작하는 만큼 계획적으로 노동자를 귀촌시켜 농사를 돕게 하기는 무리인 실정이었다.

그리고 설령 노동자를 일시적으로 농촌에 돌려보낸다고 해도 수송상의 커다란 제약이 가로막고 있었다. 도시 근교 농촌에서 세대 구성원의 일부가 공장에 다니는 사례가 가파르게 증가하던 일본 내지와는 사정이 아주 달랐던 것이다. 광공업 노동자가 될 조선 농민의 대부분은, 벼농사 지역인 조선 남부에서 조선 북부 또는 일본 내지의 댐이나 철도 건설, 그리고 군사시설과 관련된 토건공사 현장과 탄광·금속 광산 등으로 이동했다. 멀리 떨어진 곳에 광범위하게 분산된 이들을 농촌으로 돌려보낼 만큼 당시 수송사정에 여유가 있을 리 만무했다. 하지만 이후에도 당국자나 익찬단체 관계자는 일본 내지에 비해 조선에는 노동력이 풍부하다는 선전을 거듭하면서 노무동원을 수행해갔다.

이질적인 존재에 대한 경계

그렇다면 조선 쪽에서도 여유가 없는 가운데 무리해서 송출된 사람들을 일본 내지에서는 어떻게 받아들였을까? 일본제국의 공식 견해에 따르면, 조선인은 똑같은 제국 신민으로, '내지인'과 함께 전쟁 승리를 위해

온 힘을 다해야 하는 존재였다. 동시에 그들은, 일본인이 꺼리는 위험하면서도 수지도 안 맞는, 하지만 국책 수행에는 빼놓을 수 없는 석탄을 채굴하거나 중요 시설을 건설하기 위해 일부러 낯선 땅을 찾아온 사람들이었다. 그런 측면을 고려한다면 일본인들은 동원된 조선인들을 동포로 여기고 고마워하는 존재로 대우해 마땅했을 것이다.

하지만 그와 같은 사회적 분위기가 확산되어 있었다는 사실은 확인할 수 없다. 앞에서 살펴본 것처럼, 조선인들이 배치된 직장에서는 충돌이 잦았다. 일반적인 일본 민중도 그들을 따뜻하게 대했다고 보기는 어렵고, 오히려 경계해야 할 이질적인 존재로 여기고 있었다. 직장에서는 그들의 도주를 방지하기 위한 감시가 이루어졌으며 노무관리나 주거(기숙사나 사택) 또한 기본적으로 일본인과 구별되었다. 게다가 인근 주민들과 접촉하는 경우도 매우 제한적이었는데, 그런 접촉마저 도망자를 숨겨주거나 배가 고파 기숙사를 빠져나온 사람에게 식사를 제공하는 등 있어서는 안 되는 사태가 발생한 경우를 제외하고는 확인되지 않는다.

이처럼 조선인들을 격리하는 취급은 일본인 주민들의 근거 없는 불안을 오히려 증폭시켰다. 특히 일본인 청년 남성이 군사동원되어 집을 비우는 사례가 늘어나면서 여성들의 '정조' 문제가 환기되기도 했는데, 당시 작성된 경찰 당국 측 사료는 조선인 노동자가 배치된 사업소 인근의 일본인 주민들 사이에서 여자가 혼자 걷거나 야간에 외출하는 것을 삼가는 등 상당히 경계하는 분위기가 있음을 전하고 있다.

이 같은 사태가 국가가 지향하는 '내선일체'에 지장이 된다고 간주한 일본 내지 측 당국은, 동원된 조선인의 가족 초청을 가능한 한 허용하라고 지시하는 한편 그와 관련된 주택 건축자재나 식량 등은 우선 배급한다는 의향까지 내비쳤다. 여성이나 어린이, 노인만으로 구성된 가정이 농촌을 채우는 상황을 원하지 않았던 조선총독부도 당연히 그렇게 되기를 바랐다.

그런데도 가족 초청은 그다지 잘 진행되지 않았다. 1941년 말 기준으로 일본 내지로 동원된 조선인 노동자 가운데 가족이 있는 사람은 6만 4540명이었는데, 이중에서 가족을 초청한 사람은 9306명에 그쳤다. 물론 귀향을 전제로 하고 있기 때문에 초청하지 않은 사람도 있었을 것이고, 우선배급을 실시한다고 해도 주택 자재로 한정되어 있었던 제약도 존재했을 것이다. 그렇지만 이 시점에는 조선인을 장기적인 기간 노동력으로 활용하는 방안이 상정되지 않았다는 사실도 가족 초청이 진행되지 않은 또 다른 이유로 보아야 한다. 게다가 동원계획에 입각해 일본 내지로 일하러 온 조선인들은 대부분 시한부(원칙상 2년) 노동력이었다. 조선총독부와 일본 내지 당국이 노무동원에 대해 합의한 '요강'의 문구에는 '무기한' 이주도 가능하다는 취지의 표현도 들어 있지만, 무기한계약의 실제 사례를 전하는 자료나 증언은 확인할 수 없다.

이와 관련해서는, 당시 적어도 일부 탄광 경영자들 사이에서 조선인 노동자를 도입하고 사용하는 정책에 대한 의문이 제기되었다는 점이 주목된다. 이를테면 탄광을 경영하던 한 귀족원 의원은 제국의회에서, 석탄 증산을 위해서는 일본인의 가동률을 높이는 것이 좋고 그렇게 하면 조선인을 들여올 필요도 없을뿐더러 조선인이 들어와 야기하는 충돌도 없어진다고 거침없이 발언하고 있다. 그리고 다른 석탄회사의 한 간부는 신문사가 주최한 좌담회에 참석해 조선인 노동자 도입에 대해 "상당한 의문을 가지고 있다"면서, 높은 도망률에 따른 경영상 손해와 함께 "일본의 현 상황에서는 북만주 쪽으로 자꾸 일본인 노동자를 내보내고 있는데 일본 내지로는 거꾸로 반도인이 들어오고 있으니, 극단적으로 말하면 결국 일본인과 반도인을 교체해버리는 게 아닌가"라는 우려도 언급하고 있다(『오사카아사히 신문』 1941년 2월 21일자). 이 같은 발언은 당시 일본인 사이에서 '내지인'을 중심으로 한 일본사회의 유지를 당연시하고 조선인의 증가나 정착을 불안해하거나 기피하는 의식이 뿌리깊게 존재했음을 시사한다.

경영합리화론이 제기하는 의문

앞서 인용한 귀족원 의원의 발언에서도 알 수 있듯이, 당시 일본제국의 목표였던 군수물자와 석탄 등의 증산을 실현하기 위한 수단이 오로지 조선인 노동자의 도입에 한정되었던 것만은 아니다. 현재 보유 중인 일본인 노동력을 유지하면서 그 힘을 최대한 끌어내는 것이 가장 효과적인 방안인 경우도 있었을 것이다. 경험이라곤 도무지 없는 노동자를 다수 들여와 기간 노동까지 맡기는 것이 장기적인 관점에서 기업의 이익으로 이어질지 판단해야 하는 문제도 있었다.

군수 생산의 확대가 국가의 지상과제로 대두되는 한편 노무수급 상황이 절박해지자, 해당 문제에 대한 논의와 연구가 활발해졌다. 이런 가운데 노동력 부족이 지적되고 있었던 석탄산업에 대해서도 전문가의 분석에 기초한 논고가 발표되었다. 이와키 이사오岩城功는 『사회정책시보』 1942년 3월호에 기고한 「석탄광업에 있어서 생산성과 노동력 문제」에서, 1930년대 초까지 일본의 탄광산업은 걸음마 단계의 기계화가 진행되는 동시에 숙련노동자의 비율이 늘어나면서 생산성이 향상되었고, 일부 노무관리 담당자의 노력을 통해 폭력지배로 노동자를 통솔하는 '함바'가 노동력을 도급하는 오랜 폐단도 개선되었다고 지적하고 있다. 이와키는 아울러, 1933년을 정점으로 1인당 출탄량出炭量이 떨어지고 있는 현실과, 기계화와 생산성 향상을 추진하는 대신 '기리하'(切羽: 석탄을 캐는 '막장'. 기리하가 산재하면 운반 등에 지장을 초래하여 기계화=생산성 향상을 저해한다-옮긴이)를 늘려 인력에 의존하는 작업방식을 그대로 유지하면서 그에 종사하는 인원을 확대해 응급 대응하는 실상의 문제점을 파악하고 있다. 나아가 중화학공업화가 진전되면서 젊은 노동력을 확보하기 곤란해지고 전체 탄광노동자의 이동률이 증가한 결과, 미숙련노동자와 숙련노동자를 하나의 그룹으로 묶어 연합도급식으로 임금을 지급하는 탄광에서는 더욱 심각한 문제가 발생하고 있다고도 강조했다. 즉, 그룹당 출탄량이 떨어져 숙련노동자가 받는 임금이 감소하면서 숙련노동자의 이동을 부채질하고 있다고 주장한 것이다. 다만, 이와키는 경영 규모가 큰 제철·화학 등에 속한 탄광에서는 숙련노동자에게 그에 걸맞은 대우를 함으로써 이동률이 상대적으로 낮아지고 있는데다 그런 탄광에서는 '잡역 계층'도 장기근무를 통해 숙련노동자가 될 수 있는 길이 있기 때문에, 인원 확보의 곤란과 신규 고용 노동력의 질적 저하가 그렇게 심각하지는 않다는 점을 시사하고 있다.

이와키는 이러한 실상을 소개하면서 다음과 같이 주장한다. "상대적으로 열등하고 능률이 낮은 노동력에, 그것도 노동력 하나에만 의지하는 탄산炭山의 증가와 확장은 응급적인 증산에 불과하다는 측면을 감안하여, 본격적이고 항구적인 증산에 이바지할 방책을 확보하는 것을 잊어서는 안 된다", "현 상황에서는 실로 어쩔 수 없다고는 하나, 반도의 노동력 또는 근로보국대의 지원은 어디까지나 응급책이며 항구적인 대책이 중심이 되어야 한다는 사실을, 응급책이 상례화할 가능성이 높은 오늘날 역설하지 않을 수 없다. 이와 관련된 결점으로 미루어, 숙련 광부의 확보·육성 정책은 항구적 증산의 관점에서 더없이 높게 평가해 마땅한 것이다". 요컨대, 본래 추진해야 할 것은 기계화와 숙련노동자의 확보, 이동률의 저하인데, 사람 머릿수를 채우는 데에만 기를 쓰는 현상은 장기적으로는 석탄산업에 도움이 되지 않는다는 주장이다.

이 같은 인식을 가졌던 이와키는, 명확히 언급하고 있지는 않지만 조선인 동원으로 탄광 노동력의 부족을 메꾸려는 지금의 시책이 모순에 직면해 파탄하는 사태를 내다본 것으로 보인다. 그리고 앞서 살펴보았듯이, 거의 같은 시기에 발표된 조선 농촌의 노동력에 관한 나카타니 주지의 분석도 조선 농촌을 공급원으로 하는 노무동원을 이대로 지속하는 데에는 무리가 따르며 농업 생산의 감소라는 또 다른 커다란 문제를 초래할 것이라고 전망하고 있다.

그러나 이들의 논의를 반영해 노무동원 정책을 수정하는 일은 없었다. 오히려 일본제국은 다음에서 보듯, 무리를 무릅쓰고 모순을 키워가는 방향으로 정책의 키를 돌리고 있었다.

제3장
밀려드는 모순

인원 확보차 조선에 출장 온 닛산日産 화학공업 온가遠賀 광업소의 관계자가 노무원 집합장 간판 앞에 서 있다. 시기는 1942년으로 알려져 있다.(호세이法政 대학 오하라大原 사회문제연구소 소장)

1. 조선인 노무동원 제도의 재확립

미·영과의 전쟁

수렁에 빠진 중일전쟁을 이어가던 일본제국과 미·영의 대립이 심각해지고, 결국 일본은 1941년 12월 8일에 미·영 양국과 교전상태에 돌입했다. 일본제국은 이후, 당시 남방이라 부르던 동남아시아의 구미 열강 식민지를 점령해가는 한편 장제스 정권 등의 중국과도 전쟁을 계속했다. 일본제국의 전쟁이 아시아태평양 전역으로 확대된 것이다.

잘 알려져 있지만, 이 전쟁에서 미·영 양국에 대한 일본의 초반 우세는 오래가지 않았다. 이듬해 6월 미드웨이 해전에서 일본 해군에 타격을 안긴 미 해군은 반격에 나섰고, 수세에 몰린 일본 육해군은 1943년 9월에 절대 국방권國防圈을 설정했지만 1944년에는 이 권역마저 무너졌다. 태평양의 전략거점을 확보한 미군은 1944년 가을 이후 일본 본토 공습에 나서게 되는데, 당시 일본군의 대규모 병력은 중국 전선의 교착상태에서 벗어나지 못한 채 옴짝달싹 못 하고 있었다.

이에 따라 군사동원도 규모가 커져갔다. 중일전쟁이 시작된 1937년에

63만 4013명이었던 일본제국 육해군 병력은 1941년에는 241만 1359명, 그리고 1943년에는 380만 8159명으로 불어나 있었다.

이처럼 다수의 청장년 남자가 병역을 수행하는 가운데, 일본제국은 군수물자에 대해서도 과거 이상의 증산을 실현해야 하는 상황이었다. 미국은 일본보다 많은 자원을 보유하고 있을 뿐만 아니라 기술, 생산성, 노동력도 절대적인 수량에서 일본을 앞서고 있었다. 그런 나라와 전쟁을 한다는 자체가 무모한 것이었지만, 이미 시작된 전쟁에서 승리하기 위해서는 군수 생산을 유지하고 확대하는 것이 필수조건이었다. 그리하여 정부와 군부의 지도자는 전쟁이 끝나는 날까지 다양한 수단을 동원해서 군수물자를 증산하는 시책을 펼쳤다.

그 과정에서 석탄의 증산은 여전히 빠뜨릴 수 없는 조건이었다. 점령지 내의 군사기지 건설을 포함해 추진해야 할 토건공사도 늘어났고, 항만 하역을 포함한 수송이 제대로 기능하지 않으면 물자를 생산하기란 불가능했다. 그를 위한 노동력 수요를 충족시키기 위해서라도 조선인 노동자 활용의 중요성은 커지고 있었다.

새로운 각의결정

일본 정부는 미·영과 전쟁을 시작한 데에 이어 1942년 2월 13일에 「조선인 노무자 활용에 관한 방책」을 각의결정했다. 이 결정은 1934년의 각의결정 「조선인 이주대책의 건」을 대신하는 것으로 규정되었다. 이로써 조선인 노동자의 도일은 억제가 기본 원칙이고 동원계획에 따른 '내지 이주'는 예외로 정했던 방침이 마침내 폐기되고, 조선인 노동자를 일본 내지에 적극적으로 도입하는 노선이 명확해진 것이다.

이는 일본 내지에서 노무수급의 절박함이 심각해지고 있는 데에 반해 조선에는 아직 노동력에 여유가 있다는 인식에 바탕을 둔 결정이었다. 1942년의 새 각의결정은 "군 요원의 확대에 따라 내지에서 기초산업에 종사할 중重노무자가 부족해지고 특히 기존에 이 방면의 노무자를 공급해왔던 농업 노동력 역시 현저히 절박해진 결과 응소자應召者를 보충하는 것조차 곤란한 실정인 만큼, 이 방면의 노무자를 수급하는 데에 아직 탄력을 지닌 조선에 공급원을 구하여 지금의 긴급한 생산을 확보하는 것은 초미의 급선무로, 이전부터 작지 않은 부분을 조선인 노무자에게 의존해온 토건, 운수 등의 사업에서도 최근 기대하는 바가 점점 커지고 있다"는 문장으로 시작되고 있었다.

하지만 이 각의결정은 단순히 조선인 노동자 동원을 확대해야 한다는 사실을 확인한 것이 아니라, 조선총독부 측과 일본 내지 측의 의견을 조율하여 방침을 통일한 결과이기도 했다. 위의 각의결정은 다음과 같은 내용으로 이어진다. "하지만 조선인 노무자의 내지 송출과 그 사용에 관해서는 복잡한 사정이 교차하여 내선內鮮의 지도가 반드시 일치하지는 않으며 그에 따라 발생하는 폐해 또한 적지 않고, 이제는 내지 노무자의 자질을 감안하여 필요한 조선인 노무자를 내지에서 활용하는 것은 불가결한 요청이기 때문에, 이 기회에 과거의 경험에 대한 성찰을 바탕으로 시책을 통일하고 쇄신하여 내선內鮮 모두 진정한 지도성에 만전의 방책을 확립하여 신속히 이를 실행하는 것이 무엇보다 필요하다."

여기에서 말하는 조선총독부 측과 일본 내지 측의 불일치는 구체적으로 무엇을 뜻하는 것이었을까? 각의결정은 이 부분에 대해 명확히 밝히고 있지 않지만, 근본적으로 더 많은 조선의 노동력을 원하는 일본 내지 측과 가능하면 내보내고 싶지 않은 조선총독부 측 의향의 차이와 관련되어 있다고 추측할 수 있다. 원래 조선총독부 측은 조선 북부의 공업화를 위한 노동력을 확보하려고 한데다 농업 생산을 유지하기 위해서라도 일본 내지로 다수의 노동자를 송출하는 사태는 피하고 싶어했다. 이에 반해, 일본 내지 측은 향후 군사동원으로 노동력 확보가 더욱 곤란해질 것으로 예상되는 가운데 더 많은 조선인 노동자의 도입을 희망하는 한편, 받아들일 조선인이 "질 좋은" 노동자이기를 바라면서도 도입에 따르는 경비는 되도록 부담하고 싶지 않다는 속내도 갖고 있었다. 반대로 조선총독부는 조선인 노동자가 불만을 품지 않게끔 받아들이는 쪽이 충분히 배려해서 대우해주기를 바랐을 것이다. 무리해서 송출한 조선인이 가혹한 취급을 받는 일이 발생한다면, 본인과 조선에 남아 있는 관계자의 불만이 고조되어 정책에 대한 비판이 거세질 가능성이 있었기 때문이다. 그런 관점에서 볼 때 특히 직장 안에서 민족차별적인 대우는 있어서는 안 되는 것이었다.

1942년의 각의결정은 이처럼 조선총독부·일본 내지 측의 희망을 반영한 내용으로 이루어져 있었다. 구체적으로 살펴보면, 향후의 일본 내지로의 조선인 동원과 관련된 방침은, 원칙상 17~25세의 심신이 건전한 자를 선발하여 조선에서 정신교육·일본어교육 등을 실시한 다음 송출하고, 일본 내지 측은 국가의 지도 및 보호 아래 이들을 사용하고 우수한 황국 노동자로 육성하여 2년 뒤에 조선으로 돌아가 조선에서 인적 국방자원의 강화에 이바지하도록 하며, 조선인 노동자에 대해서는 '내지인'과 다름없는 처우를 실시한다는 내용 등이었다. 즉, 조선에서 가능한 한 젊고 우수한 청년을 일본 내지로 보내어 2년간의 거듭된 연찬을 통해 훌륭한 노동자로 만든 뒤 조선으로 돌려보낸다는 계획을 세웠던 것이다. 이 계획은 일본 내지 측과 조선총독부 측 모두를 만족시키는 것이었다. 일본 내지 측은 젊은 노동자를 사용하면서도 그들이 일본에 정착하는 부담은 피할 수 있었고, 조선총독부 측도 2년 동안 선진적인 직장에서 훈련을 쌓은 노동자를 확보할 수 있었기 때문이다.

결정의 실현 가능성

물론 그것은 탁상공론에 지나지 않았다. 이후에 전개된 현실을 보면, 위에 소개한 각의결정 가운데 실현된 내용은 거의, 아니 전혀 없었다. 애당초 그런 결정을 이행할 수 있는 조건이 존재했는지, 그리고 결정에 참여한 자가 그 결정의 실현 가능성을 믿고 있었는지도 의문이다.

젊고 심신이 모두 건전한 조선인 가운데 농가의 기간 노동력이 아닌 사람은 이미 상당수가 조선 북부나 일본 내지, 또는 지원병이나 군속으로 동원되어 있었다. 물론 그런 조건을 갖추고도 여전히 농촌에 남아 있던 사람들을 누군가가 그러모을 수도 있었다. 하지만, 조선총독부도 일본 내지 측도 충분한 훈련을 실시할 여유는 없었다. 조선총독부 측에 기대되었던 역할은 일본어교육과 단체행동에 대한 적응이었던 것으로 보이지만, 당시 17~25세의 조선인 남자 중에는 학교에 다니지 않는 사람들도 상당히 많았다. 초등교육을 받을 기회가 없었던 사람들에게 외국어를 습득시키는 것은, 극히 초보적인 수준이라고 해도 한두 달로는 턱없이 부족하다. 당시 조선총독부 측에 일본 내지 송출 예정자를 모으거나 또는 통학을 시켜가며 몇 개월씩 훈련을 시킬 여유가 있었다고는 도저히 생각할 수 없다.

한편 일본 내지의 수용 기업에도, 조선인을 '우수한 황국 노무자'로 육성할 시간과 수고를 들일 여력이 있을 리 없었다. 그리고 기업 측은 노동력이 필요할 뿐인데 왜 그런 훈련까지 책임져야 하는지 의문시했을 것이다. 실제로 1942년 2월에 일본경제연맹회의 주최로 열린 좌담회에서,

홋카이도 탄광기선주식회사(호쿠탄北炭) 노무과장 마에다 하지메前田一
는 "총독부의 방침이라는 것이, 선인鮮人의 황민화, 문화적인 일본국민화
와 같은 것을 업자에게 맡긴다, 그런 속셈이지요", "훈련기간이 원래 3개
월이었는데, 이번에는 6개월이 되고… 공公생활, 사생활, 모두 부대조직
으로 훈련시켜달라, 그 훈련의 주요 사항이 실로 복잡하게 죽 나열되어
있습니다. 우리는 생산 확충 때문에 와달라고 한 건데 선생 같은 일을 해
야 합니다"라며 정부 시책을 비판하는 듯한 발언을 내놓고 있다.

　게다가 2년의 기간을 정해 조선으로 노동자를 돌려보내야 하는 규정
은 정착을 방지하는 의미에서 일본 내지의 치안·노동행정 담당자가 기
대하는 부분과는 합치했겠지만, 기업 측에는 커다란 손해를 가져오는
것이었다. 어느 정도 환경에 적응해 숙련된 노동자로 성장한 인력들을
잃게 된다는 것을 의미했기 때문이다.

　한편 마에다 하지메는 좌담회에서, 조선인 노동자의 사용에 위와 같
은 여러 가지 조건이 붙게 된 상황을 타개하기 위해 '쿠리苦力'의 도입
과, 도입한 조선인 노동자의 자격제도를 제안하고 있다. 후자는 일본 내
지에서 일한 기간에 따라 (이를테면 2년은 초급, 3년은 중급, 5년 이상은 상급
의) 자격을 부여하여 조선 내에서 유리한 대우를 받도록 한다는 내용이
었다. 조선인 노동자의 자격제도는 실현되지 않았지만, '쿠리'=중국인
노동자의 도입은 훗날 실행에 옮겨지게 된다.

한층 강화되는 도일 통제

우수한 조선인 청년을 선발해 훈련시킨 다음 노동력이 부족한 일본 내
지에 동원하고 2년 후에는 조선을 위해 이바지하게 한다는 계획은 결국
실현될 수 없었다. 실제로 17~25세의 청년 인원을 확보하는 데에는 현

실적인 어려움이 있었기 때문에, 더 폭넓은 연령층으로 대상을 확대하여(애초에 각의결정에 선발이 곤란할 때는 연령을 확대할 수 있다는 조항이 있기는 했지만) 중노동을 견딜 수 있을 만한 자 이외의 노동력도 일본 내지로 송출되었다. 그리고 조선총독부 측의 요망에 따라 들어간, 민족차별적인 대우의 금지와 2년 기한이 만료된 노동자의 조선 귀환도 거의 실현되지 않았다(나중에 서술한다).

그렇다고 해서 새 각의결정에 아무런 의미도 없었던 것은 아니다. 각의결정은 위에서 소개한 문장을—아마도 명분에 지나지 않는다는 사실을 충분히 아는 상태에서—적은 데에 이어, 해당 계획을 실현하기 위해 다음과 같은 조치가 필요하다고 강조하고 있다. 즉, 조선인의 일본 내지 취업에 대한 노무통제를 강화하고 통일하는 동시에, 조선총독부 측의 강력한 지도 아래 이를 시행하고 필요에 따라서는「국민징용령」을 발동하여 인원 확보에 나서는 한편, 조선 내 동원기구의 인원을 확충하고 경찰 기능을 강화해야 한다는 것이다. 이 방침들은—동원기구의 인원 확충이 충분했다고 보기는 어렵지만—실행에 옮겨지게 된다.

이 가운데 일본 내지 취업의 노무통제 강화에 관해서는, 연고도항을 동원의 범주에 편입시킨다는 목표를 세웠다. 각의결정 이후 조선총독부 측과 일본 내지의 관계 당국이 협의를 거쳐 새롭게 맺은 조선인 도일에 관한 취급 협정에는 다음과 같은 문구가 추가되었다. "노무동원계획 이외의 조선인 노동자를 내지로 이입하려고 하는 자(이른바 연고도항)에 대해서는, 가능한 한 노무동원계획에 의한 통제 아래에서 행하도록 지도하고, 그들을 종사시킬 사업 및 조선인 노무자의 사정 등에 따라 부득이하다고 인정되는 자에 한해서만 이를 인정하며, 부득이한 사정은 기존보다 한층 엄중하게 해석하도록 한다." 다시 말해, 동원계획의 범주를 벗어난 일본 내지 이동이나 취업은 극히 예외적으로만 인정하게 된 것이다. 더욱이, 조선인 도일 억제를 방침으로 정했던 1934년의 각의결정이 폐지된 사실은 일반에 공표하지 않았고, 거기에 더해 설령 개별적으로 일본에 건너가더라도 "평화산업에 개별적으로 고용되는 것은 사실상 거의 불가능하다"는 선전이 행해졌다.

이 같은 조치는 동원계획에 따라 배치된 사업장보다 상대적으로 좋은 대우와 높은 임금을 받을 수 있는 취업처가 존재했다는 사실을 반증한다. 농사를 짓기보다는 일본 내지의 사업장에서 일하는 것이 유리하다고 판단한 조선인은 이 시기에도 생활전략적 이동을 시도하고 있었나. 따라서, 밀항은 이후에도 계속되었다. 밀항 시도자의 정확한 규모는 물론 알 수 없지만, 일본 내지의 경찰이 파악한 바에 따르면, 밀항자는 1939년의 7400명을 정점으로 감소하기 시작하지만 1942년 중에도 4810명으로 집계될 만큼 결코 적은 수가 아니었다(다만, 그중에는 가족과 같이 살기 위해 밀항한 경우도 다소 포함되어 있었던 것으로 추측된다).

관 알선에 의한 인원 확보

일본 내지로 송출하는 인원을 확보하기 위한 "조선총독부의 강력한 지도"로는, '관 알선'이라 불리는 새로운 방식이 활용되었다. 이 방식은 조선총독부가 마련한 「조선인 내지 이입 알선 요강」에 입각하여 1942년 2월 이후 실행되었다.

이전 방식이 '모집'으로 불린 데에 비해 '관 알선'은 행정 당국의 관여를 명확히 드러내는 명칭이었다. 그래서 일각에서는 바로 이때부터 행정 당국의 적극적인 관여 아래 일본 내지로 조선인을 송출하기 시작했다고 오해하고 있다.

하지만 이미 지적한 것처럼, 조선에서는 말단 행정기구나 경찰의 협력 없이는 노동자를 확보하기 어려웠고, 실제로 기업 측도 협조를 얻어 모집을 수행하는 실정이었다. 다만, 적어도 면사무소의 적극적인 협조는 일반적이지 않았다. 이는 농업 생산에 끼칠 영향을 우려한 데에 따른 것으로 보이며, 대우가 열악한 탄광 등으로 동원하면 본인과 가족의 불만을 초래할 가능성이 있어서 주저한 측면도 있었을 것이다. 또한 그렇지 않아도 여러 가지 사무를 처리해야 하는 각 면에 노무동원 업무를 담당할 여유는 별로 없었다고 보는 것이 타당하다.

이런 가운데 새로 등장한 관 알선에 관한 규정=「조선인 내지 이입 알선 요강」은 노무동원에서 필수적이었던 말단 행정기구의 협력을 명시했다. 1942년에 마련된 이 요강은 인원 확보에 대해 "직업소개소 및 부·읍·면은 항상 관내 노무사정의 추이를 유념해 자세히 파악하고, 공출 가능한 노무의 소재 및 공출시기의 완급을 고려하여, 경찰 관헌, 조선노무협회, 국민총력 단체, 기타 유관기관과 긴밀히 연락하면서 노무보도원과 협력하여 배정된 노무자의 선정을 완수해야 한다"고 적고 있다.

하지만 동원계획에 필요한 노동자를 확보하는 데에 행정 당국이 관여하게 되었다는 측면에서 관 알선 방식의 특징을 찾는 것은, 생각해보면 기묘하다. 국책으로 결정한 동원계획에 필요한 인원을 확보하는 데에 그 임무를 다해야 할 행정기구가 아무 일도 하지 않는다면 그것이야말로 이상하기 때문이다.

오히려 조선 내 인원 확보의 특징으로 보아야 할 점은, 이때조차도 행정 당국이 실질적으로는 중심적인 역할을 수행하지 않았고, 지역사회의 유력자가 관여하는 것을 제도화하지 않았다는 것이다. 앞서 살펴본 「요강」에 따르면 부·읍·면이 인원을 확보하는 주체임은 분명하지만, 그 과정에서 경찰이나 익찬단체, 그리고 노무보도원과 협력하여 실시한다고 규정하고 있다. 이 가운데 경찰(면에서는 주재소 순사)은 면장보다 큰 권력을 가진 것으로 여겨지면서 민중의 반항을 억제하는 힘을 유지하고 있었다. 익찬단체는 민간의 유력자를 포함했지만 실상은 위로부터 조직된 행정 당국의 별동단체였다. 그렇다면 노무보도원은 무엇일까?

「조선인 내지 이입 알선 요강」에 따르면, 노무보도원은 도지사가 "노무자 공출"에 관한 사무를 촉탁하는 존재이며 "관청의 지휘감독을 받들어 예의銳意 노무자의 선정에 협력"하지만, "사업주 혹은 사업주가 고용하는 직원 또는 관계 산업단체의 직원"이기 때문에 관련된 "일체의 경비는 사업주가 부담"하도록 정해져 있었다. 즉 노무보도원은, 조선인 노동자가 필요한 기업이나 관련 단체의 직원인 만큼 노동자 확보가 절실한 기업이나 업계의 이익을 위해 행동해야 하는 처지였다. 따라서 바로 그들이 노동자를 적극적으로 확보해야 했고, 배정 지역에서 가장 열심히 활동했을 것이다.

이와 관련된 기존 연구에서는 관 알선 시기에 구장 등 마을의 중심 인물들이 동원 대상 인원을 총괄하게 되었다(따라서 마을 단계에서는 기업 관계자가 활동하지 않고도 일을 끝내게 되었다)는 관점을 제시했다. 물론 그런 방식으로 인원을 확보하는 경우도 상당수 있었을 것이며, 피동원자의 증언에 따르면 구장이 직접 명령하거나 마을 사람들을 모아놓고 제비뽑기로 피동원자를 결정한 사례도 확인된다.

그러나 같은 시기에 노무보도원이 경관이나 면 직원들과 함께 집집을 돌아다니면서 인원을 확보했던 정황도 피동원자의 증언을 통해 드러난다. 이를테면, "순사와 일본인이 집에 와서, '돈을 벌 수 있으니까 일본에 가서 일하라'고 했다. 그때는 경찰이라는 말만 들어도 바짝 긴장하던 시절이었다. 가지 않겠다고 거절해도 강제로 끌려갈 거라고 단념하고는 일본에 가겠다고 승낙했다"(1942년 4월, 경상북도 달성군에서 효고兵庫현 니치아日亞 제강 아마가사키尼崎 공장으로 동원된 나수암羅壽岩의 증언, 조선인강제연행진상조사단 편,『조선인 강제연행 조사의 기록 효고편』柏書房, 1993), "일본의 '이와테구미岩手組'에서 왔다는 일본인과 마을의 조선인 남자 2명이 집으로 찾아왔다. 그리고 '일본에 가서 일하라'고 강요했다"(1943년 1월, 경상남도 의령군에서 나가노長野현 시모이나下伊那군 히라오카平岡 댐 공사 현장으로 동원된 김정삼金正三의 증언. 조선인강제연행진상조사단 편저,『조선인 강제연행 조사의 기록 주코쿠中国편』柏書房, 2001), "일본에서 후쿠시마福島라는 남자가 와서, 면사무소 노무담당자와 함께 집집을 돌면서 100명을 모았습니다"(1942년 8월, 전라북도 완주군에서 나가사키현 니시소노기西彼杵군 미쓰비시 사키토崎戸 탄광으로 동원된 원수봉元壽鳳의 증언. 100만인의신세타령 편집위원회 편,『100만인의 신세타령』, 도호東方출판, 1999), "주재소 경관과 면 직원, 그리고 일본에서 온 사람이 우리집에 와서는… 그로부터 사흘 뒤에 온 편지에 '일본에 석탄을 캐러 가야 한다'고 쓰여 있었습니다"(1942년 10월, 경상북도 성주군에서 나가사키현 니시소노기西彼杵군 미쓰비시 사키토崎戸 탄광으로 동원된 성병인成炳仁의 증언.『100만인의 신세타령』) 등의 증언이 있다. 동원된 사람들은 노무보도원이라는 용어를 쓰고 있지 않지만, 당시 주요 산업에 배치할 노동자를 멋대로 모으는 행위가 허용되지 않았던 상황을 감안하면, 조선의 마을에 온 '일본인'을 노무보도원으로 보아도 무방하다.

행정의 권한과 책임
마을 차원에서 조선인 주민이 인원을 확보하는 사례와 노무보도원이 일

일이 집집을 도는 사례 가운데 어느 쪽이 더 많았는지 여부는 알 수 없다. 게다가 후자의 경우, 구장이 노무보도원이나 면 직원에게 동원 대상자가 있는 집을 알려주는 일도 있었을 것이다. 하지만 여기에서는, 마을의 중심 인물이 비협조적일 경우 기업에서 파견한 자가 경관 등을 대동하여 필요한 인원을 확보할 수 있었다는 측면을 짚고 넘어가야 한다. 해당 마을에서 계속 살아갈 리 없는 노무보도원이나 경관은 지역의 노동력 실정이나 사회질서를 고려하지 않고 인원 확보를 진행했을 가능성이 크다.

바로 이 지점에서 일본 내지와 조선의 노무동원은 차이를 보인다. 앞서 분석한 것처럼, 일본 내지에서는 「직업소개법」의 규정에 따라 연락위원이 배치된 이후, 동원 대상 노동자의 선정에 대한 지역 유력자들의 관여가 제도적으로 강화되는 한편 기업이 파견하는 노무보도원 제도는 폐지되었다(나중에 서술한다). 이는 배정된 동원량을 채우도록 지역사회를 압박하고 그에 대한 책임을 무겁게 하는 조치였지만, 동시에 어느 정도 지역 실정에 맞게 동원을 추진할 수 있는 여지도 갖고 있었다. 그러나 조선에서는 이와 유사한 제도가 만들어지지 않았다.

따라서 관 알선은 지역사회의 사정을 고려하지 않고, 그에 대한 책임이나 관련이 없는 노무보도원이 자신의 소속 기업을 위해 노동자 확보에만 전념하도록 제도화한 방식이라 할 수 있다.

오해를 피하기 위해 덧붙이자면, 그렇다고 해서 행정 당국이 노무동원 과정에서 발생한 갖가지 문제에 대해 책임이 없다는 의미가 아니다. 관 알선에 대해 조선총독부가 정한 규정에 따르면, 어디까지나 부·읍·면이 동원 대상 인원을 선정하며, 노무보도원은 그 작업에 협력해야 하는 존재였다. 이를테면 노무보도원이 독단으로 폭력적인 방식을 통해 인원을 그러모았다 하더라도, 행정 당국은 감독 소홀에 대한 책임이 있는 것이다.

참고로, 관 알선은 직업소개와 비슷하기는 하지만, 사업주가 최종적으로 채용 여부를 결정하지 않았다는 점에서 직업소개와는 다른 방식으로 여겨졌다. 모집에서도 확보된 조선인의 채용 여부를 결정하는 권한은 사업주에게 있었다. 그에 반해 기업 측에, 관 알선으로 행정 당국이 확보한 노동자의 채용을 거부할 자유는 없었다. 그런 의미에서 기업 측이 아닌 행정 당국이 주도하는 노동력 배치의 강제성은, 모집이나 일반적인 직업소개보다는 관 알선이 분명히 강했다.

2. 일본 내지의 동원시책

미·일 개전 이후의 동원계획

그렇다면 전쟁 확대에 따른 노무동원의 전개 양상은 어떠했을까? 이 절에서는 일본의 패색이 짙어지는 시점보다 앞선 시기에 대해 알아보고자 한다. 먼저, 전체적인 동원계획과 일본 내지의 동원 실태를 개관해보자.

1942년도 국민동원계획(전년도까지의 노무동원계획이 이 명칭으로 바뀌었다)은 5월에 각의를 통과했다. 일본 내지 관련 동원의 큰 틀을 보면, 수요와 공급원(공급)이 196만 7800명으로 동일했으나 200만 명을 넘었던 전년도 수요와 공급원을 밑돌았는데(〈표 11〉, 〈표 12〉), 이는 노동력 수급이 쪼들리면서 종전처럼 "수요를 기초로 무리한 공급 배정을 편성"하는 것(오하라 사회문제연구소, 『태평양전쟁하의 노동자 상태』, 1965)이 곤란해진 결과였다. 이와 관련하여 각의결정 이후 발표된 기획원 총재의 담화에서는, "공급원의 현 상황을 감안해 노동 수요를 압축", "방대한 수요에도 불구하고 공급력에 일정한 한계가 있기 때문에 각 부문에서도 수적으로는 전년도보다 상당히 감소했다"라는 문구가 확인된다.

(단위: 명)

구분	남	여	합계
일반 노무자	1,140,400	555,300	1,695,700
신규 수요 증가 수	740,000	172,100	912,100
군수산업	397,600	101,100	498,700
생산 확충 계획 산업	164,300	19,100	183,400
위의 부대산업	35,300	25,900	61,200
생활필수품 산업	8,300	8,400	16,700
교통업	80,100	13,900	94,000
국방토목건축업	32,300	3,300	35,600
농업	22,100	400	22,500
감모 보충 인원수	400,400	383,200	783,600
하급 사무직원	54,000	55,000	109,000
신규 수요 증가 수	25,600	26,000	51,600
감모 보충 인원수	28,400	29,000	57,400
공무요원	36,600	30,200	66,800
신규 수요 증가 수	12,300	9,000	21,300
감모 보충 인원수	24,300	21,200	45,500
외지 요원	76,300	20,000	96,300
합계	1,307,300	660,500	1,967,800

출전: 기획원, 「쇼와 17년도 국민동원 실시계획」, 1942년 5월 26일

구체적인 항목을 살펴보면, 전년도까지와는 달리 수요에 사무직원이나 공무요원, 외지 요원이 산정되어 있다. 하지만 가장 많은 것은 91만 2100명(이 가운데 남자가 74만 명)의 '일반 노무자'로, 이 가운데 생산 확충 계획 산업(탄광은 여기 포함된다)이 전년도보다 증가했다. 한편, 공급에는 농업 종사자가 편성되어 있지만, 농촌을 주요 공급원으로 삼는 것은 피하고 있다. 공급원 가운데 농업 종사자는 9만 8300명에 그친 데에 반

(단위: 명)

	남	여	합계
국민학교 신규 수료자 (농촌 관계)	125,000	195,000	320,000
국민학교 신규 수료자 (기타)	292,800	157,900	450,700
중등학교 신규 졸업자	55,700	38,400	94,100
要要정리 공업 종사자	134,300	60,700	195,000
상업 종사자	366,700	86,300	453,000
가사 사용인	2,000	25,000	27,000
기타 유직자	78,000	21,600	99,600
일반 토목건축업 종사자	20,000	0	20,000
농업 종사자	84,000	14,300	98,300
무직자	28,800	61,300	90,100
조선인 노무자	120,000	0	120,000
합계	1,307,300	660,500	1,967,800

출전: 기획원 제3부, 「쇼와 17년도 국민동원 실시계획」, 1942년 5월 26일

해 학교 신규 졸업자와 상업 및 要要정리 공업 종사자 등이 공급원의 대부분을 차지했다. 한편, 조선에서 일본 내지로 도입할 노동자는 전체 공급원의 6.1퍼센트에 해당하는 12만 명으로 편성되었다.

5월에 결정된 1943년도의 동원계획은 역대 최대 규모였다. 일본 내지 관련 수요와 공급원(공급)은 모두 239만 6300명이다. 이미 전년도 단계에서 공급력의 한계를 인정한 기획원 총재는, 이 계획의 "신속하고도 정확한 충족에는 실로 특별한 노력이 필요하다"는 담화를 발표했다. 수요 항목은 전년도와 거의 동일하지만, 32만 명의 농업 감모減耗 보충 인원이 산정되어 있다는 점이 특징이다(〈표 13〉, 〈표 14〉). 그리고 수요 가운데 가장 많았던 항목은 일반 노무자로, 그 규모는 감모 보충분을 포함하

〈표 13〉 1943년도 국민동원계획의 '상시 인원 신규 수요 수'(일본 내지)

(단위: 명)

구분	남	여	합계
일반 노무자	1,221,680	424,124	1,645,804
신규 수요 증가 수	868,153	234,658	1,102,811
군수산업	447,432	134,691	582,123
생산 확충 계획 산업	260,565	52,433	312,998
위의 부대산업	24,421	21,698	46,119
생활필수품 산업	2,675	3,920	6,595
교통업	93,147	13,254	106,401
국방토목건축업	32,891	1,707	34,598
농업	6,133	3,399	9,532
기타 산업	889	3,556	4,445
감모 보충 인원수	353,527	189,466	542,993
하급 사무직원	12,511	53,063	65,574
신규 수요 증가 수	0	14,605	14,605
감모 보충 인원수	12,511	38,458	50,969
공무요원	15,724	71,885	87,609
신규 수요 증가 수	3,917	31,530	35,447
감모 보충 인원수	11,807	40,355	52,162
남성 취업 금지 제한에 따른 여성 보충 인원	0	135,000	135,000
농업 감모 보충 인원	160,000	160,000	320,000
외지 요원	126,585	15,728	142,313
합계	1,536,500	859,800	2,396,300

출전: 기획원, 「쇼와 18년도 국민동원 실시계획」, 1943년 5월 3일

면 164만 5804명(이 가운데 남자는 122만 1680명)이다. 이에 대한 공급원으로는 전년도와 마찬가지로 학교 신규 졸업자 및 전·폐업 대상이 된 노동자가 많은 비율을 차지했다. 여기에 농업 종사자 8만 3000명과 각종

〈표 14〉 1943년도 국민동원계획의 '상시 인원 공급 수'(일본 내지)

(단위: 명)

	남	여	합계
국민학교 신규 졸업자	459,000	318,000	777,000
중학교 졸업자	78,000	71,000	149,000
각종 학교 재학자	35,000	18,000	53,000
산업 정비에 따른 전출 가능 노동자 (광공업)	245,000	134,000	379,000
산업 정비에 의한 전출 가능 노동자 (상업)	173,000	39,300	212,300
농업 종사자	60,000	23,000	83,000
기타 유직자	71,500	56,500	128,000
남성 취업 금지 제한에 따른 전출 가능자	190,000	0	190,000
무직자	55,000	200,000	255,000
이입 조선인 노무자	120,000	0	120,000
일본 내지 거주 조선인 노무자	50,000	0	50,000
합계	1,536,500	859,800	2,396,300

출전: 기획원 제3부, 「쇼와 18년도 국민동원 실시계획」, 1943년 5월 3일

학교 재학자 5만 3000명도 각각 편성되었다.

조선인 관련 공급원에 대해서는 조선반도에서 도입할 12만 명 외에 일본 내지에 거주하는 조선인 노무자 5만 명이 새롭게 계획에 편성되었다. 이에 따라 조선반도에서 도입할 노동자가 전체 공급원에서 차지하는 비율은 5.0퍼센트, 일본 내지에 거주하는 조선인을 포함한 조선인 노동자가 전체 공급원에서 차지하는 비율은 7.1퍼센트가 되었다. 일본 내지에 거주하는 조선인은 이전에도 일반 일본인과 동일하게 동원 대상이 되는 사례가 있었지만, 이때는 협화회 조직을 활용하여 인원을 확보하고자 한 것으로 보인다. 동원계획이 아닌 방법으로 일본에 건너와 일본 내지에 거주하고 있었던 10대 후반에서 40세까지의 조선인 남자는 이

〈표 15〉 1943년도 노무동원계획의 '신규 수요'(조선)

(단위: 명)

구분	남	여	합계
일반 노무자	244,642	21,956	266,598
신규 수요 증가 수	171,952	9,417	181,369
군수산업	5,766	197	5,963
생산 확충 계획 산업	45,226	1,926	47,152
위의 부대산업	8,549	1,116	9,665
생활필수품 산업	2,422	265	2,687
교통업	24,441	857	25,298
국방토목건축업	5,289	0	5,289
농림수산업	80,259	5,056	85,315
감모 보충 인원수	72,690	12,539	85,229
하급 사무직원	9,802	1,293	11,095
신규 수요 증가 수	7,139	868	8,007
감모 보충 인원수	2,663	425	3,088
공무요원	8,596	1,454	10,050
신규 수요 증가 수	5,193	572	5,765
감모 보충 인원수	3,403	882	4,285
내지 및 외지에 대한 공출 노무자	125,000	0	125,000
만주 개척민	15,000	15,000	30,000
합계	403,040	39,703	442,743

출전: 기획원, 「쇼와 18년도 국민동원 실시계획」, 1943년 5월 3일

시점에 약 50만 명으로 추산되기 때문에, 동원 대상으로 편성된 5만 명은 그 10퍼센트가량에 이른다.

한편, 1943년도의 동원계획에서는 조선에 대한 수요와 공급원을 파악할 수 있다(〈표 15〉, 〈표 16〉). 전년도 대비 증감 정도는 분명하지 않지만, 1941년도에 비하면 동원 규모가 2만 3000명 이상 늘어났다. 여전히 농

(단위: 명)

	남	여	합계
초등학교 및 중학교 신규 졸업자	50,288	10,835	61,123
농촌 지역의 공급 가능자	260,407	15,843	276,250
농촌 이외 지역의 공급 가능자	75,000	11,800	86,800
일본 내지의 이주 노무자	17,345	1,225	18,570
합계	403,040	39,703	442,743

출전: 기획원, 「쇼와 18년도 국민동원 실시계획」, 1943년 5월 3일

촌 출신 남자는 공급원 가운데 큰 비율을 차지했으며, 그 규모는 1941년 도보다 4만 5000명 이상 증가했다.

연락위원 제도의 재편

이미 노동력이 고갈되고 있다는 지적이 나오는 가운데 동원계획에 편성된 인원은 어떤 방식으로 확보되었을까? 쉽게 상상할 수 있는 수단, 즉 국가의 직접적인 지령에 따라 필요한 사업장으로 노동력을 배치하는 징용이 증가했다. 이는 분명 사실이지만, 역시 이때도 징용보다는 다른 수단으로 노동력을 충원하는 경우가 일반적이었다는 점에도 유의해야 한다. 후생성 자료인 「쇼와 18년도 국민동원 실시계획 충족 실적 조사」에 따르면, 1943년 4월부터 1944년 2월까지 국민직업지도소를 통해 일반 직업소개로 취직한 인원은 112만 8117명이었던 데에 비해, 징용된 인원은 71만 1069명으로 나타나 있다. 이 자료는 연고모집, 즉 개인적인 연줄을 이용한 취직도 일반 직업소개와 동일한 수치로 추정하고 있다.

이처럼 일본 내지에서 징용 이외의 수단으로 인원을 확보한 배경으로는, 지역사회의 유력자로 하여금 협력하게 하는 체제가 강화된 측면을

들 수 있다. 1942년 7월, 국민직업지도소의 업무를 보조하는 연락위원과 노무보도원 제도를 발본적인 차원에서 개선하는 작업이 시작되어, 기업 관계자인 노무보도원이 폐지되는 한편 지역의 유력자 중에서 뽑힌 연락 위원에게도 단순 명예직 이상의 의미를 부여하게 되었던 것이다. 즉, 연 락위원에 대해서는 재단법인 직업협회가 새롭게 임명된 적임자에게 국 민동원협력원이라는 자격을 부여한 뒤 수당을 지급하게 되었다. 그리고 전국에서 약 7만 7000명이 임명된 이 연락위원=국민동원협력원에게는 국민직업지도소의 창구가 충족시키지 못한 인원을 찾아내는 임무가 주 어졌다. 이어서 이듬해 4월에는 전체 연락위원의 10퍼센트가 상임연락 위원에 임명되었다. 상임연락위원은 국고에서 지출되는 월 50엔의 수당 까지 받으며 "상시 근로 인원의 개척에 정신挺身"하게 되었다. 앞서 지적 한 바와 같이, 이는 지역사회 유력자에게 일정한 책임을 부여하여 배정 된 노동자를 '공출'하도록 강요하는 것이었지만, 동시에 지역사회의 사 정을 고려하여 동원을 수행할 수 있게 하는 조치였다. 적어도 지역의 유 력자와 연줄을 가진 사람은 동원 대상에서 면제되거나 비교적 부담이 적은 동원처에 취업하는 등의 특혜를 받을 여지가 있었을 것이다.

상공업자 등의 전·폐업

군수 생산과 직접적인 관련이 없는 중소상공업자들의 전·폐업도 그들의 생활을 어느 정도 배려하는 형태로 진행되었는데, 선행 연구를 바탕으 로 그 과정을 정리하면 다음과 같다.

우선 1941년까지는 기업합동이 진행되고 배급기구가 정비되는 가운 데 상점의 많은 종업원들과 일부 상점주의 전업이 이루어졌다. 다만, 상 점주 중에는 이전과 마찬가지로 원료를 조달할 수 있게 된다면 원래 직업으로 돌아가기를 희망하는 사람이 많았다. 이듬해에는 상업조합이나 상업보국회가 선정한 일부 소매 점포가 전폐업의 대상으로 지정되었다. 다만 실행 단계에서는 연장자 등 전업 곤란자나 출정 군인이 영업주인 경우 등에 한해 영업을 계속할 수 있도록 배려했다.

1943년에는 전업을 촉진하기 위한 조치로, 상공업자가 직업을 전환할 경우 인수 기업에 대해 이전 수입을 고려하여 급여액을 결정하고 전폐업자의 설비자산을 매수하는 한편 부채 정리를 촉진하며, 가정 내 사정이나 기타 사유로 전업이 곤란한 사람들을 위해 수산소(授産所: 경제적으로 어려운 사람들에게 일을 주고 기술을 습득케 하는 시설 – 옮긴이)를 설치하도록 하는 등의 정책을 결정했다. 이 같은 정책적인 지원 아래 1943년 후반 이후 상점주를 포함한 전·폐업이 추진되었다.

징용 증가와 근로원호

앞서 지적한 것처럼, 1942년도 이후의 동원에서는 징용이 증가했다. 『노동행정사』에 따르면 1942년도에는 46만 9388명이, 그리고 1943년도는 8월 말까지 집계된 통계지만 28만 3558명이 각각 징용되었다. 이 가운데 관리 공장으로 징용된 인원은 각각 32만 1698명, 19만 3814명이고, 그 밖에는 육해군이 고용한 인원이다. 또한 미국 전략폭격조사단 보고에 실린 통계에 따르면, 신규 징용은 역년으로 1942년에 31만 1649명이었던 것이 1943년에는 단번에 69만 9728명으로 증가했다.

한편, 1943년 7월에는 「국민징용령」이 개정되어 제2조의 문구가 "징용은 국가의 요청에 입각하여 제국 신민으로 하여금 긴요한 총동원 업무에 종사하게 할 필요가 있는 경우에 이를 실시하도록 한다"는 내용으로 바뀌었다. 즉, 직업소개소 등에서 인원을 확보하지 못할 경우에 발동하는 조치였던 징용이 여기서는 총동원 업무를 위해 긴급히 노동력을 확보하는 중심적인 수단으로 자리매김한 것이다.

하지만, 이때는 전형을 위해 출두에 응한 사람들 가운데에서 젊고 노동을 견딜 수 있는 신체를 가진 한편 부양가족이 없는 자, 그리고 통근 범위 안에 직장이 있는 자를 확보하기는 어려운 상태였다. "평균연령의 상승, 아내를 동반하는 비율의 상승 및 부양가족의 증가와 함께 체위는 점차 떨어지고 있으며, 학력·직업·지위가 상층에 속하는 자들의 대다수가 산업전선에 동원되고 있다"(고다마 마사스케兒玉政介, 『노무동원과 원호』, 1964, 다만 원고는 1944년).

이 같은 현실이 야기한 생활이나 노동의 어려움은 소문을 통해 민중에게 널리 알려져 있었다. 당시 세태를 잘 전하고 있는 나가이 가후永井荷風의 일기 가운데 1943년 10월 26일자 기술에서는, 대학을 졸업하고 은행이나 회사에서 지위를 얻은 사람 등이 징용된 후 '직공'으로 익숙하지 않은 노동에 종사하고 있고 피징용자 가운데 사상자도 발생하고 있으며, 운 좋게 노동을 계속할 수 있다고 해도 급여가 이전의 4분의 1 수준에 불과한 탓에 가족이 고생하고 있다는 풍문이 소개되어 있다.

다만, 가후가 전해들은 사례가 일반적이었던 것은 아니다. 그리고 또 한편으로 피징용자와 그 가족에 대해서는 생활이 곤궁해지는 사태를 방지하기 위한 시책이 마련되어 있었다.

우선, 1942년 1월부터는 후생성령인 「국민징용부조규칙」이 시행되었다. 이 규칙은 가족과 따로 살거나 피징용자의 업무상 부상, 질병, 사망에 따른 경제적 곤궁에 대응하여 수당을 지급하는 등의 조치를 취하도록 규정한 것으로, 피징용자 본인 외에 배우자와 자녀, 그 밖에 피징용자와 동일 호적에 올라 있는 자가 수급 자격을 가졌다. 다음으로 1943년

5월에는, 「국민징용부조규칙」의 범위 밖에서 원호를 실시하기 위한 목적으로 재단법인 국민징용원호회가 설립되었다. 국민징용원호회는 「국민징용부조규칙」의 규정으로는 부조를 받을 수 없지만 실질적으로는 충분히 부조를 받을 수 있는 조건이거나 동 규칙의 규정에 따른 부조가 끝난 뒤에도 여전히 곤궁해서 원조가 필요한 사람에게 원호를 실시했다. 또한 징용으로 수입이 감소한 사람에게 부족분을 벌충하는 데에 필요한 금전이나 특별수당을 국고 보조로 지급(행정 당국은 이를 '보급'이라 불렀으며, 이 책에서도 보급을 같은 의미로 사용한다)하는 조치도 이듬해에 실시되었다.

농업노동력의 보전

미·영과의 개전 이후 수립된 동원계획에서는, 앞서 살펴보았듯이 일본 내지의 농업 종사자도 공급원으로 편성되어 있었다. 그러나 일본 내지의 농업노동력에 대해서는 보전 시책이 강구되었다. 사실, 1942년도와 1943년도 동원계획의 전체 공급원 가운데 일본 내지의 농업 종사자가 차지하는 비율은 그리 높지 않았다. 또한 1943년도 동원계획의 수요에서는 농업의 감모 보충 인원을 산정하고 있다.

이는 일본 내지의 농민들이 공장 등으로 취업하는 경향이 확대된 데에 따른 대응이었다. 이런 경향은 군수경기 시기부터 이미 문제로 지적되고 있었고, 교통수단이 발달하고 농촌 부근의 공장 설립이 늘어나는 가운데 더욱 커져갔다.

이에 대해 1941년 12월, 「국가총동원법」에 기초한 칙령으로 「농업생산통제령」이 내려지면서 이농 방지 대책이 실시되었다. 「농업생산통제령」은 3반보(反步: 1반보는 300평 정도 – 옮긴이)가 넘는 면적의 경지를 경영하는 농민이 이농할 경우 농회農会의 승인이 필요하다는 내용 등을 규정했다. 하지만 생활상의 곤란을 이유로 하는 이농 신청을 거부할 수 없다는 등의 사정 때문에 법적인 이농 통제는 그다지 효과를 거두지 못했다. 또한 농사를 지으면서 인근 도시 등에서 일용노동을 하는 사례도 두드러졌다. 이런 가운데 일본 내지 농촌의 노동력 조정을 놓고 어떻게 이농을 막고 필요한 노동력을 확보할 것인가가 과제로 대두되었다.

그렇다고는 해도, 이 시기에 농업인구 자체가 대폭으로 줄어든 것은 아니었다. 하지만, 겸업농가가 증가하는 한편 농업의 중심이 여성이나 노인으로 옮겨가고 있었다. 바꾸어 말하면, 농업의 중심이었던 청장년 남자가 현금 수입을 얻기 위해 공장 등에서 노동을 하더라도, 남아 있는 여자와 노인 등이 농사를 지을 수 있어서 그 가구의 생활에는 오히려 유리했다는 뜻이다. 여기에는 공장에 나가 있던 남자가 농번기에 집으로 돌아와 농사일을 하는 등의 대응이 가능했던 점도 커다란 영향을 미쳤을 것이다. 그리고 징용된 노동자의 경우에도 농번기가 되면 공장에서 농가 출신자를 일시 귀농시키는 사례가 자주 있었던 것으로 전해진다.

학생과 여성의 동원

1943년도부터는 학교 재학생과 여성의 동원이 본격화되었다. 학교 재학생에 대해서는, 1943년 6월에 각의를 통과한 「학도 전시동원체제 확립 요강」에 입각해 학교의 종류와 정도에 맞게 작업 종목을 감안한 다음 국가의 요청에 부합하는 학교 재학생을 동원하는 절차를 밟았다. 뒤이어 1944년 1월에는 「긴급 학도 근로동원 방책 요강」이 각의를 통과하면서, 연중 4개월을 표준으로 학교 재학생을 동원하는 방침이 제시되었다. 그리고 같은해 2월 각의를 통과한 「결전 비상조치 요강」에 포함된 방침의 일환으로, 앞으로 원칙상 중등학교 정도 이상의 학생은 향후 연중 언제라도 비상임무에 투입할 수 있는 조직체제를 갖추어 필요에 따라 활발하게 동원하는 것을 확인했다.

한편, 여성은 남성의 취업이 금지된 직종으로 배치되거나 여자근로정신대의 형태로 동원되었다. 당시 근로정신대는 법령에 입각한 것이 아니라 1943년 9월에 나온 차관회의결정 「여자근로정신대의 촉진에 관한 건」에 따라 결성된 조직이었다. 외견상으로는 자주적이었지만, 실제로는 시·정·촌의 장과 정내회, 부인단체 등의 주도 아래 "가정에 있는 유휴遊休 여자"가 대원 자격으로 공장 등의 작업을 수행했다. 그리고 1944년 3월에 각의를 통과한 「여자정신대 제도 강화 방책 요강」에 따라, 원칙상 국민등록을 마친 여자(구체적으로는 배우자가 없는 12세 이상 40세 미만의 여자)를 여자정신대원으로 선발하여 필요에 따라 국가총동원 업무에 협력하도록 했다.

이와 같이 일본 내지에서는 학생이나 젊은 미혼여성 등 그때까지는 동원 대상이 아니었던 사람들을 포함한 동원이 서서히 진행되었다. 하지만 이들이 탄광이나 토건공사 현장에서 중노동을 한 것은 아니었고, 피징용자도 그런 노동현장에 배치되지 않았으며, 여성이나 노인에게 농사를 맡기고 일하러 떠난 청장년 남자가 그런 직장을 선호했다는 흔적 또한 찾아볼 수 없다. 따라서 탄광이나 토건공사 현장과 같은 직장에서는 더더욱 조선인에게 의존할 수밖에 없는 상황에 직면하게 되었다.

3. 곤란해지는 조선 내 인원 확보

행정기구의 재편

조선인 노동력의 중요성이 커지면서 동원 규모가 확대될 것이라는 예상이 나오는 가운데, 이에 즉시 대응하기 위해 조선에서도 행정기구가 재편되었다. 1941년 11월에 조선총독부의 기구를 개혁하는 과정에서 내무국과 경무국의 일부가 통합하여 후생국이 발족하고 산하에는 노무과도 설치되었다(이후 사정국司政局으로 이관되었다).

하지만 동원 대상 인원의 확보를 담당하는 행정기구는 기본적으로 종전과 같았다. 여전히 조선의 직업소개소는 증설되지 않았으며, 지역의 말단에서 노무동원 행정을 담당한 곳은 부·읍·면이었다. 그렇다면 부·읍·면의 조직은 동원 행정을 수행할 만큼 강화되었을까?

당시 읍·면의 직원 수는 확실히 증가하고 있었다. 직원 수는 1941년 이후 1000~2000명가량 늘어나 1943년 말 기준으로 2만 5580명을 기록했는데, 이를 읍·면의 수로 나누면 11.0명이 된다. 노무동원이 시작된 1939년 당시 8.1명이었던 점을 감안하면 읍·면당 2~3명이 증원되었다는 계산이 나온다.

　다만, 이 시기에는 노무동원뿐만 아니라 지역의 말단 행정이 처리해야 하는 다른 방면의 업무도 함께 늘어나고 있었다. 국책의 교화선전이나 각종 조사, 농산물 공출 등과 관련된 업무도 처리해야 했다는 점을 감안하면, 확대되는 노무동원에 즉시 대응할 수 있을 만큼 조직이 충분히 강화되었는지는 의문이다.

　한편, 빈틈없는 행정시책을 실시하는 데에 중요한 미디어의 발달과 교육수준 등의 사정도 총력전에 돌입하기 전과 그리 다르지 않았다. 신문 쪽을 살펴보면, 민족지로 불리던 조선인 자본의 일간지 2개가 1940년에 폐간되었고, 전 조선적인 상업지로는 조선총독부 계열 신문이 하나씩 일본어와 조선어로 간행되었지만, 발행부수가 크게 늘어난 정황은 확인되지 않는다. 그리고 전시체제에 돌입한 뒤에는 취학연령을 넘긴 조선인을 대상으로 일본어교육도 실시했지만, 1943년 말 기준으로 일본어 식자율은 33.7퍼센트(10세 이상, 남자는 49.0퍼센트)였는데, 읍·면에서는 18.9퍼센트에 지나지 않았다. 취학률 또한, 1943년 무렵 조선을 시찰한 인물의 기록에 따르면 초등교육의 경우 남자가 75퍼센트, 여자가 33퍼센트로 평균 54퍼센트가 학교에 가기는 했지만, 농촌, 특히 경제적 취약계층의 경우 당연히 그보다 낮은 수준이었다.

조선 내의 노무동원

이런 가운데 조선의 노무기구는 일본 내지로의 조선인 송출을 가장 중요한 과제로 삼으면서도 조선 내 노무동원도 수행하고 있었다. 실제로 배치된 인원을 보여주는 통계숫자는 상세한 설명을 포함한 사료가 발견되지 않아 불분명한 점이 많지만, 대장성 관리국이 작성한 『일본인의 해외활동에 관한 역사적 조사』에는 「조선 내 관 알선 노무자 조사」, 「도내 동원 수 조사」 두 통계가 포함되어 있다. 전자에는 도내 동원을 포함하지 않는다는 주의사항이 적혀 있는데, 1942년도에는 4만 9030명, 1943년도에는 5만 8924명이 동원된 것으로 기록되어 있다. 후자는 역년 숫자일 가능성도 있는데, 각 연차의 동원 규모는 33만 3976명과 68만 5733명으로 집계되어 있다.

이 가운데 전자는 상용常用노동자의 동원으로 보아도 무방하다. 즉, 도내 동원을 포함하지 않는 도외 동원인 만큼 연도 중에 인원을 교체하는 것은 수송의 관점에서 보아도 합리적이지 않기 때문이다.

그렇게 가정하면 우선, '조선 내 관 알선 노무자'의 규모가 중요해지는데, 1941년도에 4만 6887명이었으므로 1942년도에는 미미하게 증가하고 1943년도에는 전년도보다 약 1만 명이 증가한 셈이 된다.

이에 대해 「도내 동원 수 조사」는 상용노동자가 아닌 단기동원으로 간 인원수의 합계를 실은 것으로 보아야 한다. 왜냐하면 그 규모가 조선 내 동원계획의 규모(상용노동자에 대한 수치) 자체를 크게 웃돌고 있기 때문이다. 그리고 『일본인의 해외활동에 관한 역사적 조사』에는 "도내 동원, 특히 근보대勤報隊는 농업 생산과 견주어가며 이를 실시한다"는 기술도 등장한다. 여기에서 근보대는 「국민근로보국협력령」에 따라 3개월 이하의 단기동원을 위해 조직된 근로보국대를 가리킨다. 그렇기는 하지만, 1943년도에 도내 동원 수가 급증한 사실로 보아 노무수급이 한층 절박해졌다는 것은 분명하다.

한편 이 시기에도 조선 외 동원으로, 일본 내지로의 송출과 함께 만주 이민이 계속 추진되고 있었는데, 집단개척 이민(조선총독부 및 국책회사인 만선滿鮮척식회사로부터 토지와 가옥을 제공받고 자금을 빌려 실시하는 입식入

植)과 집합개척 이민(만선척식회사가 매수한 토지로의 입식)을 합한 규모는 1942년과 1943년에 각각 1999가구, 1493가구였다. 이 밖에도 1940년부터는 선진 농업을 학습한다는 명목 아래(아마도 실제로는 일본 내지 농촌의 부족한 노동력을 보충하기 위해) 조선에서 송출된 청년들이 일본 내지의 농촌에서 노동봉사를 벌였다. 농번기에 수십 명에서 수백 명의 청년들이 농업보국대 등의 이름으로 한 달 정도 파견되어 농사일을 돕는 것이다. 나아가 다음에서 보듯이 군 요원(군속)이나 병사로 동원하는 사례도 늘어났다. 그리고 이미 앞선 연도에 상당수의 노동력이 동원된데다 후술하는 바와 같이 2년의 동원 기한을 넘긴 뒤에도 귀향하지 않는 사례가 확인되는 만큼, 조선 내 노무수급 상황은 더욱 심각해져갔다고 보는 것이 타당하다.

군사동원과 훈련

미·일 개전 이후에는 조선인의 군사동원도 증가해갔다. 군 요원으로 동원된 자, 즉 육해군이 고용하는 군속이 된 사람은 1942년에는 2만 2396명, 1943년에는 1만 2315명이었고, 이 가운데 피징용자는 각각 4006명, 2985명이었다. 이들과 같이 군속으로 동원된 사람들 중에는 전후에 종종 BC급 전범으로 죄를 심판받게 되는 포로감시원도 있었다.

한편, 병사가 되는 조선인도 늘어났는데, 1942년과 1943년에 육군특별지원병으로 입영한 사람은 각각 4500명과 5330명이었다. 이에 더해, 1943년 7월에는 해군에서도 조선인·대만인 남자 지원자를 병사로 채용하는 「해군특별지원병령」이 나오고, 실제로 10월부터 해군지원병훈련소에 조선인이 입소하기 시작했다. 같은해 10월에는 「육군특별지원병 임시 채용 규칙」이 공포, 시행되면서, 이 규칙에 입각한 이른바 조선인

학도병의 동원도 실시되었다. 동원 대상이 된 문과계열 대학·전문학교 등의 조선인 남자 재학생 중에는 지원을 피하려는 학생도 적지 않았지만, 결국에는 90퍼센트가량이 전형에 응했다. 그 결과 2735명이 채용되었고, 입영 시기는 1944년 1월로 정해졌다.

그리고 1942년에는 2년 뒤에 조선인을 대상으로 징병을 실시한다는 발표가 나오고, 그 준비가 시작되었다. 징병을 실시하기 위해서는 호적 기재가 상당히 부정확한 경우, 구체적으로는 출생년도나 성별이 다르거나 아예 호적이 없는 경우까지 확인되는 상황에서 호적을 정비·정정하고, 징병 기피를 방지하기 위한 교화선전에 더해 징병 대상자에 대한 훈련을 실시할 필요가 있었다. 적령자의 약 80퍼센트가 초등교육 미수료자(일정 학년까지는 학교에 다녔던 사람을 포함한 비율)였기 때문이다. 그래서 조선총독부는 「조선청년특별연성령錬成令」을 공포, 시행했고, 각 부·읍·면은 이에 입각하여 1943년 4월부터 17세 이상 21세 미만의 초등교육 미수료 남자를 대상으로 '연성'을 실시했다. 대상자는 국민학교 시설을 이용하여 연간 600시간(첫해는 500시간) 실시하는 연성을 통해 일본어를 학습하고 단체규율을 습득했다. 물론 농번기를 피해 실시되었겠지만, 농업 생산에 중추적인 역할을 맡은 사람들에게 괜한 부담을 안겨주었다는 점은 부정할 수 없다.

조선 농촌 재편론

조선 노무동원의 공급원이 대부분 농촌에 집중된 가운데, 위와 같은 노무동원과 군사동원을 수행하기 위해서는 농업 경영을 합리화하고 노동을 더욱 강화할 필요가 있었다.

후자에 대해서는 조선총독부와 익찬단체가 당시, 추진해야 할 사업을 적극적으로 선전하고 있었다. 그 선전에서는 여성이 일하지 않는 조선의 폐습을 고쳐야 한다든가 조선 농민의 노동일수가 일본 내지보다 적다는 것이 지적되고 있었다.

그러나 당시 조선총독부의 농정 담당자는 조선 농민의 노동이 부족하다는 취지의 발언은 오해라고 주장했다. 조선총독부 농림국 기사인 이시이 다쓰미石井辰美는 「조선 내 농업노동력에 관한 일 고찰」(『조선』1943년 7월호)에서 이 문제에 대해, 농한기 부업이나 퇴비 제조, 제초 등을 제외하면 일본 내지와 조선 농민의 노동량에는 별다른 차이가 없는데다 계절적으로 보면 조선도 결코 농업노동력에 여유가 있는 상태는 아니라고 분석하고 있다. 이시이는 이 논문에서, 조선의 노동력 부족에 대응하기 위해서는 "예전부터 논의된 바와 같이, 우선 부녀자의 노동력을 더욱 적극화해야 한다"고 제안하면서, 탁아소를 설치하고 공동작업을 실시한 지역의 사례 등을 소개하고 있다. 하지만 앞장에서 소개한 것처럼, 실제로는 여성을 동원해도 조선의 농번기에는 노동력이 부족했다.

한편 농업 경영 합리화를 위한 시책으로는 경영 규모의 적정화를 추진해야 한다는 주장이 제기되고 있었는데, 그것은 노무동원 수행을 위한 근거로 활용되었다. 즉, 소유농지가 적어서 농사만으로는 생계를 유지할 수 없는 사람이 농촌을 떠나면, 농촌에 남은 사람은 자신에게 필요하고 또 충분한 농지를 확보하게 되어 증산으로 이어진다는 의견이다. 하지만, 이 또한 천수답에 의존하여 과거와 동일한 방식으로 작업을 계속한다면 충분한 증산으로 연결되지 않을뿐더러 농번기의 노동력 부족은 오히려 더욱 심각해질 게 뻔했다.

그리고 1930년대 말 이후에는 상당수의 농민이 노무동원이나 만주 이민으로 농촌을 떠났음에도 불구하고, 가구당 경지면적은 그만큼 증가하지 않았다. 조선 전체의 농가당 경지면적은 1935년에 1.46정보, 1940년에 1.48정보였고, 1942년에도 1.47정보로 그다지 큰 변화는 없었다. 영세농민이 많은 탓에 노무동원이 중점적으로 추진된 조선 남부의 경우, 가구당 경지면적이 오히려 줄어드는 경향마저 보였다. 조선 남부의 도 가운데 1940년과 1941년을 비교했을 때 가구당 경지면적이 늘어난 곳은 경상북도가 유일하지만, 그마저도 1.11정보에서 1.12정보로 미미하게 증가해 사실상 제자리걸음에 불과한 변화였다.

애당초 이 기간에 조선의 농업가구수 자체도 크게 줄어들지 않았다. 1940년과 1942년을 비교하면 조선 전체에서, 또 조선 남부에서는 경상북도를 제외한 모든 도에서 농업가구 수는 증가하고 있었다.

이 같은 동향은 농촌인구의 자연증가에 따른 측면도 있겠지만, 일본 내지로 동원된 사람의 가족 초청이 진척되지 않은 영향도 받았을 것이다. 동원지에 따라갈 수 없는 여성이나 노인, 아이들은 농촌에 남아 청장년 남자가 없는 가운데 농사일을 계속하고 있었다.

결국, 당시에는 조선 농업의 증산과 노무동원을 양립시킬 방책이 마련되어 있지 않았고, 사실 위정자나 기업 경영자 등이 이 문제에 대한 공통된 인식을 갖고 있었는지도 의문이다. 1943년 11월, 조선총독부의 관료와 기업 간부 등이 참석한 가운데 동양경제신보사 주최로 열린 좌담회에서는 조선 농촌의 '노무공출력'에 대해 다음과 같은 논의가 오갔다.

앞서 소개한 이시이 다쓰미가 조선 농촌의 실상에 대해, 모내기와 보리베기 등을 "제때 해내기에는 현재의 농민 인구를 전부 동원해도 (노동력이) 부족합니다", "농번기에는 부족합니다"라고 분명하게 말한 데에 대해, 조선총독부 관방 문서과장인 야마나 미키오山名酒喜男는 "조선 농가가 300만 가구라면 여자는 적어도 300만 명이 있습니다. 어쨌든 이들을 끌어내어 일하게 하는 것입니다", "학생을 동원하면… 다 합쳐서 230~240만 정도는 되겠지요. 농번기에는 수업을 모두 중단하고 이들을 농촌에 동원하는 겁니다"라면서 여성과 학생을 동원하여 대처할 것을 주장했다. 이에 대해 이시이는 "농번기에는 여자도 모두 끌어내는데, 그래도 부족합니다"라고 거듭 강조하면서, 학생 동원에 대해서도 "농사일은 누구나 할 수 있다고 생각하기 쉽지만, 그렇지 않습니다"라며 부정적인 견해를 보였다. 또 농번기에 일시적으로 노동자를 농촌에 돌려보내는 조치를 거론한 조선토건협회 이사의 발언에 이어, 조선총독부 후생국 노무과의 다하라 미노루田原実는 "그거예요, 내지와 다른 점은…" 이라고 말하면서, 조선 남부에서 조선 북부로 동원되고 있는 조건에서는 무리한 조치라고 설명했다. 하지만 야마나 등은 "아무튼 내지의 농촌은 지금 여자와 노인만으로도 7000만 명의 식량을 만들어내고 있습니다"(7000만 명은 일본 내지의 인구를 가리킨다. 하지만 당시 일본 내지는 조선·대만에서 다량의 쌀을 들여오고 있었다)라고 말했고, 동양척식주식회사 농업과장도 "아시는 바와 같이, 조선 농가의 노동일수는 내지보다 훨씬 적습니다"라는 등의 발언을 내놓았다. 이에 대해 이시이는 조선의 노동일수는 실제로는 일본 내지와 별반 차이가 없다는 점을 다시 지적하는 한편, "노동력이 부족하다고만 하지 말고, 반대로 노동력의 절약도 고려해 주시기 바랍니다"라며 무리한 요구를 조심스럽게 비판하고 있는데, 여기에서 이시이가 말한 '노동력'은 필요한 노동력을 줄곧 농촌에서 찾아왔던 '비농업 산업의 노동력'으로 판단된다.

그렇지만 이 같은 의견에 대해 가네보(鍾紡: 당시 일본의 대표적 방적회사-옮긴이) 후생과 조선출장소장은 다음과 같이 주장한다. "조선에서는 아직도 인구과잉시대인 양 사람을 쓰고 있습니다. … 조선에는 여전히 노동자를 내놓을 여력이 있다고 생각합니다. 지금 우리 눈에 보이는 것은 표면에 나타난 자들에 불과하며, 지하에 숨어 있는 자는 아직 풍부합니다. 내지에서 하고 있는 만큼의 수고를 조선에서 한다면, 아직도 많이 나올 것입니다." 좌담회는 여기에서 실질적으로 끝나고 있으며, 결국 이 발언이 토론의 결론이 되었다. 이처럼 조선 농촌에서 동원해야 할 노동력의 존재 여부에 대한 인식은 일치하지 않았고, 농촌 노동력의 동원을 실현하기 위한 구체적인 방책도 찾아내지 못한 가운데 노무동원이 실시되고 있었으며, 좌담회 또한 이 같은 상황을 바꾸지는 못했다.

충족률의 비정상적인 상승

이런 사정에도 불구하고, 동원계획에 편성된 인원을 확보하는 작업은 진행되었다. 특히 1942년도에는 당초 계획한 12만 명을 웃도는 12만 1320명의 동원을 조선총독부가 승인하면서 과거 이상의 실적을 올리게 되었고, 후생성 사료에 따르면 9만 6010명이, 조선총독부 사료에 따르면 11만 2007명이 실제로 배치되었다. 여기서 후자에 의거하면, 계획 건수 대비 93.3퍼센트, 승인 건수 대비 92.3퍼센트라는 높은 충족률이 나온다.

이처럼 당초 계획했던 규모에 가까운 많은 노동자를 일본 내지로 송출한 것은 이후의 인원 확보를 그만큼 어렵게 했을 수밖에 없다. 실제로 1943년도가 되면 신문 등에서도 조선에서 노무수급이 심각해지는 한편 인원 확보도 곤란해지고 있다는 이야기가 등장한다. 예를 들면, 『경성일보』 1944년 1월 29일자 기사는 관 알선을 통한 일본 내지로의 조선인 송출 성적이 최근 주춤하고 있고 특히 석탄, 광산 방면이 눈에 띄게 부진하기 때문에, 철강업에 배정된 동원을 채우는 작업을 일시 보류하고 있다고 전하고 있다. 그리고 1944년 4월에 출간된 협조회의 『전시 노동사정』에서는 "연도가 경과함에 따라 반도의 노동력도 배정 수량에 대한 충족률이 떨어져서 지금은 70퍼센트 전후가 일반적"이라는 문구가 확인된다.

하지만 조선총독부 사료에 따르면, 1943년도에 일본 내지로 송출된 조선인은 12만 4290명으로 보고되었다. 다시 말해, 당초 계획 대비 103.6퍼센트라는 경이적인 충족률을 기록한 것이다(다만, 연도 중에 계획 규모가 15만 명으로 수정되었을 가능성이 있다). 비정상적이라고 할 이런 실적은 어떻게 나오게 되었을까?

조선 농촌에서 인원을 확보하는 데에 핵심이 되는 요소는 지방행정기구와 경찰의 노력이었다. 즉, 이 시기에 상승한 충족률은 관 알선 방식의 도입으로 면사무소 등이 인원 확보에 방관자적 자세를 보일 수 없게 된데에 커다란 영향을 받은 결과였다.

그렇다고 해도 노동력 자체가 부족했던데다 "동원을 기다리고 있던" 이농 희망자 또한 설령 있었다 해도 적었을 것이므로, 조선 농민의 입장에서 보면 자기 의사에 반해 고향을 떠나는 경우가 늘어나고 있었다.

일본 내지로 동원되었던 조선인이나 그 유족들의 증언을 살펴보면, 1942~1943년 시점에도 경제적인 이유 때문에 일본 내지행을 오히려 기쁘게 받아들인 피동원자도 있었다는 사실은 분명하지만(이는 이전 시기에 노무동원을 실시할 때 "동원을 기다리고 있던 조선인"이 파악되지 않은 상태였음을 시사하며, 그런데도 상당수가 동원되는 가운데에는 이농을 바라지 않는 사람이 포함되었을 가능성을 방증한다), 역시 물리적인 폭력이나 심리적인 압박에 의해 일본 내지로 내몰리는 사례가 두드러지고 있었다.

몇 가지 관련 사례를 제시하자면 다음과 같다. "1943년 7월 중순(26세

때)의 일이다. … 이웃한테 모내기를 부탁받고… 도와주었다. 그곳에 일본인 순사가 와서 나에게 볼 일이 있으니까 오라고 했다. 따라갔더니 유치장에 처넣었다. … 이튿날(이었던 것 같다), 트럭으로 전라남도 여수항으로 끌려가서… 일본 시모노세키에 도착…"(전라남도 고흥군에서 나가노현 온다케御岳 발전소 공사장에 동원된 양병두楊秉斗의 증언. 조선인강제연행진상조사단 편,『조선인 강제연행 조사의 기록 주부·도카이편』柏書房, 1998), "일본인 경관 2명과 면사무소 직원이 같이 와서 연행해갔습니다. 면사무소에는 이미 15명의 청년이 연행되어 있었습니다. … 가기 싫다고 거부하자, 너희들이 안 가면 친형제를 모두 죽여버리겠다고 협박했습니다"(1942년 7월, 함경북도 명천군에서 오카야마현 미쓰이 조선 오카야마 기계제작소에 동원된 최병식崔秉植의 증언. 조선인강제연행진상조사단 편,『조선인 강제연행 조사의 기록 주고쿠편』柏書房, 2001), "면사무소에서 노무계 직원이 와서 일본에 징용 가지 않으면 안 된다면서 영장을 주었습니다. 가지 않으면 가족에게 피해를 입히겠다고 해서 하는 수 없이 [응했습니다]"(1944년 3월, 전라남도 고흥군에서 히로시마시 히로시마 항운주식회사에 동원되었던 박정진朴正鎭의 증언. 김인덕,『강제연행사 연구』(한국어), 경인문화사, 2002. 한편, 이때는 「국민징용령」에 따른 인원 확보가 실시되지 않았기 때문에, 증언자가 말하는 '징용'은 '강제적인 동원'이라는 의미로 해석된다).

인원을 확보하기가 점차 곤란해지면서 여러 가지 마찰이 발생했다는 사실은 동시대 자료와 조선의 노무동원을 담당하는 부서의 직원이 남긴 이야기를 통해 확인할 수 있다. 앞서 소개한 도요게이자이신포사 주최 좌담회에서 조선총독부 후생국 노무과의 다하라 미노루田原実는 다음과 같이 밝히고 있다.

이 관 알선 방식 말인데, 조선의 직업소개소는 각 도에 1개소 정도밖에 없어서 조직도 진용도 극도로 빈약하기 때문에, 일반 행정기구인 부, 군, 도島를 제일선 기관으로 노무자를 모으고 있습니다만, 이 모으는 작업이 매우 빈약해서 하는 수 없이 반강제적으로 하고 있습니다. 그 때문에 수송 도중에 도망치거나, 애써서 광산에 데려가도 도주하거나 말썽을 일으키는 등의 사례가 매우 많아져서 힘듭니다. 하지만 그렇다고 해도 지금 당장은 징용도 할 수 없는 사정이기 때문에, 반강제적인 공출은 앞으로도 더욱 강화해나가야 한다고 생각합니다.

이 같은 실태는 조선총독부 상층부도 간과할 수 없는 문제였으므로, 1944년 4월에 열린 도지사회의에서는 정무총감(총독을 보좌하여 총독부의 업무를 통괄하며 각 부국部局의 사무를 감독하는 자)의 훈시를 통해 인원을 확보하는 방식에 주의를 촉구하는 일까지 있었다. 해당 훈시의 내용은 『조선총독부 관보』 외에 『경성일보』(일본어) 및 『매일신보』(조선어) 1944년 4월 13일자에 실려 있는데, 관련된 부분을 소개하면 다음과 같다. "관청 알선 노무공출의 실정을 검토해보니, 노무에 응해야 하는 자의 지망 여부를 무시한 채 하부 행정기관에 공출 수를 대충 배정하고, 대부분의 하부 행정기관도 억지로 강제공출을 실시하며, 그리하여 노무능률의 저하를 초래하고 있는 결함은 단연코 시정하지 않으면 안 됩니다." 정무총감조차 노무동원의 '강제공출'화를 공공연한 사실로 인정하고 있었던 것이다.

발동할 수 없는 징용

이미 소개한 다하라 미노루의 발언에도 나와 있지만, 이 시기에는 인원 확보의 어려움을 타개하기 위한 해법으로 징용 발동에 대한 논의가 시작되었다. 이런 움직임은 징용으로 충족률을 높일 수 있다는 일각의 전망에 따른 것으로 보인다. 징용은 관 알선과는 달리 법적 강제력을 수반했기 때문에, 명확한 국가의 명령인 징용에 응하지 않는 자는 「국가총동원법」이 규정한 엄벌(1년 이하의 징역 또는 1000엔 이하의 벌금)에 처하도록 규정되어 있었다.

이미 살펴본 것처럼, 당시 조선에서는 본인의 의사와는 관계없이 인원을 확보했고, 그 실태는 징용과 다르지 않은 것으로 여겨지고 있었다. 앞서 소개한 도요게이자이신포사 주최 좌담회에서 조선토목협회 이사가 "관 알선으로 저희 쪽에 오는 12만~13만 명은 대부분 징용에 가까운 행정상의 강력한 권유로 나오고 있습니다"라고 발언한 사실을 보더라도, 동원되는 입장에서 보면 징용으로 부르든 말든 의지와 상관없이 동원된다는 사실에는 변함이 없었다.

그러면 왜 조선에는 그때까지 징용이 발동되지 않았던 것일까? 일단 앞서 다룬 것처럼 행정기구의 미비가 영향을 끼쳤을 것으로 판단된다. 십수만에 이르는 징용 대상자에게 출두를 명하고 전형을 실시한 다음 징용령서徵用令書를 교부하는 등의 절차를 처리하는 것만으로도 상당한 업무량이었다. 더군다나 국가의 명령으로 총동원 업무를 수행하는 피징용자(1943년 9월 이후는 그 중요성을 감안해 응징사應徵士라는 명칭으로 불리게 되었다)에 대해서는 이름과 연령, 주소 등을 정확히 파악해 등록하는 사무가 뒤따랐다. 하지만, 징병 대상자의 호적 기재사항조차 부정확한 상황이었던 조선에서 이런 사무를 무난하게 처리할 수 있겠다는 전망은 서지 않았을 것이다.

이 밖에도 조선에 징용을 발동하지 않은 이유가 또 있었는데, 그것은 동원되는 조선인이 주로 탄광·광산에 배치되기 때문이었다.

그전까지 징용은 육해군의 고용 또는 정부 관리 공장이나 「공장사업장관리령」에 입각한 지정 공장(군수공장 등)에 배치되는 자를 대상으로 실시되었다. 하지만, 「국민징용령」에서는 후생대신이 지정하는 기타 사업장에서 총동원 업무에 배치하는 조치도 "특별히 필요한 경우"에는 가능하도록 규정했다(제4조). 따라서, 탄광 등의 노동자를 확보하기 위한 징용이 불가능한 것은 아니었지만, 실제로 실시하는 데에는 불안한 부분이 많았다. "왜냐하면 탄광 작업은 생명의 위험이 크고, 그곳에 징용자를 투입하는 것은 민심에 상당한 악영향을 미칠 것"으로 우려되었기 때문이다.

이와 관련하여 1944년 초에는 탄광 종업원의 현원現員징용이 논의되었다. 현원징용이란, 이미 해당 직장에 근무 중인 종업원을 징용하는 방식으로, 현원징용의 적용을 받은 자는 퇴직, 전직 등 자유로운 이동을 할 수 없었다. 그리고 1943년 12월에 공포, 시행된 「군수회사법」 및 동 시행령, 시행규칙에 따라 군수회사로 지정된 기업의 종업원은 징용된 것으로 간주=현원징용되도록 정해져 있었다. 이런 가운데 일각에서는 노동자의 이동률이 높은 탄광에 대해서는 군수회사 지정을 검토해야 한다는 주장이 제기되었다.

하지만, 1월 18일에 진행된 제1차 군수회사 지정 결과, 일본 내지의 주요 중화학공업 기업은 포함되었지만(이에 따라 해당 기업에 직접 고용되어 있었던 조선인은 현원징용되었다) 탄광은 포함되지 않았다. 이후 1월 29일의 제국의회에서도 탄광에 대한 현원징용 실시를 고려하지 않느냐는 질문이 나왔지만, 정부 측은 시기상조라는 입장을 밝혔다. 기시 노부스케岸信介 국무대신은 그 이유에 대해, 탄광의 노무관리에 여전히 개선의 여지가 많기 때문이라고 설명했다.

이와 같이, 국가의 명령에 따라 총동원 업무에 종사하도록 투입된 '응징사'가 일하게 될 사업장은 노동력을 소중히 다루고 그를 위해 직장환경을 정비해야 한다는 인식을—적어도 겉으로는—갖고 있었다. 반대로 말하면, 조선인은 징용과 다름없는 강력한 조치에 따라 동원되었음에도 불구하고 위험하고 노무관리도 엉망인 직장에 배치되는 불합리에 노출되고 있었다는 뜻이다.

동시에 이 같은 차이는, 조선 내 징용 발동을 위해서는 조선인이 배치될 직장의 환경이나 대우를 개선하는 것이 가장 중요한 기본 조건임을 의미하기도 했다. 당시의 행정 당국 책임자도 그런 인식을 갖고 있었던 듯, 대장성 관리국이 엮은『일본인의 해외활동에 관한 역사적 조사』는 1944년 들어 조선에서 징용을 실시할 때 조선총독부가 조선 내 사업소에 대해 "노무관리가 특히 우수한 곳을 엄격히 선정하고", "오로지 국가의 응징사를 받아들이는 데에 마땅한 사업장에 한해서 징용을 실시하도록" 지시했고, 일본 내지로의 송출에 대해서는 "노무관리의 상황 여하를 조건으로 하는 방법을 채택하여" 조선인 노동자에 대한 사업소 측의 처우개선을 기했다고 기술하고 있다.

하지만 이 자료는, 실제로 조선인이 동원된 직장이 응징사에 마땅한 곳이었는지 여부에 대해서는 언급하지 않고 있다. 그리고 만일 직장환경이 개선되었다면 분명 화려하게 선전했을 당시 신문도 그와 관련해서는 아무것도 전하지 않는다.

한편, 앞서 설명한 것처럼「국민징용령」으로 동원된 사람(즉, 극히 일부의 조선인을 제외하고, 대부분은 일본인)과 그 가족은 부조나 원호 등 국가의 생활원조를 보장받고 있었다. 조선에서 그때까지「국민징용령」이 발동되지 않았다는 사실은, '더 관대한 방법'으로 동원이 계속되었다는 의미가 아니라(앞서 살펴본 대로 조선 내 인원 확보의 실태는 일본 내지에서 이루어진 징용보다 혹독했다) 오히려 국가에 의한 명예, 생활의 원조 대상에서 제외되는 현실을 초래했다는 뜻이다. 결국 조선인 피동원자는 이른바 '징용되지 않는 차별'을 받고 있었던 것이다.

동원 기피의 배경

이처럼 적어도 1943년도 후반에는, 조선에서 노무동원을 통해 인원을 확보하기가 곤란해지면서 실시에 어려움이 뒤따르는 징용 발동이 검토되고 있었다. 상황이 이렇게 전개된 주요 원인에 노동력 부족이 심각해진 사정이 있다는 측면은 이미 언급했지만, 여기에서는 문제가 그것에 국한되지 않는다는 측면에 주의하고자 한다.

애초에 노무동원으로 배치되는 직장이 더 나은 임금이나 대우 등의 조건을 갖추고 있어서 조선에서 농사를 계속하는 것보다 유리했다면, 그곳에서 일하려는 조선인은 얼마든지 있었을 것이다. 하지만, 이때는 행정 당국의 강제 없이는 동원계획에 편성한 인원을 확보하기 곤란했다. 충분한 농지를 소유하지 못해 고액의 소작료에 시달리는 조선 농민에게도 노무동원의 틀 안에서 제시되는 일본 내지의 직장은 매력적이지 않았던 것이다. 즉, 일본 내지 직장의 환경이 열악하다는 정보가 이미 조선사회에 널리 침투해 있었다는 뜻이다.

이 점에 대해서는 조선총독부 측도 이미 충분히 파악하고 있었던 것으로 보인다. 일본 내지로 송출되었지만 배치된 직장에서 도주한 조선인이 상당수에 이르고, 탄광노동에 대한 공포와 대우에 대한 불만으로 도주하는 사례가 발생한다는 소식은 이미 노무동원 개시 직후부터 일부에 전해졌다. 또 앞서 소개한 1944년 4월 도지사회의의 정무총감 훈시에서도, 일본 내지로 동원된 자의 "처우개선 방안에 대해 다각도로 절충을 거듭하고 있는 바입니다"라는 언급이 확인된다.

그런데 동원 사업장의 열악한 대우 말고도 노무동원을 기피하는 이유는 또 있었다. 바로 조선에 남겨진 가족 문제였다. 일본 내지에 배치된 조선인 노동자의 가족 초청이 제대로 진행되지 않은 측면은 이미 살펴보았다. 게다가 1942년 2월의 각의결정에는 "본 방책에 따라 내지로 송출하는 노무자는 식량, 주택, 수송 등의 실정을 감안해 가족을 동반시키지 않도록 한다"는 문구가 있다. 이와 관련해서는, 조선총독부와 일본 내지 당국이 협정을 통해 기존과 마찬가지로 부양가족의 도항증명서 발급을 허가하기로 확인했기 때문에, 적어도 그보다 먼저 일본 내지로 동원된 사람에 대해서는 가족 초청을 허가하는 경우가 있었던 것으로 보인다. 다만, 이들도 그후 실제로 자신의 가족을 초청했음을 보여주는 자료는 확인되지 않는다.

그런 가운데, 한창 일할 남자를 빼앗긴 채 조선에 남은 가족이 곤경에 처하는 일이 두드러지게 나타나기 시작했다. 물론, 생활비 송금이 순조롭게 이루어졌다면 조선에 있는 가족도 생활이 가능했겠지만, 실제로는—동원된 곳에서 도주하는 바람에 가족과 연락이 끊긴 경우도 물론 있었지만, 그런 경우를 제외하더라도—송금을 받지 못하는 경우도 있었다(뒤에 서술한다).

그리고 동원된 사업장에서 일하다가 다쳐서 일을 못하게 되거나 본인이 사망하는 경우에도, 본인이나 가족이 받을 수 있는 것은 기업이 지급하는 위로금이 전부였다. 당시 일본 내지의 탄광 등에 배치된 조선인은 징용된 사람이 아니어서 본인과 그 가족이 「국민징용부조규칙」의 적용 대상이 아니었기 때문이다(조선에서도 1943년 9월에 조선총독부령 제309호로「국민징용부조규칙」이 발표되었지만, 당시 부조의 대상이 된 조선인은 군속뿐이었던 것으로 보인다).

이런 양상으로 노무동원이 진행되면서 동원이 확대되자 남겨진 가족이 곤경에 처하는 사례가 조선 내에 확산되었고, 그런 사례를 직접 보거나 전해듣는 이들도 그만큼 늘어났을 것이다. 이들의 동원 기피는 너무나 당연한 일이었다.

조선총독부도 당연히 이 문제를 인식하고 있었다. 이를테면 1943년 3월에 열린 각 도 사회과장 사무협의회에서는, 동원된 "노무자의 잔류 가족에 대해서는 원호상 유감이 없도록 함으로써 노무자들의 사기 진작에 특단의 연구와 노력을 해달라"는 사정국장의 지시가 있었다. 아울러 가족 초청의 촉진을 요청한 조선총독부와 조율한 것으로 짐작되지만, 1944년 2월 10일,「조선인 노무자 활용에 관한 방책 중 개정에 관한 건」의 각의결정을 바탕으로, 2년 이상의 기간을 경과해 일본 내지의 동원 사업장에서 일하는 자에 대해서는 가족 초청을 허가하는 방침이 확인되었다.

4. 열악한 대우와 생산성의 저하

조선인의 기간 노동력화

동원계획에 따라 일본 내지로 송출된 조선인은 주로 광산, 특히 탄광에 배치되었다. 1944년 6월 시점까지의 통계에서 일본 내지로 동원된 조선인 전체의 산업별 배치 수를 보면, 탄광, 금속산(탄광 이외의 광산)으로 배치된 인원이 각각 62.0퍼센트, 11.4퍼센트, 그 밖에 토목건축이 18.7퍼센트, 공장 및 기타가 8.2퍼센트를 차지하고 있다.

이 같은 사정을 일본 내지 측의 각 산업과 관련지어 살펴보면, 조선인이 모든 부문의 노동력 부족을 메우는 데에 빠뜨릴 수 없는 존재가 된 것은 분명하지만, 제각기 중요도가 다르다는 사실을 알 수 있다. 내각 통계국이 작성한 1944년 6월 기준 자료에 따르면, 정규 공업노동자 가운데 노무동원된 조선인이 차지하는 비율은 1퍼센트 미만이다. 또 조선인 노동자의 도입을 추진한 것으로 알려진 업종에서도 이 비율은 그리 높지 않은데, 이를테면 일본 패전 당시 철강통제회와 관련된 공장의 조선인 노동자는 전체 노동자의 4.9퍼센트에 머물렀다.

토건업에 관한 자세한 통계는 알 수 없지만, 제조업보다 조선인 노동자의 비중이 높았음에는 틀림없을 것이다. 다만, 1940년 기준 통계에서 일본 내지의 토건노동자가 약 98만 1000명, 그리고 1944년 6월 단계까지 작성된 통계에서 노무동원으로 일본 내지의 토건노동 현장에 배치된 조선인이 8만 4468명인 사실을 감안하면, 노무동원된 조선인이 전시하 토건공사의 주력이었다고 보기는 어려울 것이다(물론, 노무동원이 아닌 경로로 일본 내지에 건너온 조선인 가운데 토건공사에 종사한 경우가 상당히 많기 때문에, 그들을 포함한다면 조선인 노동자가 전시하 토건공사의 중심적인 역할을 담당했다는 평가가 가능할 수도 있다).

이에 비해 광산노동자의 경우에는, 1944년 6월 기준으로 전체 노동자의 22.2퍼센트가 노무동원된 조선인이었다. 또 노무동원 이외의 도일자를 합한 군수성 연료국 조사의 통계를 통해 탄광의 경우를 살펴보면, 조선인 노동자의 비율은 1942년부터 1944년까지 15.0퍼센트, 29.0퍼센트, 33.0퍼센트로 상승세를 보였다. 물론 개별 사업장마다 사정이 달랐는데, 개중에는 이미 1942년 단계에 전체 노동자의 50퍼센트가량이 조선인인 탄광도 있었던 것으로 전해진다.

나아가 각 탄광은, 향후 일본인 노동력의 보충에 대한 전망이 불투명한 가운데 조선인 노동자를 훈련시켜 중요한 작업을 맡기기 시작했다. 1942년 7월 5일자 『니혼산교게이자이日本産業経済』에서는, 행정 당국도 탄광 측에 대해 이 같은 대책을 지도했다는 사실이 엿보인다.

탄광 노무자가 부족한 실정을 보면, 반도 노무자에 대한 의존도가 점점 높아지고 내지[탄광]에 대한 갱부의 적극적인 충족이 더더욱 곤란해지고 있는데, 이러한 사태에 대처하여 반도 노무자만으로 예정 출탄량을 확보하기 위해서는 반도 노무자에 대한 특수훈련이 필요하다는 점을 감안해, 연료 당국은 내지 노무자에게 중점을 두었던 탄광업자의 종래 관념을 바꾸어 조속히 노무실정에 부합하는 노무대책의 실시를 요망하고 있다.

즉, 지금까지 반도 노무자는 주로 '아토야마'(後山: 뒤에서 잡일을 거드는 사람) 또는 비교적 쉬운 업무에만 배치하고, '사키야마'(先山: 숙련노동자), 드릴공(착암기 기술자), 지주부(支住夫: 갱도를 넓히거나 보수하는 노동자) 등은 맡기지 않는 동시에 적극적으로 훈련시키는 경우도 없었는데, 최근 이미 반도 노무[자]만으로 막장 하나를 담당해야 하는 사태에 이르렀고, 사실 훈련하기에 따라서는 충분히 능률을 올릴 수 있음이 입증되었다. 이를테면, 스미토모住友광업 아카비라赤平 탄광에서는 30명 정도 들어가는 막장에 내지인 지도원이 겨우 다섯 명 정도 있고 나머지는 전부 반도인이 일하고 있으며, 지도원이 장소를 지정해주기만 하면 드릴까지 완전히 사용해서 상당히 좋은 성적을 올리고 있다.

그리고 탄광노동 중에서도 위험이 뒤따르는 채굴을 담당하는 '사키야마' 노동자 가운데 조선인이 차지하는 비율이 1944년 무렵 60퍼센트가량에 달했다는 보도도 확인된다(『도요게이자이신포』 1944년 2월 26일호). 이런 가운데, 앞서 인용한 협조회의 『전시 노동사정』은 "구래의 관념은 바꾸지 않으면 안 된다. 내지 노동력을 주력으로 삼고 반도 노동력은 대체물로 생각했던 구시대의 관념은 조속히 불식하고, 현실을 직시하여, 반도 노동력으로 석탄을 증산한다는 자세를 갖추어야 한다"고 호소하고 있다.

계약기간의 연장

앞으로도 일본인 인원을 보충하기는 곤란할 것으로 예상되는데다 이제는 직장에서 보조적 노동력 이상의 존재감을 갖게 되었다면, 이미 근무 중인 조선인 노동자가 기간 만료 후에 이직하는 것은 기업에 손해를 끼치는 일이었다. 그렇지만 노무동원이 시작된 지 얼마 지나지 않은 시기에 일본 내지로 건너온 조선인들은 1942년 무렵부터 계약기간 만료를 맞게 되었다. 이에 대해서는 당연히, "고용기간 2년은 너무나도 짧아서, 간신히 숙련 갱부가 될 만하면 조선으로 돌아가고 다시 새로운 노무자로 채워야 하는 지금의 실정에서는 증산 능률을 올리지 못하기 때문에, 기간을 적어도 1년 정도 연장"해야 한다는 주장이 제기되었다(『니혼산교게이자이日本産業経済』 1942년 11월 15일자).

사정이 이러했으므로, 기업은 계약기간이 만료된 조선인의 계약기간 연장을 원했다. 물론 개중에는 이 같은 요구에 적극적으로 응하려는 사람이 간혹 있었을 수도 있다. 하지만 홋카이도 노동과학연구소가 전후에 실시한 청취조사에서, "계약기간은 2년인데, 그대로 돌려보내는 겁니까?"라는 질문에 대해 예전에 탄갱에서 노무를 담당했던 직원이 "갱신하지요, 본인의 희망에 따라서(웃음)", "'갱신'이라고 세게 말하는 겁니다"라고 대답한 것(『석탄광업의 광원 충족 사정의 변천』, 1958)에서 알 수 있듯이, 대부분은 강요에 의해 계약을 갱신했다고 보아야 할 것이다. 이런 관점은 당시 계약기간 연장을 두고 발생했던 분·쟁의에 대한 보고가 늘어나고 있는 추세를 보아도 설득력을 가진다. 한편, 1944년 9월에 홋카이도 소라치空知군의 한 탄광에서 발생한 분·쟁의는 조선인 노동자가 3월에 계약기간이 만료된 후 재계약을 하지 않았는데도 일을 시킨 것이 원인이었다(『특고월보』 1944년 10월). 이미 형식적인 규칙조차 무시되는 상황이었다.

또 일각에서는 재계약을 맺을 경우 일시 귀향을 허가하자는 의견도 제기되었는데(『도요게이자이신포』1944년 4월 29일호에 실린 「반도 노무자에 대한 귀휴제歸休制를 제안한다」. 이 논설은 조선인 동원에 대해 "2년의 계약기간이 만료되면 다시 눌러앉는 자는 전혀 없다", "신규 모집도 대부분 강제적이지 않으면 좀처럼 응모하지 않는다"고 전하고 있다), 실제로 일시 귀향을 약속한 기업의 존재도 확인된다. 하지만 이 약속 또한 지켜지지 않아 조선인 노동자의 분·쟁의를 초래한 사례가 종종 발견되는데, 수송사정의 악화도 이에 영향을 끼친 것으로 보인다.

여기서는, 노무동원 정책이 시작된 당초의 2년이라는 계약기간이 일부러 조선인을 속이기 위해 설정된 것은 아니라는 점에 주의해야 한다. 흔히 그렇게 오해하는 경우가 많지만, 사실은 그렇지 않다. 당시 일본 제국 정부든 기업이든, 일본 내지나 자기 회사에 조선인이 정착하는 것을—특히 전쟁이 끝난 뒤에도 계속 고용하는 것을—원하지 않았기 때문에 시한부 계약을 설정했던 것이다. 그런데도 막상 2년이 지나 계약기간이 만료되자 노동을 계속하라고 강요한 것이다. 이는 시한부 계약을 설정했던 입장과는 모순된 행동이었지만, 조선인의 의지를 존중하지 않은 채 자신들에게 필요할 때만 노동력을 이용한다는 측면에서 보면 결국 시책의 방법이나 발상은 동일했다는 해석이 가능하다.

줄어들지 않는 도망자

조선인에게 기간 노동을 맡기고 장기적으로 일해주기를 바라는 기업은 도주 문제로 골머리를 앓고 있었다. 계약기간 만료 시에 직장에 있는 조선인에게는 계약 갱신을 강요한다고 하더라도, 이미 상당수의 노동자들이 계약기간 만료 이전에 도주하는 실정이었다. 일본 내지로 조선인 송출을 시작하고 1년이 지난 1940년 9월 조사에서도, 송출된 6만 5344명의 18.5퍼센트에 해당하는 1만 2071명이 도주했다는 사실이 조선총독부 회의에 보고되었다. 도주 이유를 항목별로 살펴보면, 유혹이 19.8퍼센트, 공포가 17.7퍼센트, 계획적 도항이 12.4퍼센트, 도회생활에 대한 동경이 6.6퍼센트, 대우 및 기타 불평이 7.1퍼센트, 전직轉職이 4.9퍼센트, 그리고 기타가 31.4퍼센트였다. 유혹이나 전직, 즉 노동자를 빼돌리는 사례가 상당히 많고, 처음부터 다른 직장으로 도주할 작정이었던 경우를 가리키는 것으로 보이는 계획적 도항도 눈에 띄지만, 역시 열악한 노동조건에 기인하는 도주(공포로 분류된 것도 여기에 해당할 것이다)가 적지 않다.

기업 측도 이 같은 도주에 대해 여러 가지 대책을 강구했지만, 그 규모는 줄어들지 않았다. 한편에서는 일부 기업이나 토건 함바 등이 노동력 부족을 배경으로 노동자들을 빼돌리고 있었기 때문에 어쩌면 당연한 결과였다.

이런 가운데 경찰 당국은 1942년 8월부터 9월에 걸쳐 일본 내지 사업장에 취업 중인 조선인(동원계획 이외의 도일자를 포함) 64만 3416명을 대상으로 협화회원장 검사를 통한 도주자 및 밀항자 적발에 나섰다. 적발된 협화회원장 미소지자 6만 8468명 가운데, 노무동원된 사업장에서 도주한 것으로 판명된 사람은 6098명이었다. 하지만 실제로는 도주자 신분을 숨기는 자나 일제조사 자체를 벗어난 자도 상당수 있었을 것으로 추측된다. 왜냐하면 동원된 조선인에 대한 경찰 당국의 '현재 조사'에서는 도주자 수가 이보다 많았기 때문이다. 1943년 말 시점의 '현재 조사'에서는 조선인 '이입자' 36만 6464명 가운데 도주자가 11만 8735명으로, 도주율은 32.4퍼센트에 달했다.

감방숙소의 활용

도주를 줄이는 한편 노동자의 의욕을 고취하는 동시에 숙련도를 높여 생산성을 향상시키는 데에는 노무관리 방식이 관건이었다. 이와 관련해서는 앞서 지적한 바와 같이 노무관리자가 노동자를 구타하는 등의 폭력을 수반하기도 했지만, 그렇다고 노동자에 대한 배려가 없었던 것도 아니었다. 일본제국과 기업의 목표는 증산과 수익의 유지 및 확대였고, 목표 달성에 필요하다면 식료품이나 작업복 등의 배급을 늘릴 수도 있었다. 대규모 탄광에서는 유명 가수나 조선인 극단을 초청해서 위문공연을 열기도 했다.

하지만, 동원된 조선인의 증언에서는 역시 폭력을 동반한 억압적 관리, 노동에 결코 충분하지 않은 식사, 장시간 노동의 강요 등에 대한 이야기가 더 많이 등장한다. 그리고 동시대에 조사를 실시한 연구자도 탄광에는 폭력적인 노무관리가 존재한다는 사실을 기록하고 있다. 게다가 이 같은 실태는 오랜 관행이 '잔존'한 결과라기보다 이 시기에 확대, 강화되는 경향을 보인 것으로 알려져 있다.

야나세 데쓰야柳瀬哲也가 1940년 11월에 홋카이도에서 실시한 조사에 따르면, "청부 막일꾼의 숙소가 홋카이도 전역의 석탄광업에서 광범위하게 사용되어, 시대의 각광을 받으며 증산의 최전선에 서 있는" 상황이었다(『우리나라 중소 탄광업의 종속 형태』, 伊藤書店, 1944). 이 같은 감방숙소의 노무관리가 작업장의 안전과 노동 재생산을 얼마나 무시한 강압적인 것이었는지는, 야나세가 자신의 조사에서 채록한 관계자의 다음 이야기를 통해 확인할 수 있다. 즉, 감방숙소의 관리자는 야나세에게 "우리는 일반 막일꾼이나 광부에 비해, 일반 막일이면 3배, 굴파기면 2배 가까이, 그리고 채탄은 3할 정도는 더 해냅니다. 보다시피 군대식이라 절대로 불평은 하지 않습니다. 위험한 곳에서도 눈 딱 감고 해치우니까 일이 빠른 겁니다. 단적인 증거로 우리 쪽 일꾼들이 제일 많이 다칩니다"라고 말하고 있다.

물론, 동원계획에 따라 일본 내지로 송출된 조선인이 (고용할 노동자를 확보해달라고 탄광 측에서 직접 신청했기 때문에) 곧바로 감방숙소에 배치되는 일은 있을 수 없다고 여길 수도 있지만, 야나세의 저서에는 "반도인의 기숙사에서 성적이 나쁜 자를 '문어방'[감방숙소]에 맡겨 벌을 주는 경우도 있습니다"라는 탄광 노무과 직원의 말도 소개되어 있다.

더욱이 야나세는 감방숙소의 실태를 분명히 지적한 다음, 이 시기에 근대적 경영방식의 대규모 탄광도 포함하여 일정 규모의 인원을 한데 모아 군대조직의 요소를 도입한 "노무관리의 집단책임제라는 새로운 형식의 채용이, 낡은 신분적 종속관계를 전제로 하는 후견인[世話役]제도적인 것을 기반으로 하여 현실적인 토대를 확보해가고 있는 사실"이 있음을 언급하고 있다. 기업 내부의 직원이 감방숙소와 유사한 노무관리를 하고 있었던 당시 상황이 엿보이는 대목이다.

노동 분·쟁의의 변화

이런 가운데 이 시기에는 노무동원된 조선인의 분·쟁의가 계속해서 발생하고 있었지만, 1939년(이해에 배치된 조선인 노동자는 소수였다)부터 1940년까지 338건이 발생하고 2만 3383명이 참가한 데에 비해 1941년 이후로는 감소하는 추세였다. 특고 경찰이 파악한 1941년 이후의 발생 건수 및 참가 인원수를 보면, 1941년에는 154건에 1만 143명, 1942년에는 295건에 1만 6006명, 그리고 1943년에는 324건에 1만 6993명이 었다. 이에 따르면 1942년에는 증가로 돌아섰지만, 동원계획에 입각하여 일본 내지로 배치된 조선인 노동자 수 자체가 늘어났기 때문에 노동 분·쟁의의 발생률과 참가율은 당초보다 떨어졌다는 계산이 나온다.

그렇다면 이러한 변화가 일어난 이유는 무엇이었을까? 우선 노동자를 받아들이는 기업들 사이에서 조선인 노동자에 대한 이해가 진전되어 문제가 될 만한 요인을 제거하기 위해 노력한 데에 영향을 받은 것으로 보인다. 『특고월보』에 실려 있는 구체적인 분·쟁의 사례를 보더라도, 1941년 이후에는 이를테면 계약과 조건이 다르다고 해서 발생한 분·쟁의에 대한 보고가 줄어들고 있다.

이와는 반대로 중간관리자로 보이는 노무계 담당자와 기숙사 사감 등과의 충돌 사례가 두드러지고 있는데, 함바 주인이나 통역, 같은 면面에서 동원된 그룹의 인솔자인 대장隊長이 충돌에 관여한 사례도 확인된다. 그리고 앞서 제시한 통계자료를 보면, 분·쟁의 1건당 평균 참가인원이 1939~40년에는 69.2명, 1941년에는 65.9명, 1942년에는 54.3명, 1943년에는 52.4명으로 감소하고 있다는 사실도 알 수 있다.

여기서는 가능한 한 다수의 노동자가 단결하지 않도록, 다시 말해 그들의 분열을 꾀하면서 노무관리에 힘썼다는 추측이 가능하고, 이 같은 노력이 일부 조선인 노동자를 중간관리자로 두고 활용하는 방식으로 이루어졌다는 단서도 엿볼 수 있다. 이 과정에는 일본 정부의 지도가 관련되어 있었는데, 관 알선을 통해 조선인 노동자를 동원할 때는 조선 내에서 군대식 조직을 만들어 송출한 다음, 중앙협화회가 마련한 「이입 노동자 훈련 및 취급 요강」에 기초하여 훈련을 실시했다. 훈련부대로 불린 이 조직은 4~6개 반班으로, 그리고 각 반은 2~4개 조組로, 또 각 조는

5~10명으로 구성되었고, 이런 조직은 훈련 후 작업에서도 활용되었을 가능성이 높다.

그리고 이전과 마찬가지로 노무계 담당자의 조선인 노동자 구타가 분·쟁의를 촉발한 사례도 눈에 띈다. 전시기 또는 일본제국 시기 전반에 걸쳐 상급자가 부하를 때리는 경우는 드물지 않았겠지만, 피동원자의 증언에서는 도저히 통제 유지나 교화지도 차원으로 볼 수 없는 사례를 확인할 수 있다. 예를 들면, 전라북도에서 호쿠탄北炭 유바리夕張 탄광으로 동원된 안정옥安正玉은 "잠깐 쉬다가 들키기라도 하면 돌로 때립니다. 맞은 곳에서 피가 나와 닦으면, 그까짓 게 뭐 대수냐면서 또 때립니다"라고 증언하고 있다(조선인강제연행진상조사단 편, 『조선인 강제연행·강제노동의 기록 홋카이도·지시마·가라후토편』 현대사출판회, 1974).

『특고월보』에서도 노무계 담당자에 의한 조선인 노동자 살인사건을 계기로 발생한 분·쟁의에 대한 기술을 확인할 수 있다. 가라후토청 니시사쿠탄무라西柵田村 가나야마金山 함바에서 1943년 10월에 발생한 쟁의는 노무계 일본인 5명이 도주했다가 붙잡힌 조선인 2명에게 '대원'(함께 동원되어 온 다른 조선인으로 추정된다) 앞에서 린치를 가하고 심지어는 이들을 기둥에 매달아 1명을 사망하게 하는 동시에 나머지 1명에게 중상을 입힌 것을 계기로 발생했다. 그리고 1944년 3월에는 후쿠오카현 후루카와古河 광업소 오미네大峯 탄갱에서 절도 및 도주 혐의를 받고 있던 조선인이 대기소에서 구타당한 끝에 사망하는 사건도 발생했다. 덧붙이자면, 탄광 측이 그 사실을 곧바로 경찰에 알리지 않고 대책을 강구하다가 조선인 노동자가 대기소를 포위하는 소동이 벌어지면서, 경관은 물론 군대까지 출동해 이를 진압하는 사태로 번졌다.

이상의 사례를 보면, 이 시기에 노동쟁의가 상대적으로 적어졌던 이유는 기업 측이 근본적으로 폭력성을 유지하는 동시에 노동자간 분열을 유도하는 관리법을 터득했기 때문으로 판단된다. 앞서 살펴본 야나세는 감방숙소와 유사한 노무관리가 재차 확산되고 있다는 현실을 제대로 짚어낸 것으로 보이며, 그런 사태는 이후에도 계속되었다. 물론, 이 시점에도 식량배급에 대한 우대조치 등 유화적인 대응을 추구한 기업도 있었을 것이다. 하지만, 전쟁 말기에 접어들어 일본사회 전체의 물자 부족이 확대되면서 그것을 실행할 수 있는 여지가 없어져간다.

생산성의 저하

이와 같이 노동력을 확보하고 활용하기 위한 여러 가지 시책이 실시되는 가운데, 군수 관련 생산은 어떤 양상을 보이고 있었을까?

일반 광공업 생산은 1941년을 정점으로 감소 경향을 보이고 있었지만, 육해군 무기의 생산은 이 시점에서 다시 증산을 실현하고 있었다. 이에 비해 석탄은 중일전쟁 개시 후 생산량을 높이며 1940년도에 5731만 8000톤을 기록한 뒤 하락으로 돌아섰지만, 1943년도에는 전년도를 살짝 웃도는 5553만 9000톤의 출탄을 확보했다.

하지만 그사이 생산성은 현저하게 떨어지고 있었다. 석탄의 경우 노동자 1인당 연간 출탄량이 1933년도의 226톤을 정점으로 감소하기 시작해 1943년도에는 150톤까지 주저앉았다. 이는 기계화가 지체되고 새로운 탄갱을 개발하지 않는 가운데 탄층이 고갈되어가는 지점까지 마구잡이로 채굴을 계속한데다 노동자의 구성비까지 변화한 결과였다. 증산을 위해 증원되고 일본인 탄광노동자의 빈자리를 채운 것은 동원된 근로보국대원과 조선인으로, 그들은 숙련노동자가 아니었기 때문이다.

게다가 당시 탄광노동자는 현원징용된 사례도 없었기 때문에 일본인

(정확히는 동원계획이 아닌 경로로 도일한 조선인도) 노동자의 이동은 자유로웠고, 실제로 직장을 떠난 일본인 중에는 비교적 숙련도가 높은 사람이 포함되어 있었을 것이다.

당시 이 같은 상황을 개선할 수 있는 변화는 일어나지 않았다. 계속해서 출탄을 유지하기 위해서는 더 많은 노동자를—생산성은 고려하지 않고 조금이라도 노동을 견딜 수 있다고 판단되기만 하면—탄광에 데려오는 수밖에 달리 방도가 없었던 것이다.

제국의회의 논의

위와 같이 조선인 노동자의 도입은 이후로도 계속되었다. 하지만, 일본 내지 측이 조선인 노동자를 이보다 더 늘리는 데에 적극적인 의견으로 통일되었던 것은 아니었고, 오히려 일본인을 일정 비율 이상 확보해야 한다는 인식이 퍼지고 있었다. 이 같은 상황은 1943년 12월 소집된 제84회 제국의회의 논의에서도 감지된다.

일정 비율 이상의 일본인을 확보해야 한다는 주장은 생산성 문제와 관련되어 있다. 미즈타니 조자부로水谷長三郎 의원은 1944년 2월 2일에 열린 중의원 '석탄배급통제법 중 개정 법률안 외 일건—件 위원회'에서, 조선인과 근로보국대원의 비율이 높아짐에 따라 출탄능률이 떨어지고 있다고 구체적인 수치를 들어 설명하면서 "내지인 노무자를 반드시 일정 수 확보해야 한다"고 주장하고 있다.

이와 더불어 일본인 사이에는 생산성 문제가 아닌 다른 이유 때문에 조선인 노동자의 증가를 우려하는 시각도 존재했다. 바로 황민화 정도에 믿음이 가지 않는다는 이유, 즉 일본제국에 대한 충성심이 충분하지 않은 조선인을 중요한 직장에 다수 도입해도 괜찮겠느냐는 우려였다.

석탄 생산지인 후쿠오카현에서 선출된 아카마쓰 도라시치赤松寅七 의원은, 앞서 미즈타니 의원이 질문했던 날과 같은 2월 2일 중의원 결산위원회에서 조선인에 대해 "사상적으로 상당히 생각하게 만드는 바가 있다"면서, "탄갱처럼 지하에서 집단으로 일하는 자들을 아무 제한 없이 내지인과의 비율을 고려하지 않고 다수로 써도 괜찮을지 매우 우려하고 있다"고 발언했다. 아카마쓰 의원은 전날에 열린 다른 위원회에서도 "(조선에서) 들어오는 사람의 부족한 시국인식이 놀라울 뿐", "100명 들어오면 겨우 5명 정도만 대동아전쟁이 있다는 사실을 알고 있다"면서 황민화운동을 강화해야 한다고 호소했다.

이 밖에도 제국의회에서는 일본 내지에서 '사회적 지위'를 높이는 (노무동원이 아닌 경로로 도일한 자도 포함한) 조선인과 일본인의 관계를 우려하는 발언이 등장했다. 1944년 2월 1일에 열린 중의원 '전시 특수 손해 보험법안 위원회'에서 이마이 요시유키今井嘉行 의원은 다음과 같이 발언하고 있다.

(조선인 노동자의) 노동력은 매우 강하기 때문에, 각 방면에서 노동자로 기꺼이 받아들이는 경우도 있습니다. 또 일본의 노동자는 이들과 경쟁해도 도저히 미치지 못하는데, 예를 들면 고베神戸의 배에서 일하는 인부가 있습니다. 일본인 인부는 쌀 한 가마니도 영 들지를 못하는데, 한창 일할 사람들이 전쟁에 나가 있기 때문입니다만, 하는 수 없이 조선인 노동자를 고용한다, 그러면 그 사람은 손쉽게 짊어지고 가버린다, 그러다 보니 임금을 20엔이든 25엔이든 주지 않으면 움직이지 않는 상황이 눈앞에 펼쳐지고 있는 것입니다. 어쨌든 일본 노동자와 빚는 문제도 거기서 나오는 것이지요. 저들은 현재 상당한 돈을 갖고 있고… 그래서 저들의 사회적 지위가 점점 너

무 높아지더니, 우리 일본 내지인을 우습게 여기는 태도를 가진 자가 있습니다. … 저금을 장려해도 저금에 응하지 않고… 경제 위반에 대해서도 태연하게… 전시의식이라는 것이 적습니다.

이 같은 질문과 발언에 대해, 정부 측 위원은 일본인 노동자 비율을 일정 수준 확보하면서 조선인 대책을 추진해야 한다는 취지로 답변했다. 미즈타니 의원의 의견에 대해서는, 일본인 노동자를 70퍼센트가량 확보하는 것이 바람직하다는 응답이 있었고, 기시 노부스케 국무대신은 아카마쓰 의원에게 "반도 노무자의 수는 되도록 적은 것이 바람직"하지만 공급원 관계 때문에 일본인을 확보하기 어렵다면서, 탄광의 노무관리를 개선하겠다고 약속했다. 그리고 아카마쓰 의원이 지적한 치안상의 불안 요소에 대해서는 경찰과 긴밀히 연락해 "만일의 사태에 대비하고 있다"는 답변이 나왔고, 한 정부위원은 이마이 의원의 발언에 대해, 협화회를 통해 조선인을 지도할 생각이라고 답변했다.

하지만 위와 같은 논의가 진행되고 있었던 시점에는 이미 일본 내지로 송출하는 조선인 노동자를 대폭 확대하는 구상이 아마도 거의 굳어져 있었다. 고이즈미 지카히코小泉親彦 후생대신은 2월 2일에 열린 중의원 결산위원회에서, 노무관리의 개선과 황민화를 추진하는 동시에 "과거 이상으로 다량의 반도인 이입을 계획하고 있는 바입니다"라고 발언하고 있었던 것이다.

제4장
확대되는 사회적 동요와 동원 기피

일본 내지로 가는 조선인 노동자의 인원 확보를 위한 「국민징용령」의 발동에
앞서 조선총독부의 감수를 거쳐 간행된 해설서. 민중의 불안을 해소하기 위한
원호조치 등에 대해 기술하고 있다.

1. 전황의 악화와 동원의 확대

부풀어오른 동원계획

1944년 이후 일본제국은 승산이 없는 전쟁을 지속하게 된다. 중국 대륙에서 일본군은 여전히 점과 선으로만 지배하는 상태로 꼼짝도 못하고 있었고, 태평양에서는 일본 해군이 주요 군함을 잃었으며, 미국 해군은 중요 거점을 확보하고 있었다. 이런 가운데, 일본제국은 1944년에 육군 약 410만 명과 해군 약 126만 5000명에 이르는 군사동원을 실시했다.

동시에 노무동원의 규모도 팽창했다. 8월 16일에 각의결정된 1944년도 동원계획에서는 상시 요원의 수요와 공급원(공급) 모두 전년도의 두 배에 가까운 454만 2000명이었다(〈표 17〉, 〈표 18〉).

수요 항목 가운데 가장 규모가 커진 것은 군수산업이었다. 일단 신규로 증가한 수요만 해도 139만 2700명이었고, 〈표 17〉에 상세 내역을 싣지는 않았지만 감모減耗 보충 인원 가운데 군수산업과 관련된 인원이 67만 8800명이었으므로, 1944년도 계획에 잡힌 군수산업의 전체 수요는 207만 1500명이었다는 계산이 나온다. 그리고 군수산업보다는 적지만, 생산 확충 계획 산업과 교통, 국방토목건축, 농림수산업 등도 무시할 수 없는 규모로 불어나 있었다. 즉, 이제는 모든 방면의 산업에서 동원계획을 통한 인원 확보를 추진하게 된 것이었다.

이에 대응하는 공급원의 내역은 전년도부터 변화를 보이고 있었는데, 이 단계에서는 학교 재학자가 1944년도의 주요 공급원으로 올라 있었다. 구체적으로는 국민학교 고등과·중학·고등학교·전문학교와 대학을 통틀어 전체 공급원의 약 4분의 1에 해당하는 205만 3000명이었다. 여기에 각급 학교 신규 졸업자 109만 명이 공급원에 올라 있었으므로, 당시 전체 공급원의 약 70퍼센트가 재학자와 졸업자로 채워져 있었다는 계산이 가능하다. 그리고 기업 정비나 남자의 취업 금지, 동원 강화에 따른 직역職域 전환자 등의 공급원은 모두 70만 9000명으로, 학교 재학자보다 적었다. 한편, 직역 전환자의 내역에 포함된 농업 종사자가 3만 8000명에 그친 점으로 미루어, 당시 일본 내지의 농촌에 대해서는 군수산업 등에 대한 노동력 공급보다 농업 생산의 유지를 위한 노동력 확보를 중시했다는 분석이 가능하다.

이 밖에도 무직자 27만 명(그 가운데 24만 명이 여성), 근로보국대 10만 명, 조선인 노동자(사료에서는 노무자) 29만 명, 그리고 중국인 노동자(사료에서는 화인華人 노무자) 3만 명이 각각 공급원으로 편성되어 있었다. 따라서 전체 공급원 가운데 조선인 노동자가 차지하는 비율은 이전 계획과 비슷한 수준인 6.4퍼센트였지만, 남자만 놓고 보면 11.3퍼센트, 그리고 재학자·신규 학교 졸업자를 제외한 남자 중에서는 34.6퍼센트를 차지하고 있었다. 그런데 전년도 항목에는 포함되었던 일본 내지 거주 조선인 노동자가 1944년도 계획에는 등장하지 않는 만큼, 여기에서 말하는 조선인 노동자는 조선반도에서 확보해야 하는 인원으로 볼 수 있으

〈표 17〉 1944년도 국민동원계획의 '수요'(일본 내지)

(단위: 명)

구분	남	여	합계
일반 노무자	2,409,300	1,617,100	4,026,400
신규 수요 증가 수	898,400	1,031,600	1,930,000
군수산업	535,500	857,200	1,392,700
생산 확충 계획 산업	119,900	93,100	213,000
위의 부대산업	5,700	18,700	24,400
생활필수품 산업	400	14,400	14,800
교통업	103,000	32,700	135,700
국방토목건축업	130,900	8,900	139,800
농림수산업	3,000	700	3,700
기타 산업	0	5,900	5,900
감모 보충 인원수	1,510,900	585,500	2,096,400
하급 사무직원	0	107,200	107,200
신규 수요 증가 수	0	0	0
감모 보충 인원수	0	107,200	107,200
공무요원	14,200	55,700	69,900
신규 수요 증가 수	7,200	20,800	28,000
감모 보충 인원수	7,000	34,900	41,900
외지 요원	132,500	20,000	152,500
신규 수요 증가 수	132,500	20,000	152,500
감모 보충 인원수	0	0	0
예비원 및 상업 종사자 등의 배치 규정에 따른 여성 보충 인원	0	186,000	186,000
신규 수요 증가 수	0	0	0
감모 보충 인원수	0	186,000	186,000
합계	2,556,000	1,986,000	4,542,000

출전: 내각(각의결정), 「쇼와 19년도 국민동원계획 수급 수 각의요해了解사항으로서 결정의 건」, 1944년 8월 16일

(단위: 명)

	남	여	합계
학교 신규 졸업자	586,000	504,000	1,090,000
국민학교 수료자	456,000	334,000	790,000
중등학교 졸업자	130,000	170,000	300,000
학교 재학자	1,133,000	920,000	2,053,000
대학, 고등전문 재학자 (이과계열 제외)	60,000	20,000	80,000
중등학교 3학년 이상 (농업학교를 제외한 각종 학교 포함)	573,000	500,000	1,073,000
중등학교 2학년 이하 및 국민학교 고등과	500,000	400,000	900,000
유직자	437,000	272,000	709,000
기업 정비에 따른 전환자	70,000	73,000	143,000
남성 취업 금지에 따른 전환자	16,000	0	16,000
남성 종업원 배치 규정에 따른 전환자	225,000	0	225,000
동원 강화에 따른 직역 전환자	102,000	185,000	287,000
농업 종사자	24,000	14,000	38,000
무직자	30,000	240,000	270,000
조선인 노무자	290,000	0	290,000
화인華人 노무자	30,000	0	30,000
근로보국대	50,000	50,000	100,000
합계	2,556,000	1,986,000	4,542,000

출전: 내각(각의결정), 「쇼와 19년도 국민동원계획 수급 수 각의요해사항으로서 결정의 건」, 1944년 8월 15일

며, 그 규모는 전년도 대비 17만 명이 불어나 있었다. 조선 측이 전년도까지 상당한 무리를 해가며 일본 내지로 노동자를 송출한 사실을 고려하면, 조선인에 대한 부담은 한도를 넘은 수준이었다.

동원체제의 강화

물론 일본 내지에서도 공급원이 고갈된다는 아우성이 터져나오는 상황에서, 직역 전환 등을 확대해서 인원을 추가 확보하는 데에는 상당한 곤란이 예상되었다. 그래서 그것이 가능해지도록 하기 위해 행정기구의 재편 및 강화를 포함한 몇 가지 조치가 그에 앞서 실시되었다.

먼저, 1944년 3월에 기존의 국민직업지도소를 국민근로동원서署로 재편해 직원 수를 늘린 결과, 같은해 5월 기준으로 국민근로동원서는 540곳, 그리고 직원 수는 1만 133명으로 집계되었다. 동시에 시·정·촌의 장長이 국민등록표의 보관 및 관리를 포함한 징용 관련 사무의 일부를 나누어 맡고, 정내회·부락회가 그에 협력하는 체제가 구축되었다.

그리고 징용 대상자도 확대되었다. 국민등록 신고 대상자는 얼마 전의 법령 개정에 따라 12세 이상 60세 미만의 남자 및 배우자가 없는 12세 이상 40세 미만의 여자로 정해졌고, 주요 탄광은 1944년 4월에 「군수회사법」에 기초하여 군수회사로 지정되었다. 「군수회사법」과 「군수회사법 징용 규칙」은 일부 예외를 제외하고 군수회사 종업원을 모두 징용된 것으로 간주하도록 규정했기 때문에, 이때부터 대부분의 탄광노동자는 징용된 것으로 인정되었다.

징용 확대에 발맞추어 원호제도도 확충되었다. 1944년 5월 정부는 「피징용자 등 원호 강화 요강」을 각의결정해서, 징용으로 수입이 감소한 자에게 보전수당(보급)을 비롯해 가족수당과 별거수당을 지급했다. 이때 지급 대상자에는 「국민징용령」에 의거한 피동원자는 물론, 「국민근로보국협력령」과 「여자정신근로령」(1944년 9월에 제정된, 여자정신대 동원에 대해 규정한 칙령)에 따라 동원된 자도 포함되었다.

한편, 조선에서도 동원 강화를 위해 체제를 정비해야 한다는 목소리가 나오는 가운데, 조선총독부는 이미 1944년 초에 조선에서 징용을 실시한다는 방침을 밝혔다. 그리고 이에 따른 원호조치가 필요해지는 것도 당연한 수순이었다. 앞서 소개한 「피징용자 등 원호 강화 요강」에 외지에서도 내지에 준하는 원호조치를 실시한다는 문구가 들어 있었던 것이다.

따라서 조선총독부도 관련 준비를 진행하고 있었겠지만, 1944년도 전반에는 이렇다 할 기구 개편 등은 실시되지 않았다. 특별히 직업소개소가 재편되거나 증설되지도 않았으므로, 여전히 부·읍·면이 노무동원 행정의 중심을 담당하고 있었다.

'뿌리째 동원'론 비판

위에서 언급한 시책 가운데, 일본 내지에서는 1944년에 22만 9448명에 대한 신규 징용이 실시되었다. 이는 전년의 신규 징용 수를 47만 명 정도 밑도는 규모로, 동원계획의 주요 공급원이 학교 재학자로 편성되었던 측면을 함께 감안하면, 이제는 노동력이 고갈되어 징용 가능한 사람을 찾기 어려워진 당시 일본 내지의 상황을 짐작할 수 있다.

실제로 1944년 이후 노동력 고갈을 우려하는 목소리가 이전보다 더욱 높아진 것은 분명하다. 그리고 여성의 동원을 강화하는 방안도 논의되어, 징용과 유사한 제도로서 법적 근거를 갖는 여자정신대가 결성되고 출동하게 되었다.

역사 연구자들은 종종 이런 측면을 들면서 당시 상황에 대해 '뿌리째 根こそぎ 동원'이 실시되었다고 표현해왔다. 이 용어는 국가가 온갖 방책을 동원해 사람들에게 일을 시킨 결과 국민 모두가 가혹한 노동에 시달리는 장면을 마음속에 불러일으킨다. 하지만 동시대 사료를 찾아보면

알 수 있듯이, 실제로 '뿌리째 동원'이 수행되었다는 사실 같은 건 어디에도 나오지 않는다.

다만 이 시기에 '뿌리째 동원'이라는 표현이 등장한 것은 사실이다. 하지만 그것은 어디까지나, 동맹국 독일에서 실시되었던 빈틈없는 동원을 가리키는 말이었고, 일본의 동원이 그런 단계에 들어섰다는 인식은 존재하지 않았다. 게다가 당시에는 독일처럼 '뿌리째 동원'을 실행해야 한다는 주장에 대해 비판적인 여론이 두드러졌다.

물론 그런 여론은 전쟁 수행을 위한 동원 자체를 그만두어야 한다는 주장이 아니었다. 즉, 군수 생산을 수행하기 위해서는 '뿌리째 동원'을 거론하기 전에 해야 할 일이 있다, 다시 말해, 현행 동원체제에 문제가 많다는 지적이었던 것이다.

구체적으로는, 능률을 높일 수 있는 노무관리가 이루어지지 않는 점, 임금 통제가 어려운 일용직 노동자 등의 임금이 올라 노무수급에 영향을 끼치고 있는 것, 일부 군수산업에는 충분한 노동력이 배치되고 있는 반면 노동자 부족, 특히 숙련노동자의 유출로 곤란에 직면한 산업이 존재하는 등 비합리적인 인원 배치의 문제 등에 대한 지적이었다. 여기에서 노동자가 부족해진 산업이 탄광이라는 사실은 군이 말할 필요도 없다. 거꾸로 말하면, "과잉에 빠질 만큼 사람을 확보한" 것으로 알려졌던 좁은 의미의 일부 군수공장과 노동자 부족으로 곤란해진 탄광 사이에 노동력 재분배나 임금에 대한 통제를 강화함으로써 탄광 노동력을 확보하는 방법도 있었을 것이다. 하지만 결국 그런 시책에 힘을 기울이지 않고 조선인과 중국인, 그리고 근로보국대에 의존해 탄광 노동력을 확보하게 되었던 것이다.

곤란해지는 인원 확보

조선과 관련된 동원은 1944년도에도 동원계획에 입각한 일본 내지로의 노동자 송출이 아닌 경로를 통해서도 실시되었다. 노무동원에 관해서는 조선 내 관 알선이 7만 6617명, 그리고 역년曆年 수치일 가능성이 있어 성격이 불분명한 측면이 있지만 도내 알선이 88만 8612명으로, 양측 모두 전년을 웃돌았다. 군사동원에서도 군 요원(군속) 송출이 역년으로 4만 5442명에 달해 전년보다 역시 늘어났으며, 1944년도부터는 징병도 실시되었다. 징병 대상자의 징집 규모는 계획 인원수로 판단되지만, 육군 현역병이 4만 5000명, 해군병이 1만 명이었다.

이 같은 동원에 더해 농업 생산의 증산도 당연히 지상명제가 되어 있었는데, 아직 원호시책도 마련되지 않은 가운데, 1944년도 전반에는 동원을 기피하는 경향이 확산되면서 인원 확보에 심각한 영향을 끼치게 되었다. 노동자를 확보하기 위해 전라남도 영광군으로 향한 호쿠탄北炭의 노무보도원이 출장보고 형식으로 제출한 1944년 5월 31일자 서한에는 당시 상황이 생생하게 기록되어 있다.

우선, 영광군은 전년 7월과 9월에 50명을 할당받아 '100퍼센트 공출'을 달성했고, 1944년도에 들어서는 군 요원 100명을 징용으로 동원하도록 할당받았다. 다만, 120명을 대상으로 지정한 날짜와 시간에 모이라고 명령했는데도 그날 모인 사람은 36명, 게다가 '면에서 강제로 연행해온 자들'이었다. 노무보도원은 그럼에도 불구하고 경찰과 면 당국이 기어코 인원 확보에 나서서 다음과 같이 조치했다고 기록하고 있다. 즉, "군郡 경찰, 면에서는 예상외의 결과에 경악하여 다시 120명을 각 방면에 급히 할당하는 동시에 군청 직원 9명, 경찰서 고등·경제계원 및 면 직원을 총동원하여, 자고 있는 사람에게 들이닥치거나 논밭에서 일하고 있는 사람을 다짜고짜 연행하는 등 상당히 무리한 방법을 써서 겨우 출발하는 날 22일에, 가까스로 84명에게 영장(징용령서)을 교부, 수송"했다는 것이다.

상황이 이랬으므로, 이 노무보도원은 "당사의 송출은 징용과는 다른 측면이 있기 때문에 100퍼센트 송출은 기대할 수 없지만 80퍼센트 송출 정도를 간절히 바라면서, 노무계 직원 8명을 각 방면에 파견해달라고 군청에 요청하고, 면 직원 및 주재소 순사와 협력해 각 부락에 숙박하면서 끌어내는 데에 힘쓰는" 등 '만전의 대책'을 취했다. 하지만 그런 노력에도 불구하고 21명밖에 모이지 않자, 이번에는 군청, 경찰과 회의를 갖고 각 면의 각 부락에 대해 부락연맹 이사장, 즉 국민총력조선연맹의 지역 조직 책임자를 호출하여, 만일 할당된 규모의 노동자를 내놓지 못할 때는 자기 가족의 누군가 아니면 본인이 출동하도록 명령을 내리고, '도주자'(몸을 숨기고 있는 청장년 남자를 가리키는 것으로 추정된다)의 가족을 주재소로 불러 행선지를 추궁했다. 하지만, 이와 같은 조치를 취해서 얻은 결과는 다음과 같았다.

26일 군에서 출발할 때까지 64명밖에 모습을 드러내지 않았다. 그 64명 중에서도 군청까지 연행하는 도중에 도주하거나 숙소에서 도주한 자가 속출했고, 또는 불구자나 노인(도주한 자식을 대신해 부친을 연행해온 경우), 병자 등이 많아 결국 40명을 인계했으며, 그리고 인계 이후에도 무리한 송출을 추진한 탓에 가족 등과 군 직원 및 면 직원 사이에서 일대 난투가 벌어져 노무주임과 차석 등은 얼굴 등을 구타당해 다치는 소동이 벌어졌고, 그 사이에 6명이 도주하여 자동차에 태운 자는 34명이 되었는데, 송정리松汀里에서 추가로 4명이 도주해 30명이 되었고, 열차 안에서 1명이 도주하고 여수에서 병으로 1명이 송환되면서, 결국 항구를 출발할 때는 28명이 되었다.

위 사례는 분명 그 직전에 군 요원을 확보하기 위한 징용이 실시된 데에도 영향을 받았을 것이다. 그러나 같은 시기에 작성된 영광군 이외의 군에 대한 노무보도원의 보고를 보아도, 예정한 인원을 모을 수 없게 되었고 배정된 지역에서 노동력을 확보하기 어렵다는 내용이 두드러지고 있었다. 물론 호쿠탄의 일부 노무보도원은 본사에 "노동력에 아직 여유가 있다", "가망이 있다"는 보고서도 제출하고 있지만, 어디까지나 도망쳐 숨어버린 자가 있다는 상황을 언급하는 경우가 대부분이었다. 결국 억지로 끌고 온다면 사람은 있다는 주장에 불과했다.

그리고 노무보도원이 제출한 보고에서는 면 직원들이 노무동원에 비협조적이고 열의를 보이지 않는다는 기술도 자주 등장한다. 앞장에서 살펴본 것처럼, 관 알선 요강이 나온 이후 지방 말단 행정기구의 직원 등이 노무동원의 인원을 확보하는 데에 적극적으로 나서야 했던 상황은 충족률이 증가한 것으로 미루어 확실히 존재했던 것으로 보인다. 하지만, 적어도 일부에는 동원업무에 소극적인 사람도 있었음을 확인할 수 있다.

또한 그런 소극적인 태도는 그들이 처한 입장에서 볼 때 당연한 반응이었다. 동원계획을 위한 인원 확보는 면 직원들에게 괜한 부담이 되는 것은 물론 위험까지 뒤따르는 업무였기 때문이다. 게다가 동원을 피하려는 민중의 저항과 동원으로 일손을 빼앗긴 가족의 원망은, 인원을 확보한 뒤 그 지역을 떠나는 노무보도원이 아닌, 말단 지방행정기구의 직원을 향했다. 앞서 인용한 바와 같이, 군과 면의 직원이 위험에 노출되거나 해를 입는 일이 실제로 발생하고 있었다.

내무성의 실정 파악

이처럼 노무동원이 상당한 무리를 수반하고 있다는 사실은 관계 기업과 조선총독부는 물론 일본 내지의 관계 당국에도 알려지게 되었다. 식민지 행정을 관할하는 내무성 관리국은 1944년 6월, 조선의 민정 동향 및 지방행정의 현황을 조사하기 위해 직원에게 조선 출장을 지시했다. 이 직원은 다음달 31일에 제출한 복명서에서 노무동원의 실정에 대해 "징용은 차치하고라도, 그 밖의 어떤 방식을 통하더라도 출동은 오로지 납치와 같은 상태이다. / 그 이유는 만일 사전에 동원 사실을 알리면 모두 도망쳐버리기 때문이며, 그래서 야습, 유인, 기타 각종 방책을 강구하여 인질처럼 약탈, 납치하는 사례가 많아진다"고 적었다. 아울러 민중이 노무동원을 기피하는 배경 및 그와 관련하여 발생한 심각한 문제를 파악하여 다음과 같이 전하고 있다.

우선 지방의 말단 행정기구의 동향에 대해서는, "전국戰局의 진전에 따라 이래저래 복잡한 책임의 부하負荷가 많고… 또 이 복잡성의 내용을 저들[조선인]이 이해하고 소화할 수 없는" 상황이며, "본부의 기획자는 실제적 경험"이 모자란데다 말단 직원은 상급 관료가 강조하는 배정 규모를 달성하는 데에만 온 힘을 쏟고 있다고 지적했다. 다시 말해 상부에서는 실정을 무시한 계획을 세우고 현장에서는 상부의 눈치를 살피면서 결과를 내려고 하기 때문에 무리가 뒤따른다는 논리였다.

복명서는 또 일본 내지로 가족이 송출된 한 가정이 생활에 극심한 어려움을 겪고 있는 실정도 소개하고 있다. 구체적으로는 동원된 노동자의 급여에 "도주방지책으로 반半강제적인 저금을 실시하는 한편 사실상 인출을 금지하는 등"의 이유로 충분한 송금이 이루어지지 않고, "노무 송출로 가계 수입이 정지되는데다 혹시나 작업 도중 불구가 되거나 폐질에 걸려 귀환하는 경우에는 그 가정은 아예 일가가 파멸되는 지경이 된다"고 설명하고 있다. 게다가 노동원호가 마련되어 있지 않다고 지적하면서 "척박한 토양과 경종법耕種法, 특히 농구의 미발달, 고율의 소작료, 가뭄 및 홍수 피해, 기타 각종 부역 등의 증가가 많은 오늘날에 온 가족이 총동원되어 노무에 종사함으로써 겨우 가계를 유지하는 농민이 호주 또는 장남 등의 일손을 송출한 후 그 손실을 부녀자의 노동으로 메우고 대체하는 상황이 이보다 심화되어서는 가계의 호전을 꾀할 수 없다는 것은 명백한 사실"이라는 측면도 강조하고 있다. 한편 복명서를 작성한 직원은 경상북도의 한 시찰지에서, 전해 7월에 아들이 홋카이도로 동원되었다는 63세의 여성이 아들의 연락도 송금도 받지 못한 채 "병과 생활난에 허덕이며 거의 빈사상태에 빠져 있는 실정을 목격"하고, "잔류 가족의 원호는 긴급을 요하고 있다"고 호소하고 있다.

그리고 노동력의 수급 여유에 대해서는, "오늘날에는 이미 노무동원이 거의 한계에 이르고" 있으며 "조선 내 노무 공급원은 엄청난 절박함을 호소하고 있다"고 평가하면서, 머릿수만 따지면 동원은 가능하지만 여성만 남는 상태를 초래해 "식량 증산에 막대한 영향을 끼칠 것으로 우려"된다고 전망하고 있다.

이 복명서는 내무성 관리국 내부에서 조선의 통치상황에 대한 인식을 공유하기 위해 작성된 것으로 보이는 만큼, 사실에 대한 과장이나 왜곡이 포함되었다고 볼 수는 없다. 따라서 이 보고를 읽었다면 노무동원의 지속 자체가 곤란하고 심각한 문제를 야기할 수 있다는 점을 이해했을 것이다. 하지만, 이후에도 노무동원은 계속되었다.

2. 조선에서의 징용 발동

지방 말단 행정의 부담

동원을 강화하기 위해 조선 내 징용 발동이 검토된 이후 1944년 1월에 관련 방침이 발표되었다는 사실은 위에서 이미 설명했다. 이후 조선총독부는 징용과 관련하여 민중 교화를 전개했는데, 주요 골자는 제도의 개요를 비롯해, 국가의 중요한 업무를 수행하는 징용에 명예가 뒤따르고, 전국戰局이 중대 국면에 접어든 가운데 각자 주어진 직역職域에서 전력을 다해야 하며, 여자는 징용 대상에서 제외한다는 내용 등이었다. 특히 여자는 징용에서 제외한다는 것은 일본 내지에서도 선전되었는데, 이는 성적 역할분업이 파괴될지도 모른다는 불안을 잠재우기 위한 조치였다. 조선의 경우에도 비슷한 의도가 있었던 것은 확실하지만, 그런 의도 말고도 민중 사이에서 군위안부에 관한 소문이 확산되었던 당시 사정을 우려한 결과이기도 했다.

노무동원 행정의 이 시기 동향을 살펴보면, 조선총독부는 1943년 12월에 기구 개편을 단행해 사정국 등을 폐지하고, 총동원 관련 업무를 담당하는 광공국鑛工局을 발족시켜 노무과를 산하에 두었다. 이어서 1944년 10월에 실시된 기구 개편에서는, 광공국 노무과가 폐지됨과 동시에 근로조정과·근로동원과·근로지도과가 노동 관련 행정을 담당하게 되면서 노무동원 행정 강화를 위한 칙임관이 배치되었다. 한편, 도道 이하의 지방행정기구에서도 노무동원 행정의 분장分掌 체제를 개편하고 직원을 늘렸다. 나아가 조선총독부는 같은해 10월에 정무총감이 본부장을, 그리고 총독부의 유관 부서와 국민총력조선연맹 등의 간부가 임원을 맡는 근로동원본부를 발족시켰다. 이는 징용에 수반되는 등록과 조사, 통제 등의 업무가 복잡해지는 데에 대응하는 동시에 확신한 원호를 실시하여 '절대지상의 국책'(정무총감 담화에서 나온 표현)인 노무동원을 실행하기 위한 조치였다.

이와 더불어 근로원호와 관련된 시책이 마련되면서 신설 재단법인 '조선근로동원원호회'가 원호를 실시했고, 행정 당국도 원호의 신청 접수나 조치 결정 등 관련 업무를 담당하게 되었다.

다만 이런 사무를 제일선에서 지원하는 기구에는 이때도 별다른 변화가 없었다. 직업소개소가 증설되지 않았기 때문에 대부분의 경우 여전히 부·읍·면이 업무를 담당했지만, 당시 조선의 여러 사람들은 그 체제 아래에서 과연 징용 제도를 운용할 수 있을지 우려한 것으로 보인다. 조선총독부는 그 같은 우려에 대해, 그동안 노무동원에 큰 문제가 있었다고 인정하는 동시에 관계 직원을 증원할 것이라면서 징용 실시를 위한 민중 교화를 추진했다. 조선총독부 광공국의 감수를 거쳐 간행된 『국민징용의 해설—질문에 답하여』에는 다음과 같은 구절이 포함되어 있다.

질문: 지금 같은 부·읍·면의 상태로는, 근로행정 같은 큰일을 하는 데에 실

수가 많지 않겠습니까?

대답: 현재 제일선의 근로행정기구는 대단히 불충분합니다. 그 때문에 바쁘다는 핑계로 민중을 불친절하게 대하는 경향이 있는 것입니다. 그래서 향후의 동원을 강화하기 위해서는 무슨 일이 있어도 증원이 필요했기 때문에, 지난번 조선 전역을 대상으로 군郡, 도島 및 읍·면의 직원을 대폭 증원했습니다. 또한 부府나 도道에도 가능한 한 직원을 늘리는 조치를 채택한 것입니다.

아쉽게도 위의 사료에 언급된 관계 직원의 증원 규모를 알 수 있는 구체적인 수치는 확인되지 않는다. 그리고 설령 인원을 크게 늘렸다고 해도 전문적인 노무동원 행정기구가 징용 실무를 처리했던 일본 내지와는 조건에 차이가 있었다고 보는 것이 타당하다.

개선되지 않은 대우

징용된 자를 받아들이는 사업장은 그에 부합하는, 노무관리에 부족함이 없는 체제를 갖출 필요가 있었다(탄광으로 징용할 수 없었던 이유가 여기에 있었다는 것은 이미 지적했다). 그리고 일본 정부는 군수회사로 지정된 탄광 등의 기업에 대해, "근로 관리에 관해 필요한 명령을 내리는 것"(「군수회사법」 시행령 제9조)이 가능했다. 물론 조선총독부도 인원 확보를 조금이라도 원활하게 진행하기 위해 일본 내지 측에 노무관리의 개선을 요망했다.

하지만 일본이 패전에 이르기까지, 즉 조선인 노무동원이 끝날 때까지, 노무관리의 발본적인 개선이 시도되었던 사례는 확인되지 않는다. 물자나 식량이 부족해지는 전쟁 말기에 노무관리를 개선할 수 있는 조건은 없었다고 보는 게 합리적일 것이다.

특고 경찰이 파악한 분·쟁의 건수 및 참가 인원수는 1944년의 경우 1월부터 11월까지만 확인되는데, 전자는 303건, 후자는 1만 5230명으로, 전년에 비해 뚜렷한 증감은 보이지 않았다. 다만, 『특고월보』에 실린 분·쟁의 관련 기사에서는 식량에 대한 불만이 요인으로 작용한 경우가 두드러졌다. 당시 분·쟁의가 일어난 노동현장에서 하루에 배급되던 쌀의 양은 5홉습에서 4홉 8작勺(1홉은 약 180밀리리터, 1작은 약 18밀리리터 – 옮긴이)이었고, 이듬해에는 2홉 8작까지 줄었다. 이는 사무직 노동자보다는 많은 수준이었지만, 노무동원이 시작된 직후 노동자를 받아들인 기업의 관계자가 조선인 노동자의 경우 7~8홉의 식사를 한다고 언급한 것(이 정도의 쌀을 주는 기업이 적어도 일부 존재했다)을 감안하면, 식량이 부족했다는 사실은 틀림없다. 이 밖에 '지카다비'(노동자용 작업화 – 옮긴이)가 해져서 일할 수 없다고 호소한 사례도 확인되는 만큼 물자 부족이 심각해지고 있음을 엿볼 수 있다.

한편, 일본 내지로 송출된 조선인이 조선에 남은 가족과 연락을 주고받는 데에도 여러 가지 문제가 발생했지만, 이 또한 개선되었다고 보기 어렵다. 가족의 불안을 해소해야 했던 조선총독부는 가족 초청을 실현하고, 기간 연장은 하지 않으며, 취업처 변경을 명시할 것 등의 조치를 일본 내지 관계자에게 요구했다. 이 가운데 취업처 변경을 명시하는 항목은 개선된 것으로 보이지만, 가족 초청이 실행에 옮겨진 흔적은 찾아볼 수 없다. 수송 사정까지 악화되는 가운데 거의 이루어지지 않았다고 보는 것이 타당할 것이다. 그리고 기간 연장에 대해서는 조선총독이 "향후 절대로 기간을 갱신하지 않겠다"고 약속한 것으로 전해지지만, 실제로 지켜진 사례는 확인할 수 없다. 오히려 『특고월보』에서는 기간 만료에도 불구하고 고용 연장을 강요당한 데에 대한 불만이나, 재계약을 조건으로 일단 약속했던 일시 귀향을 실시하라고 요구하는 분·쟁의에 관한 기사가 여기저기 눈에 띈다.

다만, 조선인이 막대한 부담을 강요당하여 일본제국의 시책에 대한 불만을 키우고 있는 데에 대해 위정자가 그저 뒷짐을 지고 있었던 것은 아니다. 그 부분을 민감하게 인식한 한 위정자는, 조선인·대만인의 '처우 개선'안을 종합하여 1944년 12월에 그 내용을 발표했다. 이 개선안은 조선·대만에서 중의원 선거를 실시하고 의무교육을 시행하며 차별적 대우를 개선해야 한다는 내용 등으로 구성되어 있었고, 당국은 획기적인 구상이라며 자화자찬했다.

물론 이 시책은 조선인·대만인의 민심 이반을 붙들어매어 전쟁에 대한 협력을 이끌어내겠다는 의도에서 시행된 것이었다. 그러나 동원의 영향을 받아 많은 이들이 곤궁에 빠졌던 조선의 민중에게 그런 시책이 얼마나 효과적이었을지는 의문일 수밖에 없다.

징용 기피와 저항

1944년 8월 8일, 일본 내지에서 일하게 할 조선인 인원의 확보를 촉진하기 위해 신규 징용을 실시한다고 규정한 「반도인 노무자의 이입에 관한 건」이 각의를 통과했다. 이에 따라 다음달부터는 이전까지 군이 고용하는 예외적 경우로만 한정되었던 조선 내 징용이 본격적으로 발동되었다. 이때부터 일본 내지로 송출하는 노동자에 대해서는, 후생성과 조선총독부가 협의를 통해 규모를 결정하고, 배정을 받은 부·읍·면이 징용 전형을 실시한 다음, 대상자에게 서류를 교부하여 집행하는 형식으로 이행했다. 다만, 징용 발동 이후에도 관 알선 방식으로 인원이 확보되는 경우도 있었다(명확한 이유는 알 수 없지만, 이 또한 면 수준의 행정기구 체제가 정비되지 않았던 사정이 영향을 끼쳤을 수도 있다). 징용된 조선인을 쓰고 싶은 기업은 사전에 신청서를 제출하고, 지정된 장소에서 필요한 노동자를 인계받도록 했다. 사료에 따르면 호쿠탄北炭의 경우 부산항 소재 호쿠탄 주재원사무소로 지정되어 있었다.

조선 내 노무동원이 징용 발동이라는 새로운 단계로 접어들자 행정 당국과 기업 측은 민중 심리에 미칠 영향을 우려했다. 하지만, 조선사회가 크게 동요한 흔적은 보이지 않는다. 관 알선이든 모집이든 위에서 내려진 명령에 따라 동원되는 실상에는 차이가 없어 민중에게는 징용과 다를 바가 없었기 때문이다.

징용 실시 이후에 조선 농촌을 방문한 호쿠탄 종업원의 시찰보고는 이 점에 관해 유용한 단서를 제공한다. 이 보고에 따르면, 징용에 다소 충격을 받은 사람들은 공장 방면으로 징용 가게 된 "비교적 유식층", 즉 "소학교 졸업 정도 이상으로, 평화산업 또는 자유업에 종사하던 자"였으며, 인구의 대부분을 차지하는 농민이나 일용직 노동자에게서는 별다른 변화가 보이지 않았다. 그들은 "이전부터 송출 대상에 올라 있어서 관 알선에서도 사실상 강제로 송출되었기 때문에 이제 와서 새삼 충격받을 일도 없지만, 일용직 노동자 사이에서는 '가난하고 힘없는 사람부터 내지로 가야 한다'는 체념에 가까운 불만이 있다"고 전하고 있다.

그렇지만 조선 민중이 그저 포기하고 아무런 저항도 하지 않은 것은 아니다. 징용이 자신들의 생활을 파괴할지도 모른다고 생각한 사람들은 필사적인 저항을 시도했다. 징용 대상이 될 만한 청장년 남자 중에는 몸을 숨기는 자들도 나오기 시작했고, 개중에는 면 직원이 징용 대상이 되는 면 주민을 이끌고 산속에 숨으려다 경관에게 발각되어 충돌을 빚은 사례도 있었다. 또는 징용령서를 수령하고도 끝까지 동원을 거부하거나,

징용령서를 받은 6명이 도주를 기도해 인솔 경관을 구타했다가 체포되는 사건도 발생했다. 물론, 명령을 받고도 출두하지 않거나 적격자로 선발되지 않도록 일을 꾸미는 사례도 끊이지 않았다.

물론 갖가지 방법을 동원한 징용 기피는 일본 내지에서도 일어났지만, 이 시기 조선 내 징용에서는 적격자가 적었기 때문에 일단 출두하면 전형에서 빠지기가 어려웠던 것으로 보인다. 이를테면, 일본 내지의 공장으로 배치할 예정인 피징용자 100명을 확보하기 위한 전형에서는, 출두자 274명 가운데 적격 판정을 받은 사람이 91명에 그쳤다. 이미 해당 지역에 남아 있는 남자의 대다수가 노인이나 병약자 등으로 중노동을 해낼 수 있는 사람을 찾아보기 어려워진 데에 따른 결과로 추측된다. 그런데 징용령서는 적격자 91명이 아닌 120명을 대상으로 교부되었다. 다시 말해, 부적격으로 간주된 사람이라도 일단 징용되는 일마저 있었던 것이다(예정 인원을 웃도는 징용령서가 교부된 이유는 명확하지 않다).

위와 같은 방식의 징용을 실시함으로써, 이제는 노동력을 공급할 여력 따위는 없다고 여겨지던 조선에서 일본 내지로 노동자들이 송출되었다. 징용 실시 이후, 또는 1944년도의 단독 통계는 확인되지 않지만, 대장성 관리국이 엮은 『일본인의 해외활동에 관한 역사적 조사』에 게재된 1944년도와 1945년 6월에 대한 '배정 총수'와 '도항 총수'에 따르면, 전자는 37만 2720명, 후자는 29만 6304명이며, 이를 통해 충족률 79.5퍼센트를 산출해낼 수 있다. 이는 관 알선이 시작된 1942년도와 1943년도의 100퍼센트에는 미치지 못하는 수준이지만, 모집 단계의 규모를 웃돌고 있다. 인원 확보가 곤란해진 조건이 추가된 가운데 어느 정도 높은 충족률을 기록한 배경에는 본인의 의지를 무시한 동원이 증가한 사정이 자리하고 있음이 명백해 보인다.

3. 원호시책의 기능부전

조선에서의 원호회 설립

결국 징용이 실시된 이후, 조선에서는 인원을 확보하는 작업이 더욱 강압적인 요소를 띠게 되었다. 그렇다고 노무동원을 가급적 원활하게 진행하기 위한 정책적 노력이 전혀 없었던 것은 아니다. 이미 살펴본 것처럼, 조선총독부는 동원지의 노무관리와 처우를 개선하도록 행동을 취했다. 아울러 남겨진 가족의 생활상의 불안을 제거하여 피동원자가 "뒷일을 염려하지 않고" 동원지로 향할 수 있도록 하려고 했다. 이런 조치, 즉 원호시책은 징용 발동에 발맞추어 제도가 정비되었던 것이다.

  사실 원호시책은 좀더 이른 시기에, 그것도 바로 조선인을 상대로 충실하게 실시했어야 하는 정책이었다. 징용 발동 이전의 동원도 국가가 수립한 계획에 따라 중요 임무를 담당했다는 점에서는 다를 바 없었다. 게다가 일본인은 자기 집에서 통근할 수 있고 부양가족이 없는 자를 우선으로 징용 대상자를 선정(물론 점차 그런 조건에 맞는 자는 구하기 어려워졌지만)한 것으로 알려지는 데에 비해, 조선인의 동원은 가족과의 별거를 강요했기 때문에 생계유지가 곤란해지는 사례가 발생했다. 그럼에도 불구하고 징용이 아닌 방식으로 동원된 대부분의 조선인과 그 가족은(「군수회사법」 등을 적용한 현원징용—중화학공업에서는 1944년 1월, 탄광 등에서는 같은해 4월—이전에는) 「국민징용부조규칙」의 적용 대상에서도 제외되었고, 국고 지출에 기초한 가족수당이나 별거수당도 받지 못하고 있었다.

이에 대해, 앞서 다룬 것처럼 1944년 5월 각의결정된 「피징용자 등 원호 강화 요강」에 식민지에서 원호시책을 실시한다는 내용이 포함되면서 조선 내 근로원호를 준비하게 되었다. 그리고 9월에는 조선 내 근로원호 시책을 담당하는 재단법인 조선근로동원원호회가 발족했다. 조선근로동원원호회는 조선총독부 광공국 노무과에 본부, 또 각 도에는 지부, 부府, 군郡, 도島에는 분회, 그리고 읍·면과 경성부 내 각 구区에는 지소를 각각 두는 한편, 정무총감이 회장, 도지사가 지부장, 부·군·도의 장이 분회장을 각각 맡는 조직으로, 조선총독부의 행정기구와 '표리일체'를 이루고 있었다. 한편, 운영 재원은 통상 회원(피동원자를 받아들이는 기업)이 내는 회비 및 국고보조 등으로 충당했다.

이 조직은 피동원자와 관련된 보급이나 동원으로 생활에 곤란을 겪고 있는 세대에 대한 응급원호사업을 실시했다. 이 가운데 전자는 동원에 따라 감소한 수입을 보전하는 기본보급과 별거수당 = 특별보급 등 2가지로 나뉘었다. 특별보급은 일률적으로 15엔을 지급하는 것으로 정해졌지만, 기본보급은 면장 등이 증명하는 '종전 수입액 신고서'를 바탕으로 금액을 사정했다. 그리고 일본 내지로 송출된 조선인 가족에 대한 금전 급부는 조선근로동원원호회 분회가 기업의 송금을 받아 실시하는 절차가 마련되었다. 한편, 응급원호는 주요 가계 담당자가 동원되어 그날부터 곤궁에 처할 우려가 있는 자를 대상으로 1개월분 정도의 생활비를 지급하는 조치였다. 이와 관련해서는 신청을 바탕으로 조사를 진행한 다음 수급 여부를 결정하고, 조선근로동원원호회가 지급 수속 등을 담당했다.

이 같은 원호의 수급 자격은 징용된 자와 그 가족은 물론, 관 알선을 통해 일본 내지로 송출된 자와 그 가족도 부여받았다(이 대목은 관 알선이 징용과 마찬가지로 국가적인 중요성을 지닌 동원이었다는 사실을 뒷받침한다). 그리고 모집을 통해 일본 내지로 송출된 사람 대부분은 탄광에 배치되었고 「군수회사법」이 적용되는 탄광노동자의 태반이 징용된 것으로 간주되었기 때문에, 동원계획에 따라 일본 내지로 송출된 자와 그 가족의 대부분은 제도적으로는 원호 수급 자격을 갖게 되었다.

원호의 지연과 그 원인

하지만, 제도가 마련되었다는 사실과 실제로 그것이 효과적으로 운용되었는가 하는 것은 별개의 문제다. 그렇다면 제도 운용의 실태는 어땠을까? 대장성 관리국이 엮은 『일본인의 해외활동에 관한 역사적 조사』가 이 시책에 대해 "극도로 원활하지 못한 정부에 대한 새로운 불신의 목소리가 또 생기더니 마침내 종전終戰에 이르렀다"고 기술한 데에서 알 수 있듯이, 전혀 실효성을 갖지 못했다.

이 책은 그와 같은 결과를 초래한 요인으로 "공습에 따른 통신의 미비, 또는 원호기관 말단의 미정돈"을 들고 있는데, 틀리지는 않았지만 결코 충분한 설명은 아니다.

우선 원호시책이 철저하지 못했던 결과에는, 수급 자격을 가진 자를 포함해 제도 자체가 잘 알려지지 않았다는 측면이 연관되어 있다. 원호 실시와 관련해서는 국민총력조선연맹을 통해 홍보와 수속에 대한 협조를 요청하는 동시에 신문이나 라디오를 통해 제도를 해설하는 등의 노력을 기울였다. 하지만, 신문이나 라디오에 접할 기회가 없는 대다수의 조선인은 물론, 익찬조직의 활동이 활발하지 않은 지역 등에서는 제도 발족 이후에도 원호가 무엇인지 모르는 조선인이 드물지 않았다.

그리고 만일 피동원자의 가족이 원호시책에 대해 알고 있더라도, 신청할 수 있다는 보장은 없었다. 조선에 남아 있었던 사람은 여성이나 노인으로, 신청서류를 작성할 능력이 없는 경우가 오히려 많았다. 그리고 식자능력을 가진 사람이 도와준다고 해도, 생활상황이나 수입을 설명하는 서류의 작성은 쉽지 않았을 것으로 추측된다.

게다가 설령 신청을 했다고 하더라도 수급이 결정될 때까지는 상당한 시간이 걸렸다. 당시에는 신청을 접수한 뒤 부·읍·면이 서류를 보내고 조선근로동원원호회의 심사를 거쳐 수급이 결정될 때까지 보통 3~4개월, 늦을 때는 반년이 걸린다는 이야기가 나돌았다. 수속 처리 자체가 번잡한 탓에 지방행정기구의 사무처리 능력으로는 대응해내기 어려웠기 때문일 것이다.

이 밖에 조선근로동원원호회의 회원, 다시 말해 동원된 조선인을 고용하는 기업 측의 태업 문제도 있었다. 국고보조가 있다고는 하지만 원호회의 사업은 회원 기업의 갹출금=회비 없이는 제대로 실시할 수 없었다. 그러나 회비 징수는 법적 강제력의 뒷받침이 없었기 때문에, 당시의 경제지가 회비의 '납입 부진'을 문제삼는 사태가 발생했고, 일본 내지 기업들이 송금한 보급도 1945년 3월 말 기준으로 당초 예정액의 10퍼센트 정도에 그치는 수준이라고 알려졌다(『다이리쿠도요게이자이大陸東洋経済』1945년 4월 15일호).

이처럼 수급 결정까지 몇 달씩이나 걸리는 시책이 무의미하다는 것은 당시 조선총독부 담당자도 인정하고 있었지만(『매일신보』 1945년 4월 19일자), 실제로 수급이 결정되었다고 해도 돈을 받지 못하는 경우가 상당히 많았다. 제도와 사업 수행을 위한 단체는 만들었지만, 원호시책은 번잡한 사무만 늘려놓고 마침표를 찍었던 것이다.

후생성의 실정 파악

조선에서 동원 기피 현상이 점점 심화되고, 그 배경에 미비한 원호시책 등의 문제가 깔려 있다는 사실은 일본 내지 거주 조선인에 대한 사회정책과 노동자의 처우, 노동조건과 관련된 행정상의 책임 주체인 후생성도 파악하고 있었다. 1944년 12월, 근로원호사무회의에 참석하기 위해 조선으로 출장을 간 한 사무관은 이듬해 1월, 후생성 근로국장에게 보내는 복명서를 통해 그 실정을 보고했다.

복명서는 먼저, 조선인이 일본 내지로의 도항을 기피하는 경향이 생겨나고 있다고 지적하면서 네 가지 원인을 꼽고 있다. 첫 번째는 보급·급료 등 가족에 대한 송금이 아주 적거나 전혀 없다는 문제, 두 번째는 소식을 제대로 전하지 못해 안부를 알 수 없는 경우가 있다는 문제, 세 번째는 기간 만료에 따라 귀향할 수 있다는 기대가 배신당하는 문제, 마지막으로 네 번째가 미비한 노무관리였다. 그리고 보급에 대해서는 사무 처리가 곤란한 현실을 지적하면서, 어떤 면面 직원의 다음과 같은 이야기를 소개하고 있다.

면의 노무계는 동원이 힘에 부칩니다. 면 사람들은 징용을 싫어해서 노무계를 원수처럼 여기고 있습니다. 낮에는 어딘가로 도망쳐 숨어버리니 알수가 없고, 밤에 가서 본인에게 (징용령서를) 직접 건네야 하는데, 여럿에게

뭇매를 맞거나 흉기에 찔리는 등 목숨을 걸어야 합니다. 아무튼 배정받은 숫자만 공출하는 건데, 전형[詮衡: 원문대로]상 징용령서를 건네고 부산에서 인도하기까지 도망치지 않을까 그 걱정만 하고 있습니다. '종전 수입액 신고서'도 하나하나 제가 작성한다는 것은 도저히 불가능합니다. 다른 사람에게 고용된 자는 고용주에게, 친척이나 지인 중에 글자를 아는 사람이 있으면 그 사람에게 맡겨서 써가지고 오는 자에게 도장만 찍을 뿐, 일일이 내용을 살피는 일은 할 수가 없습니다.

참고로 이 직원이 근무하는 면의 인구는 약 2만 5000명으로, 면장의 말을 빌리자면 관내의 "여자는 모두 문맹, 남자 청장년의 7할은 문맹"이었다.

복명서는 나아가, 조선인을 받아들인 일본 내지 공장 측이 조선근로동원원호회의 회비 등을 취급하는 방식에 문제가 있다는 사실도 언급하고 있다. 오사카에 있는 철강공장과 시모노세키에 있는 수송 관계 사업장은 9월에 교부받은 조선근로동원원호회 '회원 가입 신청서'를 12월까지 처리하지 않았고, 다른 철강공장도 역시 '회원 가입 신청서'와 회비 문제를 방치하고 있다고 적고 있다.

게다가 후생성 근로국의 장부에 철해져 있는 조선근로동원원호회 문서에 따르면, 1944년도의 회비 수입이 당초 예정액의 절반 수준에 그쳐서 원호수당을 지급하려 해도 할 수 없는 상황에 놓여 있었다. 원호회는 조선 내 동원 총수의 50퍼센트를 넘는 세대에게 필요하다고 간주되던 응급원호, 즉 일손이 동원되어 그날부터 생활이 곤경에 처할 우려가 있는 가족의 생활비를 지급하는 것조차 각 지부가 요구하는 3분의 1정도밖에 실시하지 못한 사실을 인정하고 있었다.

지금까지 살펴본 것처럼 원호시책이 기능하지 않으면서 조선 민중의 동원 기피 현상은 점차 확대되었다. 그리고 이미 사태를 개선하기 위한 새로운 시책이나 제도 수정을 검토할 수 있는 단계는 사실상 지나 있었다. 그런데도 조선인 노무동원은 이 시점에서도 여전히 종결되지 않았던 것이다.

제5장
정책의 파탄과 귀결

『경성일보』 1945년 12월 8일자 기사에 첨부된, 전시하의 조선을 돌이켜본 그림의 일부. 『경성일보』는 조선총독부의 어용지였지만, 해방 이후 조선인이 편집권을 장악한 뒤 잠시 발행을 이어갔다.

1. 본토 결전 준비와 계속되는 동원

붕괴 과정의 생산체제

그동안 전국戰局은 일본제국에 불리하게 전개되고 있었고, 제해권 상실에 따른 수송 차단과 일본 본토에 대한 공습으로 전시경제는 붕괴 일로를 걷기 시작했다. 1945년이 되자 공습에 의해 공장 가동 자체가 곤란해지는 사례도 나오기 시작했으며, 물자와 식량까지 부족해지면서 물자를 암거래하는 노동자의 결근도 잦아졌다.

하지만, 승산이 없는 전쟁은 이후에도 계속되었다. 이 과정에서 공습을 피하기 위해 공장이나 군 관계 시설의 지하 이동 설치 및 소개疏開가 실시되었고, 본토 결전에 대비해 일본 내지 각지에서는 군사기지 건설이 추진되었다. 따라서 이에 필요한 노동력을 확보하기 위해, 다음에서 보듯이 동원계획은 일년 전체에 걸친 것은 아니었지만 1945년도에도 수립되었다.

노무동원을 수행하기 위한 법령으로는, 1945년 1월에「군수충족회사령」이 내려지면서 군수물자 생산 이외의 사업을 영위하는 기업일지라도 군수 생산과 관련된 기업에 대해 정부가 지정한 경우에는 「군수회사법」
의 일부를 준용하게 되었다. 이에 따라 토목건축업, 항만운송업의 기업
도 지정되면서(7월), 해당 기업에 고용된 조선인 노동자는 징용으로 취
급되었다. 3월에는 「국민징용령」, 「국민근로보국협회령」, 「여자정신근로
령」 등 각종 동원 관계 칙령을 통합한 「국민근로동원령」이 공포, 시행되
었다. 이 동원령은 동원 절차를 간소화하는 동시에 지방장관의 판단으
로 특정 개인을 지정 사업장에 배치할 수 있도록 규정했는데, 이처럼 지
방장관의 권한을 강화한 이유는 본토 결전 중에 각 지역이 상황에 즉각
적으로 대응하여 전투를 계속하는 것을 상정했기 때문이다.

공급원의 뒷받침이 없는 계획안

1945년도 동원계획의 자세한 내용은 얼마나 상세한 계획이 준비되고 또
결정되었는지를 포함해 확인되지 않는다. 다만, 『노동행정사』에 제1차 계
획분으로 편성된 수요 및 공급의 규모가 기재되어 있으며, 체신성 노무동
원 관계 서류의 장부 가운데 대강의 안을 보여주는 문서가 남아 있다.

먼저 전자를 보면, 제1차 계획분이 몇 개월분인지 명확하지 않지만
수요가 389만 3956명, 공급이 369만 8976명으로 나타나 있어서, 이미
1943년도의 규모를 100만 명 이상 웃돌고 있다. 학생 노동을 포함한다
고 해도 동원 규모가 축소되지 않았음을 확인할 수 있다.

후자는 1945년 4월 9일자 서무과장의 통첩 「쇼와 20년도 제1/4분기
근로동원계획 책정 요령에 관한 건」으로, 이 문서에 표시된 1945년도 동
원계획의 내용은 다음과 같다(〈표 19〉, 〈표 20〉).

우선, 수요는 감모 보충이 270만 명, 농업 인원이 200만 명, 수송·통신
이 40만~50만 명으로 합계 510만~520만 명이 잡혀 있지만, 공급원은

(단위: 명)

종별	인원수	비고
감모 보충	2,700,000	군 동원의 보충을 포함
농업 인원	2,000,000	저학년 동원 중심
수송통신	400,000 내지 500,000	동원 가능 여부 불투명
합계	5,100,000~5,200,000	

출전: 1945년 4월 9일자 서무과장, 「쇼와 20년도 제1/4분기 근로동원계획 책정 요령에 관한 건」

〈표 20〉 1945년도 국민동원계획의 '공급'(일본 내지)

(단위: 명)

종별	남	여	합계
학교 신규 졸업자	341,000	358,000	699,000
국민학교 졸업자	292,000	266,000	558,000
중학교 졸업자	50,000	91,000	141,000
학생	1,240,000	1,200,000	2,440,000
고학년	140,000	100,000	240,000
저학년	1,100,000	1,100,000	2,200,000
유직자 (철저한 기업 정비에 따른)	150,000	330,000	480,000
공무자유업	60,000	140,000	200,000
상업	60,000	140,000	200,000
가사기타(오락, 은행 등)	30,000	50,000	80,000
무직자	20,000	60,000	80,000
외국 외지 노무자	400,000	0	400,000
합계	2,151,000	1,948,000	4,099,000

출전: 1945년 4월 9일자 서무과장, 「쇼와 20년도 제1/4분기 근로동원계획 책정 요령에 관한 건」
주 1: 학교 신규 졸업자는 '이미 동원 완료된 것으로 간주함'이라고 기재되어 있다.
주 2: 국민학교 졸업자와 중학교 졸업자의 합계가 학교 신규 졸업자 수와 일치하지 않는 부분은 원표 그대로 두었다.

학교 신규 졸업자(이들은 이미 동원이 완료된 것으로 간주한다고 적혀 있다)가 69만 9000명, 학교 재학자가 244만 명, 유직자가 48만 명, 무직자가

8만 명, '외국 외지 노무자'가 40만 명으로 합계 409만 9000명이 편성되어 있다.

물론 이 자료는 계획의 원안으로 보이며, 동원계획이 이른 때는 5월, 늦어지는 해에는 8월에 결정된 사실을 감안하면 관계 부서와 조정하면서 수요를 맞추고 있었을 가능성도 있다. 다만 그런 사정이 있었다고 해도 수요가 공급원을 100만 명 이상 웃도는 것은 비정상적이며, 사실 계획이라고 하기에는 민망한 내용이었다.

그런데 공급원 내역을 보면 '외국 외지 노무자'에 대한 의존도가 높아지고 있다는 특징을 발견할 수 있다. 특히 남자 공급원은 유직자가 15만 명이고 무직자가 2만 명인 데에 반해 '외국 외지 노무자'가 40만 명이다. 이는 일본인 청장년 남자를 병사로 동원한 규모가 전년보다 더욱 확대(1945년 기준 육해군의 병력 규모는 약 826만 3000명)된 가운데, 중노동을 담당할 인력에 대해서는 일본인의 공급을 예정할 수 없게 된 사태에 대응한 결과로 풀이된다. 그리고 '외국 외지 노무자'에는 물론 중국인과 연합군 포로, 조선인이 포함되어 있었다. 연합군 포로는 전원 동원했다고 해도 규모 자체가 적었기 때문에, 대부분은 중국인과 조선인, 특히 그때까지 많이 사용하면서 인원 확보 시스템을 구축했던 조선인을 다수 활용했음에 틀림없다.

한편,『일본인의 해외활동에 관한 역사적 조사』에 실린, 조선인의 일본 내지 송출에 대한 1/4분기 통계에 따르면, 동원 규모는 5만 명으로 계획되어 있다.

인원 확보의 추구와 혼란

1945년 이후에도 조선에서는 노무동원과 군사동원이 계속 실시되었다. 전자는 1945년도에 관 알선이 4만 4263명, 도道내 동원 규모는 알 수 없으며, 후자는 군 요원 송출이 4만 7949명, 그리고 병사 징집은 육군이 4만 5000명, 해군이 1만 명이었다. 물론 회계년도나 역년曆年을 막론하고 1945년과 관련된 통계는 적어도 8월 15일 이전까지의 수치다.

이미 업무를 수행하는 말단 지방행정기구의 직원이 민중의 필사적인 저항에 직면하고 있었지만, 일본 내지로의 노동자 송출은 계속되었다. 일부에 시모노세키-부산 간의 통상 운항이 중단된 3월 이후에는 조선인 노동자가 일본 내지로 송출되지 않게 되었다는 자료도 있지만, 그것은 사실이 아니다.

그렇다면 패전 직전 시기에 일본 내지로 송출된 조선인은 어느 정도였을까? 『일본인의 해외활동에 관한 역사적 조사』에 따르면 1945년도 1/4분기에는 1만 622명이 송출되었고, 이를 바탕으로 당초 계획 대비 충족률을 산출하면 21.2퍼센트가 된다. 충족률이 이처럼 크게 떨어진 것은 이제껏 살펴보았던 조선사회의 상황에 비추어 볼 때 그리 이상하지 않으며, 오히려 이 단계가 되어서도 3개월 동안 1만 명이 넘는 인원을 확보하여 송출했다는 사실이 놀랍다.

동원 과정에서는 역시 본인과 가족의 의사에 반해 인원이 확보되었음에 틀림없다. 게다가 배정된 인원수를 채우는 것이 지상목적으로 여겨지면서—아마도 이전부터 있었던 현상이겠지만—생산 증강에 기여하기는커녕 도리어 방해가 되는 경우도 있었다. 병약자 등을 송출하여 사업주가 이들을 조선으로 돌려보내는 일 등이 문제로 대두되었던 것이다.

상황이 이렇게까지 돌아가자 사태를 해결하려는 움직임도 나타났다. 조선총독부가 "6월 말부터는 부府·군郡·도島에 '징용 적격 심사 조사 위원회'를 설치하여 수數보다 질質 본위의 생산전사를 확보·송출하는 방침을 정했다"는 보도가 확인되기 때문이다(『매일신보』 1945년 5월 25일자). 하지만 이후에도 배정된 인원수의 확보를 무엇보다 중시하는 시책은 계속되었다.

그렇다고 해서 당시에 충족률을 높이기 위한 무슨 효과적인 방법이 있는 것도 아니었다. 기껏해야 징용을 피해 숨어 있는 조선인 남자를 찾아내는 데에 힘을 쏟거나 그들을 출두하도록 만드는 것이 고작이었다. 실제로 1945년도가 되자 경찰이 일제단속에 나서서 검속자檢束者를 유치장에서 그대로 수송열차에 태워 보내는가 하면, 이와는 반대로, 자진 출두해서 징용에 응하면 죄를 묻지 않는다는 등의 설득을 하기도 했다. 하지만 이런 노력에도 충분한 효과를 거두지 못하자 조선총독부는 6월 20일, 「징용 기피 방알防遏 취체取締 지도 요강」을 결정하게 된다. 이 요강에는 "징용을 기피하는 사람이 있으면 그의 가족, 친척, 애국반원 중에서 대신할 사람을 보내야 한다"는 취지의 지시가 포함되어 있었다. 참고로 7월 30일에 열린 제26회 중추원(조선총독부에 설치된 조선인 유력자의 자문기관) 회의를 위해 작성된 광공국 사무보고 초고에는, 해당 지시로 보이는 징용 기피 대책에 대해 "실시하고 있다"는 문구가 적혀 있다.

한편 원호시책을 제대로 작동시키기 위한 조치로, 원호조치의 결정과 관련된 사무절차가 간소화되는 동시에 특별보급(별거수당)에 대해서는 7월 이후부터 일본 내지 기업의 송금을 받는 대신 조선근로동원원호회가 직접 지급하게 되었다. 또한 실현 여부는 불투명하지만, 1945년도부터는 읍·면에 대한 원호 관계 전임 직원 1800명의 증원 계획이 있었다고 전해진다.

하지만, 곤란에 직면해 있던 피동원자의 가족에 대해 세심한 원호가 실시되었음을 보여주는 사료는 확인되지 않는다. 그리고 앞서 인용한 중추원 회의를 위해 작성된 조선총독부 광공국의 보고 초고에는, 원호 시책에 대해 "관에서 제반 시책을 강구하여 충분히 노력해도 그 물적·정신적 원호에는 자체로 한계가 있고, 사안의 성질상 개별 가정에 진정으로 세심한 원호의 손길을 뻗치는 것은 사[실]상 곤란"하며, "일반 민중 □솟구치는 도[의]적 협력", "인보상조隣保相助의 미풍이 발휘되기를 기대"한다는 대목이 나온다. 즉, 국책 수행의 중요 임무를 위한 피동원자의 가족에 대해 원호를 실시해야 하는 행정 당국이 스스로의 책임을 방기했던 것이다. 한편 앞서 다룬 것처럼, 본인이 없으면 가족이나 친척 가운데 대신할 사람을 보내라는, 근대국가에서는 일반적으로 있을 수 없는 지시까지 내리면서 인원을 확보하기 위한 행정 당국의 노력은 패전까지 계속된 것으로 보인다.

패전 직전의 민족관계

결국 조선의 노무동원은 전쟁 말기에 이르기까지 그치지 않았다. 그 결과 일본 내지의 사업장에 배치된 조선인을 포함하여 일본 내지에 거주하는 조선인 인구는 앞서 제1장에서 소개했듯이 약 200만 명을 헤아렸다.

일본사회 안에서 점점 늘어나는 조선인의 중요성이 높아지는 데에 대해 일본인이 반드시 좋은 감정을 품은 것은 아니었다는 점은 이미 살펴보았지만, 그런 상황은 전쟁 말기가 되어서도 개선되기는커녕 오히려 악화되어 있었다.

갈수록 패색이 짙어지면서 일본인은 조선인에게 의심의 눈초리를 자주 보내게 되었다. 공습이 있었을 때 조선인이 미군기를 향해 손을 흔들었다는 풍문이나, 일본의 패전을 바라는 조선인들이 간첩활동을 하고 있다는 소문이—실제로는 조선인이 간첩활동으로 적발된 사례는 확인되지 않았음에도 불구하고—유포되기 시작했던 것이다. 또 암거래에 관여하거나 군수공장을 경영해 경제적으로 '상승'한 조선인에게도 곱지 않은 눈길이 쏠리게 되었다.

하지만 앞장에서 언급한 제국의회의 논의 등을 감안하면, 아마 치안대책을 강화하라는 지시는 있었겠지만, 조선인과 일본인의 민족관계를 배려한 이렇다 할 시책은 실시되지 않았다. 1944년 11월에는 조선인 유력자를 간부에 앉히고 체제를 강화하는 차원에서 중앙협화회가 중앙흥생회興生会로 재편되었다. 그러나 조선인 간부의 등용도 "사람을 구하지 못해 겨우 지도과장 자리뿐"이었고, "전국戰局 최종 단계의 대공습하에서는 아무런 새로운 일도 못하고, 단지 조선인 노무자의 정착 지도에 전념할 뿐"(법무성 법무연수소, 『재일조선인 처우의 추이와 현상』, 1955)인 상황이었다.

이처럼 조선인에 대한 일본인의 인식은 개선되지 않은 상태였고, 이는 본토 결전을 수행하는 데에 불안 요소로 지목되었을 가능성이 크다. 패전 직전인 1945년 8월 11일에 발행된 『도요게이자이신포』의 논설은 "차제에 더욱더 확고하게 하지 않으면 안 되는 것은 국내의 결속"으로, 그를 위해서라도 "반도 동포에 대한 처우를 바로잡아야" 한다면서, 일본 내지 거주 조선인의 문제를 거론하고 있다. 아울러 조선인이 상습적으로 암거래를 한다는 소문에 대해, 실제로는 일본인 암거래상도 있는데다 암시장에서 물자를 구입하는 사람의 태반이 일본인이라고 지적하면서 "그런데도 오로지 반도인이 암거래의 장본인인 양 비난하며 비국민으로 부르는 행태는, 제 몸 구린 줄 모르는 것이라고 말할 수밖에 없다"고 언급한 다음, 그런 유언비어에 대해 "반도인을 보호하기 위해 신속히 관련 대책을 강구할 필요가 있다"고 주장하고 있다. 나아가 이 논설의 필자는, 내무성에 조선인으로 조직한 행정위원을 설정하고 경찰서와의 공조 아래 지도를 실시하여 "근거 없는 의혹과 유언비어 등의 근원을 없 앨 것"을 제안하고 있다.

하지만, 이 또한 협화회=흥생회와 유사한 조직으로, 설령 구상이 실현 되었다고 해도 효과를 거둘 수 있었을지는 의문이다. 무엇보다 이런 주 장이 나온 직후에 일본제국이 항복함에 따라, 전쟁 수행을 위한 조선인 과 일본인의 결속은 무의미한 목표가 되어버렸다.

2. 일본 패전 이후의 귀환과 잔류

패전 시점의 노무동원 규모

일본 정부의 설명에 따르면, 패전 당시 일본제국의 노무동원 상황은 다음과 같다. 즉, '피징용자'(여기에서는 조선에서 노무동원된 피징용자는 포함되지 않은 것으로 보인다)가 616만 4156명, 동원 학생이 192만 7376명, 여자정신대가 47만 2573명, '이입 반도인'이 32만 2890명, '이입 화인華人'이 3만 4000명, 기타 일반 종업원이 18만 3271명이었다. 피징용자가 가장 많았지만 그중 455만 4598명이 현원징용이었기 때문에, 상당수의 피징용자는 이전부터 동일한 공장 등에서 일하던 사람들이었다. 그리고 개중에는 동원계획이 아닌 경로를 통해 일본 내지로 건너와 살고 있다가 신규 징용 또는 현원징용된 조선인도 있었을 것으로 추측된다. 구체적인 규모는 알 수 없지만, 주요 탄광이나 토건회사가 군수회사 또는 군수충족회사로 지정된 사실을 감안하면 적은 인원은 아니었을 것이다.

한편, 위 사료에서 등장하는 '이입 반도인'은, 노무동원된 뒤 패전 당시 일본 내지의 사업장에 취업 중이던 조선인을 가리키는 것으로 보인다. 다시 말해 이 수치에는 도주자가 포함되지 않았기 때문에, 노무동원으로 일본 내지에 와서 일본 패전=해방을 맞은 조선인은 더 많았을 것이다. 만일 도주율이 1943년까지와 같은 수준이고(30퍼센트 이상), 도주자의 태반이 그대로 일본 내지의 토건 함바 등에 머무르고 있었다고 가정하면, 그 규모는 40여만 명으로 추산된다.

또, 1939~45년의 동원계획에 따른 동원 총수에 대해서는 『일본인의 해외활동에 관한 역사적 조사』의 「조선인 노동자 대對일본 동원수 조사」에서 72만 4787명이라는 통계를 찾아볼 수 있다. 이 수치에는 남양군도와 가라후토에 송출된 조선인이 포함되어 있는 것으로 보이는데, 1943년도까지 합계 2만 2044명(가라후토가 1만 6113명, 남양군도가 5931명)이 동원되었고 1944년도 이후에는 이들 지역으로 동원할 여유가 없었던 측면을 고려하면, 일본 내지로는 70만 2743명이 동원된 셈이 된다. 다만, 가라후토에 동원된 이후 규슈의 탄광으로 배치전환된 사례도 확인되는 만큼, 엄밀히 따지면 일본 내지로 동원된 인원은 그보다 많았다. 이에 따라 적어도 70만 명 이상이 노무동원계획·국민동원계획의 틀 안에서 일본 내지로 배치되었다는 사실을 알 수 있다.

징용 해제와 귀환

징용되었던 노동자에 대해서는 패전 직후 징용을 해제하는 절차가 진행되었다. 그리고 신규 징용 대상으로 지정되었던 자에 대해서는 국민동원원호회(전년에 국민징용원호회를 개편한 조직)가 1인당 100엔의 위로금을 지급했다. 하지만 이 위로금은 '조선인 신규 징용자'(조선에서 징용한 자)에게는 지급되지 않았다. 법적 지위에 대한 향후 전망이 불확실하다고 판단한 결과였겠지만, 조선인은 전시하 동원에 따른 수고를 보상받는 조치에서도 일찌감치 차별을 받고 있었다고 할 수 있다.

해방을 맞은 조선인 중에는 이미 오랫동안 거주했다는 등의 이유로 계속해서 일본에 머물기를 희망하거나 조선 귀환을 주저하는 이들도 있었다. 그러나 일본에 생활기반이 없고 고향에서 가족들이 기다리고 있었던, 노무동원된 조선인의 대부분은 하루바삐 귀환하기를 원했다.

일본인 측도 애당초 한시적으로, 즉 전쟁이 끝날 때까지 필요한 노동력으로 조선인을 도입할 작정이었기 때문에 조선인을 오래 붙잡아두겠다는 생각은 없었다. 게다가 식민지를 잃은 데에 따른 일본인의 대거 귀국으로 '좁은 일본'에 해당 인구가 수용될 것이 예상되는 가운데, 조선인을 애물단지로 보는 시선은 더욱 강해졌다.

GHQ(연합국군최고사령관총사령부)도 노무동원으로 일본에 와 있던 조선인을 우선적으로 수송하여 조선으로 귀환시킨다는 방침을 세웠다. 그리고 9월 12일에 조선인 군인·군속과 '집단 이입 노무자'의 수송에 관한 지시가 나온 이후 12월까지 일본 정부·GHQ의 계획에 입각한 우선 수송이 계속되었다.

다만, GHQ·일본 정부가 마련한 열차나 선박을 기다리지 않고 먼저 귀환한 조선인도 다수 있었는데, 그 과정에서 갖가지 사고도 발생했다. 8월 24일에는 해군 시설국에서 일하던 조선인 노동자들을 태운 우키시마마루浮島丸가 기뢰에 의해 침몰하여 다수의 사망자를 내는 사건이 일어났다.

또한 노무동원된 조선인 중에서도 탄광노동자의 귀환은 뒷전으로 밀려났는데, 이 때문에 홋카이도와 후쿠시마현의 탄광에서는 조기 귀국을 요구하는 조선인의 쟁의가 발생했다. 한편 이와 같은 시기에 일본인 노동조합의 결성이 추진되었지만, 조선인 노동자의 활동을 지원하는 이들의 움직임은 없었으며, 오히려 일부 탄광에서는 일본인 노동조합이 조선인과 대립하는 양상을 보였다. 전시 중에 배치된 피동원 조선인이 일본인과 격리된 채 관리되었고, 일부 일본인 노동자가 노무 담당으로 조선인을 억압하는 입장에 있었던 것이 양측의 대립을 불러온 배경이었다.

외무성 문서의 문제점

노무동원된 조선인의 대부분은 종전 직후 단계에 귀환했다고 볼 수 있지만, 그대로 일본에 남은 사람들이 없었던 것은 아니다. 이 부분과 관련해서는 흔히 일본 정부 외무성이 1959년 7월 11일자로 발표한 「재일조선인의 도래 및 귀국에 관한 경위, 특히 전시 중의 징용 노동자에 대하여」라는 문서를 갖고 논의하는 경우가 있다. 이 문서는 "제2차 세계대전 중 내지에 도래한 조선인, 그에 따라 현재 일본에 거주하고 있는 조선인의 대부분은, 일본 정부가 강제적으로 노동을 시키기 위해 끌고 온 존재라는 오해나 중상"에 대한 반론으로 작성된 것이다. 이 문서는 당시의 재일조선인 약 61만 명의 "외국인등록 원표原票에 대해 하나하나 도래의 사정을 조사한 결과, 그중에서 전시 중에 징용 노무자로 온 사람은 245명에 불과하다는 사실이 명백해졌다"고 주장하고 있다.

문서에서 말하는 '징용 노무자'는 「국민징용령」이 발동되기 전의 동원계획에 따라 일본 내지에 배치된 조선인을 포함하고 있지 않다. 그러나 "일본 정부가 강제적으로 노동을 시키기 위해 끌고 온" 조선인을 그런 의미의 '징용 노무자'로 한정하여 논하는 것은 적절치 않다.

지금까지 분석한 바와 같이, 징용 실시 이전에는 조선총독부, 내무성, 고용 기업의 관계자가 스스로 '강제적', '납치와 다름없는'이라고 말하는 방식으로 인원을 확보했다. 그리고 노무동원이 실시된 초기 단계에는 경제적 이유로 이농을 희망했던 조선인이 일본 내지로 건너온 것은 사실이지만, 이 또한 일본 정부의 국책이 배경에 있었던 점, 직장 이동이 금지되었던 점, 취업기간 연장을 강요당해 전쟁 말기까지 탄광 등에서 노동을 계속한 경우에는 징용된 것으로 취급되었던 사정 등을 감안해야 한다. 따라서 1939~1945년도의 노무동원계획·국민동원계획에 따라 일본 내지의 사업장에 배치된 조선인은 모두, 어떤 의미에서건 강제력을 지닌 일본 국가의 정책적 관여 아래 동원되었다고 봐야 한다.

잔류자 수의 추정

그렇다면 그들 가운데 계속해서 일본에 남은 사람은 얼마나 되었을까? 아쉽게도 명확한 규모는 알 수 없지만, 대략적인 추정은 가능하다.

앞의 외무성 문서에는 "1939년 9월 1일부터 1945년 8월 15일 사이에 내주來住한 자"가 3만 5016명으로 기록되어 있는데, 이 수치는 아이와 성인 여성을 포함하고 있다. 다만 1940~1942년에 대해서는 조선인 도일자 수가 학생·노동자·기타로 분류되어 그 규모를 알 수 있는데, 도일자의 50퍼센트가량이 노동자로 나타나 있다. 성인 여성이 '기타'로 분류되었을 가능성이 있고, 1943년 이후 도일자 가운데 노동자의 비율이 저하할 요인이 없었던 점을 감안하면, 전체 내주자來住者의 적어도 절반, 즉 1만 7500명 이상은 노동을 위해 도일한 남자로 보아도 무방하다. (참고로, 이 1959년 외무성 문서 「재일조선인의 도래 및 귀국에 관한 경위, 특히 전시 중의 징용 노동자에 대하여」에 적혀 있는 재일조선인 61만 1085명의 분류와 숫자는 다음과 같다. '1939년 8월 이전 내주자' 10만 7996명, '1939년 9월부터 1945년 8월 15일 사이에 내주한 자' 3만 5016명, '내주 시기 불명' 7만 2036명, '전쟁 전의 일본 태생' 17만 3311명, '전후의 일본 태생과 전후 일본에 입국한 자'

20만 8828명, '소재 불명' 1만 3898명.)

하지만 이중에는 연고도항으로 건너온 자와 '밀항'자도 포함되어 있다. 물론 연고도항은 노무동원이 시작된 이후 억제되고 밀항도 단속되었지만, 그럼에도 불구하고 연고도항이 어느 정도 인정되고 밀항도 지속되었다는 사실은 이미 살펴본 대로다. 결국, 전시하 도항 통제의 기능 정도에 대한 평가로 추산치도 변하겠지만, 1942년 이후 연고도항은 원칙적으로 인정하지 않는 방침이었고 밀항도 감소했을 것이라는 점을 반영할 필요가 있다. 한편, 외무성 문서는 7만 2036명의 내주來住 시기가 불분명하다고 언급하고 있는데, 이 안에도 노무동원으로 도일한 사람이 포함되었을 가능성이 있다. 이 같은 측면을 종합하면 일단, 노무동원된 후 일본에 잔류한 조선인이 몇백 명 수준은 아니라는 추측이 가능하다.

다음으로, 1958~1959년에 재일본조선인총연합회(조총련) 산하 조선문제연구소의 기관지에 실린, 3곳의 조선인 집단거주지구에 대한 실태조사를 통해 추산해보자. 이 조사에서는 세대주가 일본에 건너온 이유를 물은 결과, 134명 가운데 13명이 '징용'이라고 회답했으며, 이를 지구별로 나누어 보면, 센다이仙台의 집단거주지에서 33명 중 8명, 오사카부의 집단거주지에서 50명 중 2명, 교토시의 집단거주지에서 51명 중 3명이 '징용'으로 왔다고 회답했다. 조선인은 일본의 관청과는 달리, '징용'이라는 말을 「국민징용령」에 의한 '징용' 이외도 포함한 노무동원 전체를 가리켜 사용하는 경우가 많았는데, 이 설문에 대해서도 그와 같은 의미로 사용하고 있는 것으로 보인다. 한편, 이 조사는 일본에 건너온 연차도 묻는데다 '징용'과 구별하여 군속으로 왔다고 회답하는 경우가 확인되는 만큼, 동원계획이 아닌 군에 의한 동원이나 1939년 이전에 민간회사가 실시한 사기적 모집에 의한 도일 등과는 구별하여 집계한 것으로 판단된다. 다만, 3곳의 집단거주지 가운데 센다이의 '징용' 비율이 높은 것은 다소 특수한 사례일 수도 있다. 만일 그렇게 가정하고 센다이의 사례를 무시하면, 당시 일본에 거주했던 조선인 세대주의 5퍼센트 정도가 노무동원에 의해 도일했다는 추정이 성립된다.

그리고 당시 일본에 거주했던 조선인 세대주의 대부분은 1세 남성이었기 때문에, 반대로 1세 남자의 대부분은 세대주였다고 볼 수 있다. 따라서, 1959년 기준 조선인 1세 남자 인구의 5퍼센트 정도가 노무동원에 의한 도일자 수에 해당한다고 추측할 수 있다. 법무성 통계에 따르면 1959년 기준 1세 인구는 약 21만 명으로 남녀 구별은 분명하지 않지만, 연령계층별로는 25세 이상 인구(이렇게 구간을 설정하면 2세가 약간 포함된다)의 60퍼센트 정도가 남자인데다 그 이상의 연령계층(2세가 그다지 포함되지 않는다)에서는 남자의 비율이 더욱 높기 때문에, 1959년 시점에는 약 21만 명의 60퍼센트 이상에 해당하는 13만 명 정도의 조선인 1세 남자가 있었다는 계산이 가능하고, 그 5퍼센트는 6500명이 된다. 이 수치는, 앞서 도일 시기별 통계에서 고찰한 결과와 대조해 볼 때 그리 큰 위화감은 불러일으키지 않는다.

3. 피해자와 가해자, 그후

피동원자의 '해방 후'

위에서 추산한 수치는 전후 일본에서 계속 살아가게 된 조선인 가운데, 전시기 노무동원이 원인이 되어 이동한 사람들이 상대적으로 소수였음을 시사한다. 그렇지만, 전시기 노무동원이 조선인 이산의 한 원인이 되었다는 것은 부정할 수 없는 사실이다.

또한 패전 후에도 일본에서 계속 생활한 조선인에 대해, 노무동원되어 온 사람들과 그와는 다른 계기로 도일한 사람 등으로 뭔가 완전히 다른 존재인 양 바라보는 시각도 타당하지 않다. 후자의 태반은 식민지 지배하에 있었던 조선 농촌의 경제적 피폐 속에서 살 길을 찾아 도일을 선택한 사람들이었다. 그리고 도항 관리 제도가 존재했던 만큼, 그들도 일본 내지에서 필요할 때만 저임금노동력으로 이동 또는 체류를 허락받은 존재였다. 게다가 생활전략적 이동으로 일본에 온 사람이든 동원된 사람이든, 그들이 귀환을 선택하지 않았던 이유에는 고향에 돌아가도 생활의 전망이 서지 않는다는 요인이 조금이나마 포함되어 있었다. 이 같은 상황도 마찬가지로 식민지 지배하에 있었던 조선의 경제적 피폐가 초래한 결과였다.

다만, 노무동원의 대상이 되었던 사람들에 대해서는, 강제저금과 미지불임금을 돌려받지 못하거나 원호제도가 규정한 부분을 포함해 여러 가지 보상을 받지 못한 채 불합리를 강요당했다는 사실이 존재한다. 여기에 패전 후에도 일본어능력 때문에 취업 가능한 직업은 조건이 불리한 것으로 한정되었을 것이며, 배우자 없이 생활했던 사람들의 비율도 높았을 것으로 추측된다.

한편 노무동원 이외의 도일자의 경우 배우자를 만나 맞벌이를 하면서 일본 생활을 꾸려나가는 사례도 많았지만, 노무동원의 대상 연령층에 속한 재일조선인 인구의 남녀비는 1.5대 1 정도였다. 일본인 여성과 결혼한 사람도 있었겠지만, 가정을 이루지 못하고 노년기를 맞거나 이미 세상을 떠난 사람도 당연히 적지 않았을 것이다. 물론 조선반도에 배우자를 남겨둔 채 이산에 내몰린 조선인 남자도 있었을 것이며, 이를 뒤집어 보면 남편과 연락이 끊긴 채 살아온 조선인 여자가 그만큼 조선반도에 있었다는 뜻이 된다.

이 같은 피동원자와 그 가족의 체험은 기록을 통해 전해지기도 어렵다. 당사자가 문자로 기록을 남길 수 없는 경우도 있었고, 자식이나 손자에게 자신의 삶에 대해 털어놓을 기회가 없었던 이들도 많았기 때문이다.

정책에 관여한 사람들의 인식

노무동원 정책에 의해 가혹한 노동이나 가족과의 이별, 생활 파탄을 강요당한 사람들은 당연히 조선인 노무동원을 추진했던 자들에게 강한 분노와 원한을 품고 있었다. 다만 그 표적이 된 것은, 법률을 입안하거나 동원계획을 수립하고 기업 경영의 방침을 결정하는 높은 지위의 사람들이 아니었다. 피동원자나 그 가족들이 직접 마주하는 동원정책 관여자는 지방행정기구의 말단 직원이나 순사, 노동현장에 배치된 노무 담당 직원들이었다. 일본 패전 이후에는 이들이 습격을 받아 부상을 입는 사건이 발생한 것으로 전해진다. 덧붙이자면, 면장이나 면 직원은 대부분 조선인이었고, 탄광 등에서는 일본어를 할 수 있는 조선인이 조선인의 노무관리를 담당하는 경우가 많았다. 즉, 정책의 입안과 결정에 커다란 책임을 지는 일본인이 아니라, 말단에서 무리한 인원 확보와 가혹한 노무관리를 떠맡았던 조선인이—물론 그들도 가해자가 아니라고는 할 수 없지만—분노의 표적이 되면서 피해자들로부터 폭력적인 보복을 받았던 것이다. 한편, 관계 관청의 고위 관리나 기업의 간부 등은 직접적인 보복의 대상이 되지도, 처벌을 받지도 않았다.

조선 내 노무동원이 폭력성을 더하면서 조선 민중이 노무동원에 대해 원한을 품게 된 것은 지극히 당연한 결과였고, 정책에 관여한 사람들은 이 같은 상황을 파악하고 있었다. 이와 관련해 솔직하게 발언한 인물도 있다. 조선총독부 재무국장을 지낸 미즈타 나오마사水田直昌는, 조선 내 노무동원에 대한 민중의 기피 현상이 확대되는 가운데 "트럭을 몰고, 순사를 동반해, 시골에서 잡아채오는" 일이 있었다는 사실과 함께, 그런 가운데 "조선민족의 전쟁을 저주하는 마음이 상당히 격렬한 바가 있었습니다", "일반 민중은 쌀도 빼앗기고, 사람도 빼앗기고… 전쟁을 저주하는 마음이 거세어, 그것을 경찰력으로 그저 어떻게든 해내고 있었던" 실정이었다고 회상한다. 하지만 미즈타는 자신이 소속된 조선총독부 자체에 일차적인 책임이 있다는 인식을 보이지 않으며, 본국 정부가 무리한 요구를 들이밀면 조선총독부는 그런 폭력적인 시책을

"눈물을 머금고 실시했다"고 밝히고 있을 뿐이다. 참고로 이 발언은 대장성 관방조사과에 설치된 금융재정사정연구소라는, 일부 한정된 관계자만 참석하는 모임에서 나온 것이다(등사인쇄로 인터뷰 기록이 정리되어 있으며, 책자에는 '취급주의' 표시가 찍혀 있다. 청취는 1954년 3월 6일에 이루어진 것으로 보인다).

　이와는 별도로 공개를 전제로 간행되어 일반 서점에서 입수할 수 있었던, 폭력적인 노무동원의 실태를 언급한 서적도 있다. 조선 내 익찬단체 간부로 일했던 가마타 사와이치로鎌田沢一郎는 1950년에 출판한 『조선 신화新話』에서, 역시 조선의 노무동원이 잠든 때를 노려서 습격하거나 밭에서 일하고 있는 사람을 트럭에 태우거나 해서 일본 내지의 탄광으로 보내는 방식이었다고 적고 있다. 하지만, 가마타는 "총독이 그렇게까지 강행하라고 명령한 건 아니고, 상사의 숨소리까지 살피는 조선 출신 말단 관리나 공무원이 해치웠다"는 부연설명을 잊지 않았다. 요컨대, 인권을 무시한 동원은 일본인이 아니라 조선인 하급 관리가 했다는 주장이다.

　한편 일본 정부 쪽을 살펴보면, 정부 내 한 부서가 정리한 내부자료에서 조선인에 대한 노무동원이 현저하게 폭력적이었음을 기술하는 사례가 있다. 이를테면, 당초 공개를 전제하지 않고 종전 직후에 정리된 대장성 관리국의 『일본인의 해외활동에 관한 역사적 조사』에는, 관 알선까지 포함하여 반강제적이라는 논의가 있었던 것, 징용 기피 현상이 확대되고 있었던 것, 피동원자 가운데 연락이 두절된 사람이 있다는 내용 등이 기록되어 있다. 또 1955년에 간행된 법무성 법무연수소의 내부자료 『재일조선인 처우의 추이와 현상』에서는, "일화日華사변[중일전쟁] 이후의 전시체제하에서 정부는 조선인을 일본 내지로 집단 강제이주시키는 시책을 취했다"는 문장도 확인된다.

일본 정부는 지금까지 수상 담화 등을 통해 식민지 지배에 대한 반성의 뜻을 표시해왔다. 하지만 노무동원 정책 과정에서 발생한 조선인에 대한 인권 침해와 관련해, 지금까지 국가책임에 대한 견해를 공식적으로 밝힌 적은 없다.

이상의 논의를 통해 노무동원 정책에 관여한 사람들이나 일본 정부가, 전후에 자신들의 책임(당연히 개인이든 조직이든 관여 정도에 따라 다르지만)과 성실하게 마주하려 하지 않았음을 알 수 있다. 그들은 그와 같은 정책이 거대한 폭력을 수반했다는 사실을 인식하면서도, 그 책임에 대해서는 자신이 아닌 타자(심지어는 더 약한 입장이었던 조선인 하급 관리에게)나, 자신과 관계가 없는 조직에만 연관시켜 기억하려고 했다. 게다가 공적인 자리에서는 그에 대한 사실을 말하지 않았고, 피해자인 조선인 피동원자와 그 가족에게 사죄의 뜻을 표하려고도 하지 않았다.

종장
폭력과 혼란의 배경과 요인

전쟁 말기에 진행된 나가노현 마쓰시로松代 대본영大本營 건설공사 당시의
노동을 알리기 위해 시민단체가 만든 전시실 내부. 이 공사에서는 노무동원
된 조선인을 포함한 많은 사람들이 가혹한 노동에 종사한 것으로 알려져 있
다. ('또 하나의 역사관·마쓰시로' 건설실행위원회 제공)

목표와 현실의 괴리

이상에서 알아본 바와 같이, 조선인에 대한 노무동원은 그 대상이 된 사람들에게 심각한 인권 침해를 초래했다. 뿐만 아니라, 조선에 남겨진 가족은 기간 노동력을 빼앗긴 채 과중한 노동을 강요당한 끝에 원호도 받지 못하고 생활의 위기에 직면했다. 이런 이유로 노무동원은 두려움의 대상이 되었고, 그에 대한 저항이 확대되면서 전쟁 말기에는 행정 당국의 통제까지 위태로울 만큼 조선사회는 동요하고 있었다. 더 이상 강조할 필요도 없지만, 일본제국은 조선 민중에게 막대한 피해를 입혔던 것이다.

하지만 제1장에서 언급한 것처럼, 일본제국의 정책 담당자가 이와 같은 결과를 바랐을 리는 없다. 일본제국의 목표는 전쟁 승리였고, 그를 위한 국가총동원의 목적은 합리적인 노동력 배치를 통해 최대한의 능력을 이끌어내고 식량 증산을 포함하여 전쟁 수행을 위한 생산을 유지·확대하는 데에 있었다. 조선인이 피폐해지고 차별적인 대우를 받으며 원호의 뒷받침도 없이 동원되는 상태는, 그들의 불만을 가중시켜 일본제국에 대한 이반을 초래할 가능성이 있는데다 농업 생산 등에도 부정적인 영향을 미치기 때문에 있어서는 안 될 사태였다.

그리고 전쟁 수행을 위한 합리적인 노동력 배치의 측면에서 보더라도, 일본제국의 시책이 얼마나 효과적이었는지도 의문이다. 분명 군수 생산의 전제가 되는 석탄의 생산은 실제로 1944년까지는 어느 정도 유지되었지만, 어디까지나 투입 노동자 수의 증가를 통해 생산성 저하를 보완하는 방식으로 그럭저럭 메워낸 것이었고, 투입된 노동자가 본디 수행해야 할 다른 업무를 희생해가며 실현한 결과에 불과했다. 그리고 그렇게 하기 위한 인원 확보가 지상명제가 되었던 전쟁 말기에는, 중노동을 견딜 수 없는 노인과 병약자를 억지로 노동현장에 끌고 왔다가 돌려보내기까지 하는, 생산의 유지에도 수송기관의 효과적인 활용에도 부정적일 수밖에 없는 문제마저 발생하고 있었다.

다시 말해 노무동원 정책은, 민중에게 현저한 인권 침해를 초래했다는 의미에서도 그렇지만, 군수물자 증산과 전쟁 승리라는 일본제국의 목표에도 기여했다고 보기는 어렵다. 그렇다면 이처럼 정책 전개가 파탄에 이른 이유는 무엇이었을까?

물론, 전시하에서 정치적인 주도권을 장악했던 군부의 요구가 난폭했다는 점이 영향을 끼쳤을 것이다. 여기에 일본제국과 미국은 인적·물적 자원이나 기술력에서 역력한 차이를 보였기 때문에 그 거리를 좁히기 위해서는 상당한 무리가 뒤따라야 했던 사정도 있었다.

하지만 일단 그런 조건들을 무시하고 당시의 관료, 연구자, 기업가들에 주목해 보면, 여러 가지 문제가 있었다는 생각을 하게 된다. 다음에서는 조선인 노무동원이 민중에 대한 폭력을 수반하는 동시에 국가 운영 자체에도 혼란을 초래한 요인을 식민지 조선의 현실과 일본사회의 당시 상황에 입각해 검토하기로 한다.

노동자를 경시하는 경영

조선인의 도일을 억제하는 현행 방침의 완화를 요구하며 조선인 노동력을 도입하는 데에 적극적이었던 주체는 석탄산업 경영자였고, 그런 움직임은 이미 중일전쟁이 시작되기 전부터 존재했다. 바꾸어 말하면, 전쟁에 따른 절대적인 노동력 부족 속에서 달리 손쓸 방도가 없다는 이유로 조선에서 노동자를 도입해야 한다는 요구가 나온 것은 아니었다.

당시 석탄산업이 조선에서 노동력을 찾은 이유는 경영 방식과 관련되어 있다. 탄광에서는 기계화를 통한 생산성 향상이 아닌 인력에 의존한 석탄 채굴을 계속하고 있었기 때문에, 되도록 값싼 임금으로 일할 노동력을 확보하는 것이 경영의 관건이었다. 그런데 복리후생이나 안전대책, 임금을 비롯한 노동조건을 개선함으로써 노동력을 모으고 숙련노동자를 머물게 하는 시책은 실시하지 않았고, 그 때문에 노동력 확보가 점점 곤란해지는 악순환에 빠졌던 것이다.

조선인 노동자의 도입에 나선 것은, 중일전쟁 발발 이후 이 같은 악순환이 가속되면서 석탄산업의 노동자 부족이 심각해졌기 때문이었다. 이와 관련해 당시에 이미, 조선인 노동자의 도입이나 단기 근로보국대의 활용은 미봉책에 불과하다고 지적하면서, 장기적으로는 기계화를 동반한 생산성 향상을 추진해 숙련노동자를 보전하는 시책을 취해야 한다는 주장도 제기되었지만, 받아들여지지 않았다. 조선 내 노동력 고갈을 우려하는 목소리가 나온 시점에 탄광 측 간부의 요구로 실행에 옮겨진 조치는, 조선인과 비슷하거나 그보다 못한 대우를 하며 혹사시킬 수 있는 중국인의 도입이었다.

그리고 전쟁이 진행되면서 노무수급이 더한층 절박해지자, 노동자의 이동을 억제하고 작업능률을 높이기 위해 노무관리의 중요성이 강조되었지만, 이 역시 뚜렷한 개선으로 이어지지 않았다. 현실 세계에서는 오히려 도주 방지와 노동력 재생산을 도외시한 노동강화 목적의 강압적인 노무관리가 등장했다. 전쟁 개시 이전만 해도 일각에서 척결 노력까지 기울였던 감방숙소는 전시에 부활, 확대되는 경향을 보였다.

덧붙이자면, 탄광의 노동력 부족은 전후 조선인·중국인 노동자가 귀국하면서 또다시 문제로 떠올랐고, 이후 일본인 귀환자 및 농촌 노동력이 그 빈자리를 채우게 되었다. 그때가 되어서야 비로소, GHQ가 '비인

간적'이라고 불렀던 시설과는 다른 노동자용 숙소가 정비되고, 온전한
내용의 노동법이 시행되었다.

모호한 결정과 일탈

기업 경영자의 요청에 따라 조선에서 노동력을 도입하는 정책을 입안하
고 제도를 정비한 뒤 운용한 주체는 행정 당국이었다. 다만, 여기에서 말
하는 행정 당국은 이 시책과 관련된 많은 부서를 의미하며, 각 부서는 저
마다 다른 이해관계와 의도를 갖고 있었다. 그리고 실제로 노무동원이
시작된 뒤에도 일치되고 확고한 근본 방침에 입각한 시책은 전개되지
않았다.

　일본제국 내부에서는, 크게 볼 때 조선총독부와 일본 내지 측 성·청 사
이에 의견차가 있었다. 조선총독부는 조선반도의 공업화 추진과 농업
생산 유지를 위해 노동력을 보전하려고 했지만, 일본 내지 측은 노동력
부족에 대처하기 위해 가급적 조선인을 도입하고 싶다는 입장이었다.
다만, 조선총독부도 보유 경작지가 적어 생계유지가 곤란해진 농민들이
가족을 데리고 이농하기를 바라고 있었다. 이에 반해 일본 내지 측은 가
족을 동반한 조선인을 받아들이거나 그들이 정착하는 사태를 원하지 않
았다.

　이 같은 각 성·청 등의 상반된 기대와 딜레마는 조정되거나 해결되지
않은 채 자주 모호한 형태의 합의를 낳았다. 특히, 가족을 동반한 영주永
住이동인지, 시한부 노동력의 일시적인 도입인지를 두고는 뚜렷한 합의
점을 도출하지 못하는 상태가 이어졌다. 실제로는, 일부에서 가족 초청
이 이루어지다가, 1942년 2월 각의결정으로 가족 초청을 실시하지 않게
되었지만, 이후 조선총독부의 요청으로 해당 결정이 개정되었고, 그럼

에도 실질적으로는 가족 초청이 성사되지 않는 경위를 거쳤다. 조선인 노동자는 보통 2년의 계약기간이 끝나면 돌아가기로(또는 돌려보내도록) 되어 있었지만, 노동력 부족이 심각해지자 취업기간은 연장되었다.

다만, 일본 내지 측과 조선총독부 측의 이해가 대립할 경우에는 대개 일본 내지 측의 의견이 관철되었다고 할 수 있으며, 특히 동원할 노동자의 규모는 조선총독부 측의 의견을 고려하지 않고 결정되었다. 앞서 소개한 미즈타 나오마사의 전후 증언 기록에서는 "조선인이 와주지 않으면 군항을 짓는 노동력도 부족하고, 석탄도 캘 수 없고, 이대로는 전쟁에 진다고 한다. 마지막에는 언제나 전쟁에 진다고 한다. 잠깐만 참으면 되니까, 전쟁에 지면 안 되니까, 라는 이 지상명령에, 총독부는 언제든지 지고 마는 것입니다"라는 발언이 확인된다. 그랬다고 해서 조선에서 자행한 일에 대한 책임을 면제받는 것은 아니지만, 조선총독부가 본국 정부의 고압적인 요구를 거절할 만한 힘을 갖지 못한 것도 사실로 보인다.

강력한 통치의 함정

한편 조선총독부 내부의 인식과 방침 역시 반드시 일치하지는 않은 것으로 보이는 부분도 있다. 농정 관료들은 이른 단계부터 농번기에는 조선 농촌의 노동력이 부족해진다고 지적했지만, 조선총독부 전체가 이 문제에 대한 인식을 공유하고 근본적인 대책에 나선 적은 없었다.

또한 조선총독부의 상층부와 지방 말단의 행정 당국자도 원활한 정보 소통을 이루지 못하고 있었다. 강한 권력을 배경으로 한 통치만이 있고 민주주의가 결여된 사회에서는, 상의하달은 있어도 조선 민중이나 민중의 동향을 잘 아는 사람들의 인식이나 의견은 전달되지 않는다. 도리어 하급 관리가 상부에 잘 보이기 위해 실적을 부풀리는 행위마저 벌어지고 있었던 것이다.

이처럼 지방 말단의 실정을 파악하지 못하고 현실이 반영되지 않은 계획을 입안해 하부에 내려보내고, 막상 계획 입안자는 현장의 실태를 모르는 상황이 발생하고 있었다. 그런 상태로는 무리한 동원계획이 시정될 가망이 없었다.

선수를 빼앗긴 시책

이와 더불어 처음부터 근본적인 방침이 확립되지 않고 명확하게 제시되지 않은 부분이 결국, 혼란을 초래하고 문제를 확대하는 결과를 낳으면서 이후의 시책 전개에 영향을 끼쳤다.

만일 조선인 노무동원을 시작할 때부터, 조선인을 대거 도입해 정착시키고 생산현장에서 기간 노동력으로 활용하는 방침을 정하는 한편 관계자들이 그와 같은 방침을 제대로 이해했다면, 여러 차원의 대응 정책이 마련되었을 수도 있다. 기업은 조선인을 위해 주택을 비롯한 복리후생을 정비하고 생산기술과 관련된 교육을 준비했을 것이며, 지방 행정 당국은 지역사회에서의 조선인 통합 시책에 대한 요구에 대처해나가야 했을 것이다. 하지만 애당초 오로지 전쟁이 끝날 때까지 임시방편으로 활용한다는 인식뿐이었던데다가 동원이 서서히 확대되는 상황에서 그런 움직임은 생겨날 리가 없었다.

또 조선에 남겨진 피동원자의 가족이 생활에 곤란을 겪는 사례가 두드러지기 시작했는데도, 그에 대응한 원호시책의 확립은 지연되었다. 이는 가족 초청의 추진 및 조선인 노동자의 장기적인 활용 여부를 두고 의견일치를 보지 못한 데에 영향을 받은 결과로 풀이된다.

게다가 조선의 행정기구는 징용과 원호시책의 사무를 처리할 능력이 없었고, 이 같은 상황을 개선하기 위해 서둘러 인원 증원에 나섰지만 결국 만족스러운 성과를 내지 못했다. 애초에 조선 내 노무동원 업무를 전문적인 기구가 아닌 일반 지방행정기구에 맡긴 사실 자체가 '임시방편'에 지나지 않았다. 처음부터 조선에서도 본격적인 노무동원을 실시한다는 방침이 확인되었다면 결과는 달라졌을 것이다.

동원 인프라의 부족

당시 조선에 부족했던 것은 복잡한 사무를 처리할 수 있는 행정기구뿐만이 아니었다. 노무동원의 전제가 되고 관련 시책을 추진하기 위한 수단이 거의 존재하지 않았거나 설령 있었더라도 불충분한 수준이었다.

노무동원은 강력한 권력을 가진 국가의 단순한 명령 한마디로 수행되는 것이 아니다. 노동력을 관계자의 동의를 얻어 원활하고 합리적으로 배치하기 위해서는 다음과 같은 조건이 필요할 것이다. 즉, 인구 전체에 대한 통계, 노동력의 소재 및 상태, 노동력 수요에 대한 조사·등록, 대량수송을 실행할 교통기관, 민중에게 교화선전을 침투시킬 대중매체와 그 보급, 교화선전을 받아들일 능력을 가진 일정 수준의 근대교육을 받은 민중, 지역사회나 직장에서 국가 시책을 알리고 이를 보조, 수행하는 소집단의 지도자나 하급 관리 등──동원의 인프라라고 할 만한 이 같은 조건들은 중일전쟁 개시 단계의 조선에는 갖춰지지 않았고, 그렇다고 전시하에 정비되지도 않았다. 일본 내지로 송출할 노동자의 규모를 산출하는 데에 필수적인 통계자료도 없었고, 동원정책이 시작된 이후의 조사도 충분하지 않았으며, 주민 관리는 호적조차 정확하지 않은 상태였다. 취학률은 분명히 상승했고 성인에 대한 교육도 이루어졌지만, 징병 준비를 위한 연성鍊成을 받은 남자의 일본어 어휘는 일본인 유아와 수준이 비슷한 실정이었다. 물론 그런 조선 민중들에 대한 교화선전은 —대중매체가 아닌 좌담회와 같은 수단을 활용해— 추진되었겠지만, 기대했던 만큼의 성과는 거두지 못했다. "조선에서 온 사람 가운데 전쟁에 대해 알고 있는 자는 100명 중 5명"이었던 상황은 조선인을 받아들이는 일본 내지 정치가의 탄식을 자아냈지만, 그런 사실을 알면서도 전쟁 수행을 위한 노무동원을 추진해야 했던 조선 측 관료는 목표를 달성하기가 곤란하다는 걸 통감하면서 절망적인 기분에 휩싸였을 것이다.

이런 상황에서는 동원의 호소에 응해 생산현장으로 달려가는 사람이 나오지 않는 게 당연하고, 필요한 노동력을 확보하여 원하는 장소로 송출하는 작업에만도 적지 않은 힘이 들 수밖에 없었다. 그런데도 무리한 동원을 추진하자 민중의 반발은 확대되었고, 원활한 동원은 더더욱 먼 이야기가 되어갔다.

한편 분석에 충분한 자료는 확보하지 못했지만, 이 같은 측면은 같은 식민지라도 대만은 다소 조건이 달랐던 것으로 보인다. 원래 노동력이 부족한 경향을 보이던 대만에서는 일본 내지로 노동자를 송출하지 않았지만, '남방南方'의 점령지에 인원을 파견했으며 군사동원 규모도 적지 않았다. 그러나 조선과 비교하면 동원정책에 대한 반발이 적었고, 원호조치도 전쟁 말기까지 적어도 어느 정도는 실시된 것으로 보인다. 또한 동원의 전제가 되는 조사에서도 비교적 자세한 통계가 잡혀 있는데, 이는 조선보다 식자율과 취학률이 높았던 데에 따른 영향으로 풀이된다. 그렇다고 해서 대만 민중이 받은 억압이 조선 민중보다 작았다고 여길 것이 아니라, 대만 민중이 전쟁 말기에 이르기까지 일본의 지배에 더 깊숙이 편입되어 있었다고 보는 것이 타당하다. 그리고 대만이든 조선이든 어느 한쪽에서 동원이 더 원활하게 진행되었다 해도, 그것은 어디까지나 일본제국의 이익을 위한 것이었지 각 지역의 발전에 기여하는 것일 리는 없었다.

수탈 규칙의 결여

일본제국이 수립한 동원계획의 일부였던 조선인 노무동원이 수행된 시기에는, 일본인에 대한 노무동원도 실시되었다. 그리고 일본인 중에서도 가족의 품을 떠나 낯선 노동에 종사하는 등 여러 가지 어려움을 경험한 사람이 있었다는 사실을 잊지 않아야 한다.

다만 일본인의 경우, 조선인과는 달리 탄광처럼 대우가 열악한 직장으로 동원되지 않았고, 징용된 경우의 원호시책은 이른 단계부터 마련되어 있었다. 이에 반해 징용과 다름없다고 알려졌던 동원으로 탄광이나 토건공사 현장에 배치되면서도 원호 대상이 되지 못하거나 원호제도가 생긴 후에도 실제로는 수급을 받지 못한 조선인은 분명히 불리한 조건에 내몰려 있었다.

그리고 일본인의 노무동원에서는 그럭저럭 지역사회의 질서를 배려하는 인원 확보 제도가 존재했다. 지역에 동원 인원이 배정된 측면은 조선과 다를 바 없었고, 국가 정책을 거부할 만큼 당시 일본 내지에 지방자치가 확립되어 있지도 않았다. 그렇지만, 해당 지역의 유력자가 노무동원 행정기구의 연락위원을 맡으면서, 지역사회의 경제나 질서를 어느 정도 배려할 수 있는 회로는 확보되어 있었다. 또한, 필시 사기업의 이익을 우선시하면서 인원을 확보했을 노무보도원 제도는 통제를 어지럽힌다는 비판 속에 1942년 7월에 폐지되었다.

그러나 조선의 노무동원은 해당 지역의 사정을 고려하지 않은 채, 조선 외부자들의 목적을 위해 수행되었다. 원래 식민지 조선에는 동시대 일본 내지와 같은 수준의 지방자치도 없었고, 일본제국의 관료에게는 조선의 자원이나 노동력이 조선을 위해 존재한다는 발상이 없었기 때문에 이는 당연한 결과였다. 게다가 당시 조선총독부가 공업화를 추진하기 위해—이 또한 대륙병참기지 건설이라는 일본제국의 국책에 따른 것이지만—노동력이 필요하다고 호소해도 일본 내지는 그런 목소리를 외면한 채 인원 송출을 더욱더 요구했다.

면面 차원에서는 기본적으로 그 지역에 오랫동안 살아온 조선인이 면장과 직원이었지만, 그들이 노무동원을 수행할 때는 지역사회에 대한 배려가 허용되지 않았다. 왜냐하면 누무동원의 초기 단계에는 사기업이 주체가 되어 모집을 통해 인원을 확보했고, 관 알선 방식이 도입된 뒤에도 역시 사기업의 직원인 노무보도원이 해당 지역을 방문해 필요한 인원을 확보하는 실태는 변하지 않았기 때문이다.

사기업이 파견한 노무보도원 등은 인원 확보차 들어간 지역에 오래 머무르지도 않았고, 해당 지역의 경제에 책임을 지는 것도 아니었다. 그들은 자신들이 인원 확보차 들어간 지역의 노동력을 억지로 빼앗아 이동시키는 데에 아무런 아픔도 느끼지 않았을 것이다. 그런 그들의 활동을 규제하고 자기 지역을 위해 노동력을 보전할 제도와 힘은 당시 조선인에게는 부여되지 않았다.

일본인중심주의

이처럼 많은 조선인들이 전쟁 수행이라는 국가의 지상과제를 위해 일본 내지로 이동했지만, 일본인들은 그런 움직임을 환영하지 않았다. 노동력 부족에 직면하여 조선인 노동력의 도입을 요구했던 석탄산업의 내부에서조차 이 시책에 의문을 표하는 목소리가 일부 있었음을 확인할 수 있을 정도이다.

이 같은 반응은 생산성과 관련된 경영상 이익의 관점에서 나온 것이 아니라 조선인의 존재가 일본인을 위협한다는 위기감과 맞닿아 있었다. 그리고 그런 의식은 전쟁 수행에 따라 일본 내지에서 일본인 청장년 남자가 감소하는 가운데 조선인이 생산의 중요한 부분을 맡으며 상대적으로 '상승'하는 과정에서 점점 고조되었다.

최근 역사 연구에서는, 다민족의 존재를 전제로 한 일본제국의 통합 양상에 주목하는 경향이 두드러진다. 분명 전후와는 달리 일본이 다민족국가라는 측면이 논의되기도 했고, 일본 내지에 있던 조선인 가운데 선거권·피선거권을 행사하여 의원이 된 사람도 있었다. 하지만 당시 조선인·대만인이 일본인과 평등한 존재이며 일본사회를 함께 구성해나가야 한다는 의식이 퍼져 있었던 것은 아니다. 일본 내지 사회에 가장 많은 이민족이 살게 되었던 전시하의 상황을 보면, 오히려 일본인 중심의 일본사회를 유지하려는 의식은 뚜렷해지고 있었다는 평가가 가능하다.

아마도 이 같은 의식은 전후의 단일민족국가 의식과도 연속성을 가질 터이며, 그런 의식 형성을 위한 준비단계였을 수도 있다. 전시하에 고개를 들기 시작했던, 암거래로 돈을 번 조선인에 관한 소문은 전쟁 직후에도 유포되어 공공연히 나돌게 된다. 무엇보다, 일본인의 기피로 인해 노동력이 부족해진 직장에서 필요한 노동력을 필요할 때만 활용한다는 조선인 노무동원의 발상 자체가 일본인 이외의 존재를 평등한 일본사회의 정식 구성원으로 인정하지 않는다는 점에서, 전후 일본인의 민중의식과 공통된다고 말할 수 있겠다.

다수자의 불행

지금까지 논의한 바와 같이, 전시하의 조선인은 같은 제국 신민으로 간주되면서도 일본인에게는 쓰이지 않았던 수단을 통해 동원의 대상이 되고, 불리한 조건 아래 노동을 강요당했다. 다만 이런 상황은 일본제국의 다수자인 일본인이 소수자인 조선인을 희생시킴으로써 혜택을 받는 입장에 있었음을 의미하지는 않는다. 오히려 조선인의 존재로 인해 일본 민중에 대한 억압도 계속 이어질 수 있었다는 해석도 가능하다.

단지 턱없이 값싼 노동력을 외부에서 도입하는 것만으로는 노동력 부족을 딛고 증산을 실현해야 한다는 과제를 해결할 수 없었다. 노동자의 생산의욕을 높이고, 노동시간을 적절하게 관리하는 등 생산성 향상을 통해 노동력 부족을 보완하는 정책도 충분히 검토할 수 있었고, 적어도 일부는 반영되었어야 마땅하다. 노동운동이 괴멸되었던 전시체제 초기에도 그런 논의가 없지는 않았고, 노동력 부족이 가장 심각했던 탄광에서도 무엇보다 노동자의 대우를 개선할 필요가 있다는 의견이 나왔다.

하지만 이미 확인한 것처럼, 그런 가능성은 현실이 되지 못했다. 상황이 그렇게 전개된 이유는 조선인이라는 값싸게 쓸 수 있는 노동력이 풍부하다는 인식과, 필요하다면 억지로라도 그들을 끌고 와 일을 시킬 수 있는 조건이 존재했다는 사실과 관련되어 있을 것이다. 이는 조선인 노동자를 불리한 조건에서 일하게 하는 관행을 당연하게 여기도록 함으로써 일본인 노동자의 대우도 개선되지 않는 상태가 지속되었음을 의미한다. 가혹하고 위험한 노동환경의 실상이 널리 알려져 있었던 탄광에서는, 그런 식으로 감방숙소와 유사한 노무관리가 재차 늘어났고, 그곳에서는 일본인도 일하고 있었다. 전쟁 말기가 되어도 일본인은 일본 내지의 전체 탄광노동자 가운데 약 70퍼센트를 차지하고 있었다.

결국, 소수자에게 불리한 조건을 강요하는 국가와 사회는 다수자도 억압했다. 그리고 다수자가 그런 상황을 자각하고 개선하지 못했던 것이 조선인 강제연행과 같은 소수자에 대한 가해의 역사를 초래했다.

혹시나 해서 덧붙이자면, 외부로부터 사람을 들이지 않았다면 제국의 내부에 있었던 다수자가 문제 없이 살아갈 수 있었다는 뜻이 아니다. 누군가가 노예노동과 흡사한 일을 도맡지 않으면 성립되지 않는 사회경제 시스템이 존재하는 한, 제국 내부의 다수자 가운데 가장 약한 입장에 처한 사람들에게 그런 노동이 강요되었을 것이기 때문이다.

기억해야 할 역사적 사실

조선인 강제연행은 조선민족에게, 비록 스스로가 피해의 당사자가 아니었다 하더라도, '남의 일'이 아니었다. 식민지 말기에 청년기를 보낸 재일조선인 역사가 박경식(朴慶植, 1922~1998년)은 어려서 부모를 따라 도일하여 강제적으로 동원된 경험은 없지만, 가혹한 노동을 강요당하고 유골조차 방치된 피동원자와 이산 상태에 빠진 가족의 현실을 같은 피억압민족의 고통으로 받아들이고 조선인 강제연행에 관한 연구를 진행했다. 박경식보다 젊고 전후에 태어난 김영달(金英達, 1948~2000년)은 박경식의 연구를 비판적으로 계승하면서 이 문제에 대한 사료를 수집하고 분석했다. 김영달은 조선인 강제연행을 "우리 민족사"라고 불렀다.

물론, 조선민족 중에도 세대가 바뀌면서 식민지 시대의 가혹한 체험을 먼 과거로만 느끼는 사람들이 많아질 수도 있다. 하지만 오늘날에도 여전히, 동원된 육친을 떠올리면서 살아가는 사람들이 있는 것도 사실이다.

그런 사람들이 이웃나라는 물론 일본사회 안에도, 경우에 따라서는 일본 국적을 보유한 사람 중에도 있다는 사실을 생각하면, 조선민족이 아닌 일본인에게도 조선인 강제연행의 역사는 "몰라도 괜찮은 일"로 치부될 수는 없을 것이다.

다만, 조선인 강제연행의 역사는 '조선인을 위해 일본인이 기억해두어야 할 역사'가 아니다. 이제껏 논의한 것처럼 조선인 강제연행의 역사는, 민주주의를 결여한 사회에서 충분한 조사와 준비가 부족한 조직이 무모한 목표를 내걸고 추진하는 행위가 가장 약한 사람들의 희생을 초래한다는 사실을 보여주는 사례로서, 노예적 노동을 도맡을 사람들을 설정함으로써 그 밖의 사람들까지 인간다운 노동에서 멀어지게 만든 역사로서 기억되어야 한다.

후기

조선인 강제연행을 주제로 책을 한 권 써야겠다고 생각한 것은 6년쯤 전이다. 하지만 신서新書 정도면 휴가 때 집중해서 쓸 수 있겠다는 생각은 너무 경솔했고, 결국 상당한 시간이 걸리고 말았다. 이것은 전적으로 필자의 능력 부족과 게으른 성격 탓이다.

다만 굳이 변명을 하자면, 새로운(대부분은 비공개 사료가 아니라 이미 도서관 서가에 꽂혀 있었는데도 사람 손을 거치지 않았을 뿐인 것들이지만) 사료가 예상외로 많이 발견되면서 사료를 읽고 이해하는 데에 시간이 걸렸다는 사정이 있었다. 무엇보다, 그런 작업을 하지 않고 당시의 법령, 통첩과 통계, 전후의 행정 간행물만을 갖고 정리해도(처음에는 그럴 작정이었다) 이 책의 기본적인 내용은 그렇게 달라지지 않았을 수도 있다.

하지만 집필을 끝낸 지금은, 역시 잡다한 것까지 포함해 동시대의 사료에 폭넓게 접한 시간이 소중했다고 생각한다. 결국에는 본문에서 인용하지 않은 사료가 더 많겠지만, 다양한 사료를 차근차근 읽어보고 조사한 노력이 당시의 시대상황에 대한 내 나름의 이해를 깊게 해주었다고 믿기 때문이다.

동시에 그런 작업을 통해, 역사 연구에서는 그 시대를 사는 개개인이 어떤 생각을 갖고 어떤 삶을 살아왔는지를 고찰하는 것이 결국 중요하다고 새삼 느꼈다. 여하튼 '강제성이 있었는가, 없었는가', '동원 규모는 몇 명인가'와 같은 부분만 큰소리로 논의하는 경향(당연히 이런 논의도 중요하기 때문에 이 책에서도 언급했지만)이 없지 않기 때문에, 굳이 여기서 밝혀두고자 한다.

이 책을 집필하면서 이영훈 서울대 교수, 박환무 낙성대경제연구소 연구원과의 토론을 비롯해 고바야시 히사토모小林久公 강제연행강제노동진상네트워크 사무국장의 문제제기에 자극을 받았으며, 편집 담당인 히라타 겐이치平田賢一 씨에게 섬세한 교정을 포함한 도움을 받았다. 그리고 이 책에서 사용한 사료를 수집하는 과정에서 도요타재단 2004년도 연구조성 〈식민지 조선의 노무동원-법제도와 실태〉(조성번호 D04-A-399), 문부성 과연비科研費 기반(A) 〈데니즌십denizenship-비영주·비동화형 광역이민의 국제비교연구〉(2008~2011년도, 대표: 다카하시 히토시高橋均 도쿄대학 대학원 교수)의 연구비를 사용했다. 이 자리를 빌려 감사의 말씀을 드린다.

2012년 2월
도노무라 마사루

옮기고 나서

제국의 구멍

중국 난징에 체류하고 있던 지난해 어느날, '무심거사無心居士'가 홀연히 내 처소에 나타났다. 겉으로는 무심하고 무뚝뚝하기 이를 데 없지만, 알고 보면 유난히 정이 깊고 섬세해서 내가 '무심거사'라고 부르는 그는 학생 시절부터 속을 털어놓고 지내는 나의 오랜 벗이다. 연락도 없이 불쑥 나타난 그와 함께 고도古都 난징의 이곳저곳을 거닐면서 나눈 대화의 일부분을 여기에 옮긴다.

무심: 그래 요즘은 뭘로 소일을 하시나?

나: 도쿄대학 도노무라 마사루 교수의 『조선인 강제연행』 번역을 대충 끝내고 교정을 보고 있네. 이와나미岩波書店에서 2012년에 나온 신서新書인데, 흥미로운 내용이 아주 많아 혼자 읽기가 아까워서 말이지.

무심: 조선인 강제연행이라니, 논란이 많은 주제인데 또 뭔 소리를 들으려고…. 저자는 어떤 사람인가?

나: 자네도 기억할지 모르겠는데, 벌써 근 20년 전쯤에 한일 학자들이 함께 했던 역사포럼 있지? 거기서 재일조선인-일본인의 결혼에 관한 논문을 발표했던 젊은 역사학자가 바로 그 친구야. 와세다에서 학위를

받은 신진 학도였는데, 지금은 도쿄대의 중견 교수야. 당시 그 논문은 그 자리에 참석했던 학자들에게 강한 인상을 주었고, 나도 깊은 감명을 받았지. 이후로도 꾸준히 정진해서 좋은 책을 많이 냈는데, 그중 하나가 이 책, 『조선인 강제연행』일세.

무심: 역사학자도 아닌 자네가 군이 이 책을 번역한 이유는 뭔가?

나: 역사학자들이 안 하니까 내가 하는 거고, 또 이 책은 학자들뿐 아니라 일반 독자들이 꼭 읽어봐야 할 책이라고 생각했기 때문이지.

무심: 그렇게 말하니 나도 흥미가 생기는군. 그런데 일제에 의한 강제동원 같은 것은 한국인이라면 거의 대부분 상식으로 알고 있는 일이 아닌가? 특히 최근에는 영화로까지 만들어져서 강제동원이나 징용이라면 한국인은 아마 어지간한 전문가가 되어 있을 걸.

나: 잘 안다고 생각하지만 실은 잘 모르는 일, 심지어는 잘못 알고 있는 일이 얼마나 많은가. 도노무라 교수의 연구도 바로 그 지점에서 시작하고 있네. "일본제국이 식민지 조선인을 강제로 전쟁에 동원하고 수많은 희생을 강요했다"라는 상식을 확인하는 것만으로 강제동원에 대해 안다고 말할 수는 없겠지.

무심: 그 정도만 알면 됐지, 뭘 더 알아야 한다는 말인가, 바쁜 세상에….

나: 글쎄, 이 책을 읽고 나면 생각이 좀 달라질 걸세. 저자는 조선인 강제동원이라는 역사적 사상事象을 심리적 혹은 정치적 이데올로기의 관점에서보다는, 철저하게 구체적인 사료들, 즉 당시의 행정문서, 법령, 공문, 기타 보고서 등을 기반으로 추적하고 있는데, 이것은 역사학자로서는 당연한 일이겠지. 그런데 이 방대한 사료들을 꼼꼼하게 분석한 끝에 저자는 조선인뿐 아니라 일본인들에게 훨씬 더 대규모로 행해진 전시 강제동원에 대해 우리가 미처 생각하지 못했던 많은 문제들을 제시하고

있다네.

무심: 예를 들면 어떤 것들인가?

나: 가령 저자가 이 책에서 "조선인은 징용되지 않는 차별을 받고 있었다"라고 말하는 것을 이해하겠나?

무심: 무슨 소리야? 조선인이 징용되지 않았다니?

나: 말 그대로야. 그리고 그 말은 일본제국은 될 수 있으면 조선인을 징용하지 않으려 했다는 뜻이기도 해. 또 일본인에게는 좀처럼 자행되지 않았던 폭력이 유독 조선인에게 자행된 배경이기도 하고.

무심: 점점 더 알 수 없는 소리를 하네. 설마 일본제국의 조선인 강제징용 사실을 부정하는 건가?

나: 그럴 리가 있겠나. 법적으로 조선인에 대한 징용령이 발동된 것이 1944년 9월, 해방 1년 전인데, 그 전에 이미 징용과 다름없는 노무동원이 1939년부터 시행되고 있었으니까, 징용이든 동원이든 수많은 조선인이 일본제국의 총력전 체제에 희생되었다는 사실은 두말할 나위가 없지. 그런데 왜 징용령이 패전 1년 전에야 뒤늦게 조선에 적용되었는가, 왜 일본제국은 식민지 조선인에 대한 징용령 발동을 주저하고 있었던가, 조선총독부를 비롯한 제국 권력의 일각에서 조선인의 일본 내지 동원을 반대하는 목소리가 끊이지 않았던 이유는 무엇인가, 그 의미와 결과를 어떻게 해석해야 할 것인가, 이런 문제들에 대해 생각해보았나? 이 문제들에 대해 답을 찾다 보면, 일본제국의 조선 통치가 어떠한 것이었는지 그 본질과 특성을 좀더 명료하게 알 수 있지 않을까? 그리고 그것이야말로 제국/식민지 체제를 넘어설 수 있는 소중한 지적 자원이 되지 않을까? 내가 보기에 저자는 그 작업을 이 책에서 아주 잘 해내고 있어.

무심: 조선인의 징용을 제국 정부가 원하지 않았다고?

나: 그렇게 직설적으로 들이밀면 곤란해. 잘 들어보게. 징용이든 징병이든 공식적으로 법령을 발동해서 피통치자에게 목숨을 내놓으라고 할 때는 우선 그 피통치자를 법의 테두리 안에 있는 존재, 즉 법적 의무와 권리를 지닌 존재로 인정한다, 그 안으로 포섭한다는 뜻이 아니겠나? 다시 말해, 목숨을 내놓으면 그에 합당한 대가, 즉 국민으로서의 권리를 주겠다는 것을 전제하는 것이란 말이지. 푸코가 말한 대로 "나가서 죽어라, 그러면 너에게 행복을 주마.Go to get slaughtered, and we promise you happiness"라는 근대국가와 국민의 관계가 비로소 성립하는 거지. 그런데 일본제국에게 식민지 조선인은 그의 목숨과 국가의 보호를 교환할 법적 존재조차 되지 못했다는 말이야. 적어도 징용령과 징병령이 발동되는 1944년까지는….

무심: 계속해보게.

나: 전시기 이른바 친일행위의 대표적인 프로파간다가 한결같이 "이제 조선인도 군인이 될 수 있다, 천황의 신민이 되었다, 얼마나 기쁜 일이냐"고 민중을 선동했던 것은, 이런 관점에서 보면 그동안 은폐되었던 제국 권력과 피식민자의 관계의 실체를 역설적으로 폭로하는 하나의 예라고도 할 수 있겠지.

무심: 듣다 보니, 징용이 뭔가 괜찮은 것이었다는 뉘앙스마저 풍기는 것 같은데….

나: 아니, 아니. 일본인에게는 일찌감치 적용되었던 징용이라는 법적·제도적 절차를 마련하지도 않은 채 식민지 조선인을 마구잡이로 동원하고, 그 과정에서 본인 의사에 반하는 폭력적 동원이 끊임없이 자행되었다는 것이 이 말의 요체이네. 그 결과 징용제도 아래서 보장되었던 피동원자들에 대한 법적 보호와 일본 국가의 원호마저도 조선인은 그 대상

에서 제외되었다는 말이야. "조선인은 징용되지 않는 차별을 받았다"는 것은 그런 뜻이네.

무심: 그렇다고 해서, 제국 정부가 조선인의 징용을 원하지 않았다는 말인가?

나: 반드시 오해를 하고야 말겠다는 각오를 매일같이 거듭하면서 사는 기이한 인간들을 나는 많이 보았지. 허허, 오늘은 자네가 꼭 그런 부류처럼 보이네그려. 오래된 문장이지만, 마루야마 마사오丸山眞男가 일본 군국주의에 대해 한 말을 다시 한번 읽어볼까? 다음과 같은 문장이야.

> 그들이 전쟁을 원했는가 하면 그렇다고 할 수도 있고, 또 그들이 전쟁을 피하려고 했는가 하면 그 또한 그렇다고 할 수도 있다. 전쟁을 원했음에도 불구하고 전쟁을 피하려고 했으며, 전쟁을 피하려고 했음에도 불구하고 전쟁의 길을 감히 택한 것이 실제의 모습이었다. 정치권력의 모든 비계획성과 비조직성에도 불구하고 그것은 어김없이 전쟁으로 방향지어져 있었다. 여기에 일본 '체제'의 가장 깊은 병리가 있다.(마루야마 마사오, 김석근 역, 「군국 지배자의 정신 형태」, 『현대 정치의 사상과 행동』, 한길사, 1997. 136쪽)

어떤가? 나는, 마루야마의 유럽중심주의적 편향이나 계몽이성에 대한 과도한 신뢰를 오늘날의 시점에서 비판하고 그를 오래전에 한물간 사상가로 취급하는 것은 후대의 불로소득성 지혜를 남용하는 것이라고 생각해. 그의 글들을 전시와 전후의 현실 문맥 속에 놓고 읽으면 생각이 달라질 거야. 위의 문장도 그래. 오랜 시간이 지났지만 빛바래지 않는 진실이 담겨 있지 않은가? 이 문장에서 '전쟁'이란 단어를 '조선인 징용'으로 바꾸어 읽어도 무방하다고 생각하네만….

무심: 허허, 발끈하는 성질은 여전하네그려. 아무튼 무슨 말을 하려는 지는 알겠네. 제국의 내부가 서로 다른 이해관계로 늘 혼란스럽고 일관성 없고 상호 모순되는 식민지 정책을 시행하고, 그 과정에서 심한 경우에는 자기파괴적인 결과를 불러오는 행동마저 불사한다는 것은 다른 국가들의 경우에서도 볼 수 있는 사례이긴 하지. 조선총독부나 제국 권력의 일각에서 조선인의 일본 내지로의 동원을 줄곧 반대하는 목소리가 있었다는 것 역시 그런 얘긴가?

나: 그렇지. 물론 그것은 조선이나 조선인을 위한 것은 아니었지. 일본 정부가 조선인의 징용을 패전이 임박한 시점까지 최대한 늦춘 것은 방금 말한 그런 이유 때문만은 아니고 좀더 복잡하고 현실적인 여러 이유들이 있는데, 그에 대해서는 이 책을 직접 읽어보는 게 좋겠어. 아무튼, "조선인은 징용되지 않는 차별을 받았다"는 도노무라 교수의 지적은 내가 최근 몇 년간 깊이 생각하고 있는 주제와도 상통하는 것이어서 나는 큰 자극을 받았네. 근대 국민국가에서의 서브젝트subject=신민으로서의 피통치자, 즉 국민국가의 법역法域안에 존재하는 '국민'과 그것조차 되지 못하는 이른바 비국민/비신민/비주체, 즉 비체卑體=앱젝트abject의 문제는 내가 오랫동안 관심을 갖고 있는 주제일세. 이 비국민/(비)존재들은 '징용도 되지 못하는 존재', 다시 말해 법적, 제도적 대상으로 인식되는 것이 아니라, 법이 필요없는 무법적 존재, 즉 필요하면 그냥 집어다 쓰는 물건 같은 것으로 존재한다는 얘기야. 다시 말해, '살게 만들고 죽게 내버려두는make live and let die' 근대 국민국가의 통치 대상도 아닌 (비)존재들, 살든지 죽든지 아예 관리 대상조차 되지 않는 (비)존재들, 국민국가는, 그리고 제국/식민지 체제는 이 (비)존재들의 생과 죽음을 딛고 서 있는 것이 아닌가, 이 문제를 어떻게 학문적으로 규명할 것인

가, 궁극적으로 이 체제의 해체를 위한 저항의 지점을 어떻게 이론화할 것인가, 뭐 좀 능력에 넘치는 상상을 하고 있네. 도노무라 교수는 지난해에 서울에서 열린 일본군 위안부 관련 학술회의에서도 아주 주목할 만한 논문을 발표했는데, 그에 따르면 일본군 위안부 역시 '법령이나 공식 제도를 통한 동원'의 범주에 포함되지 않는 존재, 다시 말해서 법 바깥의 (비)존재의 전형이라는 내용이었어. 물론 그가 이런 용어를 쓴 것은 아니지만…. 요컨대 협소한 실정법적 개념만으로는 이 (비)존재들의 삶과 죽음에 대해 우리가 할 말이나 일이 별로 없을 것이라는 생각이야.

무심: 잠깐, 조금 비약하는 것 같은데…. 그런 관점은 식민지 지배의 법적 책임이나 국가책임을 논할 때에 공연한 오해를 야기할 수 있지 않을까?

나: 법적 책임의 문제는 법 바깥에 무법적 상태로 버려져 있는 (비)존재들에 대한 법의 책임을 묻는 것으로부터 시작되어야 한다는 뜻일 뿐이네. 법의 사정거리 밖에 있는 것을 법의 잣대로 책임져야 하는 난제, 그것을 떠맡는 것이 역사학자나 법학자의 책임이 아닐까? 역사학자도 법학자도 아닌, 그저 물정 모르는 문학도의 순진한 발상이라고 무시해도 할 수 없고….

무심: 뭐 그렇게까지 비감해할 건 없고, 하던 얘기나 계속하게.

나: 도노무라 교수의 이 책은 숫자와 통계표가 연속되는, 얼핏 보기에는 매우 답답한 느낌을 주는 서술들로 이어져 있네. 그러나 나는 이 책을 번역하면서 무미건조한 숫자나 통계가 그 어떤 소설이나 영화보다도 인간의 삶과 신체를 더 생생하게 그려낼 수 있음을 알았네. 숫자들로 가득 채워진 노무동원계획안 같은 것을 들여다볼 때 내 머릿속에서 줄곧 떠나지 않았던 장면이 있었네. 염상섭의 소설 「만세전」일세. 주인공 이인

화가 경부선 열차 안에서 '갓장수'를 만나는 장면 기억하나?

　무심: 자네가 그 장면에 관해 쓴 논문도 읽었네.

　나: 저런, 그 지루한 논문을 읽어주었다니 고맙네. 「만세전」을 식민지 시대 최대의 소설적 성과로 손꼽을 수 있는 이유는 이 소설 속에 흘러넘 치는 식민지 비체들의 형상 때문이라고 나는 생각하네. 알다시피, 이 소 설은 일본 유학생 이인화가 아내의 부음訃音을 받고 도쿄에서 서울로 귀 환하는 여정 중에 만나는 온갖 인간 군상의 모습을 그리고 있지. 그중 에 주인공이 경부선 열차 안에서 만나는 갓장수, 혹은 부산 뒷골목 카페 에서 만난 조선인- 일본인 혼혈의 접대부, 기차가 대전역에 잠시 정차했 을 때 우연히 목격하는 포승에 묶인 조선인 범죄자들에 대한 묘사는 그 저 가볍게 스쳐 지나가는 것처럼 보이지만, 실은 소설의 주제와 관련해 서 작가의 의도가 강하게 배어 있는 장면들이네. 갓장수의 경우를 볼까? "갓에 갈모를 쓰고 우산에 수건을 매어 두른 삼십 전후의 촌사람"인 갓 장수는 양복을 입고 머리를 깎은 이인화를 "일본 사람인가 아닌가 하는 염려"를 품은 채 바라보다 서로 대화를 나누게 되는데, 왜 머리를 깎지 않느냐는 이인화의 물음에 갓장수가 다음과 같이 대답하는 장면이 결정 적이야. 갓장수의 말을 들어보세.

　　머리를 깎으면 형장兄丈네들 모양으로 내지어도 할 줄 알고 시체 학문도 있 어야지요. 머리만 깎고 내지 사람을 만나도 대답 하나 똑똑히 못 하면 관청 에 가서든지 순사를 만나서든지 더 귀찮은 때가 많지요. 이렇게 망건을 쓰 고 있으면 '요보'라고 해서 좀 잘못하는 게 있어도 웬만한 것은 용서를 해 주니까 그것만 해도 깎을 필요가 없지 않아요?

이 갓장수를 염두에 두고 도노무라 교수가 서술하는, 대부분 농민이 그 대상자인 조선인 강제동원의 실상들을 읽어보게. 내 말이 과장이 아님을 알 수 있을 걸세. 조선만 그런 것이 아니야. 도노무라 교수의 이 책에서도 잠깐 언급되지만, 대만의 경우도 유사하네. 2010년 캘리포니아 대학출판부에서 발간한 로버트 티어니Robert Tierney의 『야만의 열대 Tropics of Savagery』라는 책에 나오는 서술을 예로 들어보지. 1902년에 대만 총독부 민사부에서 원주민 대책을 총괄했던 모치지 로쿠사부로 持地六三郎는 "일본제국의 법률 아래서 제국과 원주민은 아무런 관계가 없다"고 단언했어. 또 이렇게도 말했어. "항복하지 않은 생번生蕃은 사회학적 관점에서 보면 인간이지만, 국제법의 관점에서 보면 동물과 유사하다." 이인화가 열차에서 만난 갓장수는 말하자면, 조선의 '생번'이라고 할 만하지. 그는 이인화처럼 머리를 깎고 내지어에 능통한 '항복한 생번'이 아니라, 갓과 망건을 쓰고 머리도 깎지 않은 '길들여지지 않은 생번', 즉 '요보'인 것이지. 즉, 이 갓장수 역시 "제국의 법률 아래서 제국과 아무런 관계가 없는" "동물과 유사한 존재"라는 말이야. 「만세전」은 이 동족의 비체들과 마주친 식민지 엘리트 남성 이인화의 깊은 절망과 공포를 드러내는 소설이야.

무심: 잠깐, 아무리 번역자가 제2의 저자라 하더라도 너무 자기 주장을 장황하게 늘어놓는 것 같아. 이제 그만하고…. 좀 전에 숫자와 통계 얘기가 나왔으니 말인데, 강제동원된 조선인의 숫자에 대해서는 이 책에서 밝히고 있지 않나?

나: 전시기에 강제동원된 조선인 숫자는 '동원'의 개념, '강제성'의 기준을 어떻게 설정하느냐에 따라 많은 차이가 있지만, 위안부의 경우에 비해서는 꽤 근사한 수치가 나와 있네. 신뢰할 만한 자료들과 문서를 통

해 연구자들이 밝혀낸 것이지. 우선 '동원'의 개념과 '강제성'의 기준부터 얘기해야 될 것 같네. 이 문제에 관해 도노무라 교수는 이 책의 첫머리에서 확실한 입장을 밝히고 있어. 저자는 '강제연행'의 개념을 협소하게 적용하려는 시도를 거부하고 있네. "본인 의사와 상관없이 정부 계획에 따라 노동자로 동원했을 경우 강제연행의 범주에 포함할 수 있다"는 것이 저자의 견해야. 강제성 여부에 대해서도, 일본인 동원과는 달리, 조선인 동원의 경우에는 본인 의사에 반해 폭력적으로 끌어오는 사례들이 당사자의 증언이나 행정 당국의 문서들을 통해 얼마든지 뒷받침되기 때문에 결코 부정할 수 없는 사실이라는 것도 전제하고 있지.

무심: 그런데 논의의 초점이 피해자의 숫자나 강제성 여부에만 맞춰지면, 문제가 제자리를 맴돌거나 심지어는 가해행위 자체를 부정하는 언설들을 공고하게 하는 결과를 낳지 않는가? 실제로 그런 경우가 많이 있기 때문에 하는 말이네만.

나: 옳은 말씀이네. 그러나 또 한편 숫자나 강제성이 역사적 가혹행위의 본질을 규명하는 데에 무시할 수 없는 한 요소인 것도 사실이지. 다만 그것이 모든 것을 설명하는 건 아니라는 점을 잊지 말아야겠지. 그럼에도 불구하고, 피해자의 숫자나 강제성 여부에만 과도하게 집착하는 현상은 여전해. 일반 대중은 물론이고 전문가들 사이에서도 무작정 숫자를 과장하거나 반대로 축소함으로써 가해성/피해성의 정도를 재려고 하는 경향이 강하게 남아 있다는 말이네. 예를 들어, 출처가 어딘지는 알수 없지만 대중적으로 널리 알려진, 심지어는 일부 학자들까지도 인용하는 "600만 명"이라는 수치가 최대의 과장이라면, 도노무라 교수가 이 책에서 언급하는 1959년의 일본 외무성 발표 문서에서의 "245명"은 아마 가장 터무니없이 축소된 숫자일 걸세. 둘 다 근거가 희박한 숫자이지

만, 문제는 숫자의 크기를 가지고 가해/피해의 정도를 가늠하려는 관념이지. 600만 명의 피해는 245명의 피해보다 큰가? 245명에 대한 가해는 600만 명에 대한 가해보다 작은가? 그렇다고 하는 사람은 조선총독부나 일본 정부의 사무실에 앉아 조선인 노무동원 계획을 입안하면서 3만이니 4만이니 하는 숫자를 적어넣고 있던 제국의 관료와 하나도 다를 바 없는 사람이라고 나는 생각해. 그는 그가 적어넣고 있던 그 숫자들이 무엇을 의미하는지 단 한 번이라도 생각해보았을까? 그가 적어넣는 숫자 1이 우주 전체와 맞먹는 생명 하나라는 인식을 이 관료-기계에게 기대할 수 있을까? 끔찍한 것은 그러니까 숫자의 많고 적음이 아니라 그 숫자를 적어넣는 자의 그 태평한 무관심이지. 더 끔찍한 것은 세상에는 아직도 600만 명설說 신봉자와 245명설 신봉자가 무수히 많고, 그들은 서로 상대방을 불구대천의 원수로 여기고 있다는 사실이지. 실은 쌍둥이인데 말이야.

무심: 그래서 강제동원된 조선인 숫자는 얼마란 말인가?

나: 신뢰할 만한 자료를 바탕으로 저자가 꼼꼼하게 추산한 결과로는 "70만 명 이상"일세. 하지만 이미 말했듯이, 강제동원 숫자를 규명하거나 확정하는 것은 이 책의 관심사가 아니야. 강제동원 조선인의 수치에 관한 논쟁은 학계에서는 이미 정리된 것으로 보이네. 홍제환 박사의 「전시기 조선인 동원자수 추정치 활용에 대한 비판」(『경제사학』 44호. 2006)을 꼭 읽어보기 바라네. 이 논문은 한국의 모든 공적 기구, 정부, 국회, 언론, 학계에서 가장 강력한 통설로 굳어진 "150만 동원설"이 어떻게 "만들어진" 것인지를 자세히 밝히고 있네. 단순한 실수나 오류라고는 볼수 없는 통계의 의도적인 과장이나 조작을 통해 이 수치가 우리 사회에서 하나의 진실로 통용되는 과정을 이 논문은 치밀하게 논증하고 있어.

"150만 명 동원"이라는 허구가 만들어지는 과정은 학문 연구자의 자세를 가다듬게 하는 반면교사의 역할을 수행한다고까지 말할 수 있을 거야. 아무튼 이 논문에 따르면, "1944년까지 동원된 조선인의 수치는 최소 66만~68만"이라는 거야. 이 수치는 1945년을 제외한 것인데, 여기에 도노무라 교수가 추정한 "1945년도 1/4분기에 1만 명 이상"을 합하면 거의 같은 숫자가 되네.

무심: 결국 1939~1945년에 일본 내지로 강제동원된 조선인의 숫자는 '70만 명 이상'이라고 이해하면 되겠군.

나: 어디까지나 일본 내지로 동원된 사람들만을 가리키는 것이고, 조선반도 안에서의 단기 동원, 즉 근로보국대라는 이름의 동원은 아직 그 규모조차 파악되지 못한 실정이네. 앞으로의 연구를 기대해야겠지.

나: 자, 그럼 그 얘기는 그 정도로 하고, 전시기 강제동원을 비롯해 일본군 위안부에서 그 극단적 잔학상을 드러내는 일본제국의 가해행위를 어떤 관점으로 보아야 할지를 얘기해보세. 우선 자네는 최소 70만 명이 넘는 조선인을 강제로 일본으로 끌고 가 지옥 같은 탄광 노동이나 토목공사에 종사시킨 가혹행위가 어디에서 비롯되었다고 생각하나?

무심: 그야 물론 일본제국의 식민지 지배의 본질이 워낙 폭력적이었던데다가, 군국주의자들이 일으킨 전쟁 때문에 수많은 사람들이 극심한 고통을 겪어야 했던 것 아닌가?

나: 그런 대답은 역사 시험문제의 모범 답안은 되겠지만, 구체적인 실태를 아는 데에는 아무 도움도 되지 않네. 저자의 다음과 같은 말을 들어보세. "조선인을 동원하는 과정에서 발생한 갖가지 폭력과 민족차별, 인종적 억압은 일본제국의 정책 당국자가 원했던 결과가 아니라는 점에도

주목해야 한다." 어떤가? 저자는 이런 관점에서 강제동원의 실태를 서술하고 있는데, 자네 생각은?

무심: 글쎄, 잘 모르겠네. 그들이 원했든 원하지 않았든 결과가 그렇게 나타난 바에야 애초의 의도가 무슨 상관인가?

나: 그야 그렇지. 강제동원을 입안하고 실행한 당국자를 비호하자는 의미는 물론 아니야. 다만 그 행위가 구체적으로 어떻게 실행되었는지, 왜 그런 일이 발생했는지를 치밀하게 따져보지 않으면 가해행위에 대한 비판과 책임 추궁도 길을 잃기 쉽다는 뜻이지. 실제로 그런 현상이 나날이 벌어지고 있고….

무심: 계속해보게.

나: 전시기 동원정책의 목표는 두말할 것 없이 전쟁에서의 승리이고, 그 목표를 위해서는 합리적으로 인적·물적 자원을 배치하고 생산 증강에 매진하는 것이 당연하겠지? 또한 온갖 미디어의 선전활동을 통해서 국민, 즉 피동원자의 자발성을 유도하고 그들로 하여금 기꺼이 제국의 이익을 위해 자신의 삶을 희생하도록 하는 교화작업도 전쟁 수행의 핵심적인 요소겠지. 그런데 조선에서의 동원의 실태는 어떠했던가? 노동자를 모집하거나 끌고 오는 과정에서 폭력적인 충돌이 끊이지 않았고, 말기에는 할당된 인원을 채우기 위해 노인이나 병약자를 끌어와서 오히려 그들을 조선으로 되돌려보내는 일까지 발생했지. 탄광이나 노무 현장에서는 분쟁이 쉴 새 없이 발생했고, 도망자도 적지 않아서 당국이 골치를 앓고 있었어. 어느 모로 보나 전쟁 수행이나 생산력 증강에 도움이 되기는커녕 총력전 체제에 방해밖에는 되지 않는, 당국자가 원했을 리가 없는 이런 일들이 왜 패전 때까지 지속되었을까? 저자는 이 의문을 푸는 데에서 이 책의 서술을 시작하고 있네.

무심: 음, 듣다 보니 흥미가 생기는군. 그래, 저자의 설명은 무엇인가?

나: 한마디로, 일본제국의 조선 통치는 그런 대규모 동원을 매끄럽게 수행할 만큼의 조직력이나 행정력을 갖추지 못했다는 거지. 근대국가적 통치를 위한 최소한의 인프라, 즉 보통교육의 확충, 교통통신시설의 구비, 대중매체의 보급, 주민 조사와 통계, 그 어느 것 하나 제대로 갖추지 못했다는 말이야. 동원 대상이 주로 농민이었던 점을 감안하면 이 문제는 사태를 이해하는 데에 결정적이야. 1939년 기준으로 조선 인구 약 2200만 가운데 조선어 3개 일간지의 총 구독자수가 19만 명 미만, 그나마도 도시에 집중되어 있다는 현실을 생각해보게. 농촌에서도 집집마다 신문을 구독하고 라디오를 구비하고 있던 당시의 일본과 비교해 조선 농촌인구의 대부분은 일본어는커녕 한글도 모르는 상황이었고, 도시에 한정된 라디오보급률은 전체 인구의 0.37퍼센트 수준이었어. 해방 직후 남한의 13세 이상 전체 인구의 한글독해율이 22퍼센트였으니까 1939년의 조선 농촌에서 글을 읽을 줄 아는 사람은 극소수였다고 보아야겠지. 이 현실이 말해주는 것은, 농민을 포함한 민중에게 국가 정책이나 이념을 전달할 기본적인 수단이 거의 없었다는 거야. 그런가 하면, 주민관리와 정책 수행을 일선에서 담당할 말단의 행정기구, 즉 면사무소 직원이나 주재소 순사巡査의 숫자도 매우 적어서 이들만 가지고는 동원 업무가 원활하게 진행될 수 없는 형편이었다는 점, 더 나아가 동원의 물질적 기본 조건인 철도를 비롯한 교통수단의 열악함, 동원의 기초자료가 되는 주민통계의 엉성함 등에 대해서도 이 책에 자세히 나와 있으니 더 이상의 설명은 생략하기로 하세. 결국 이런 현실이 조선인 동원을 끊임없는 우격다짐과 폭력으로 물들게 했던 물리적 환경이었다면, 좀전에 말한 대로, 피식민자 엡젝트를 인간이 아닌 "동물"이나 물건으로 인식하

는 식민주의자들의 뿌리깊은 정신질환이 이 사태의 심리적 배경이라고 할 수 있겠지.

무심: 그래, 그러니까 식민지 지배의 본질이 폭력이라는 것 아닌가? 자네가 하고 싶은 말이 뭔가?

나: 기묘한 역설이랄까? 아니, 근대국가 또는 일제 식민지 통치의 어떤 '구멍'을 보는 듯한 느낌이 들었네.

무심: 구멍이라니, 무슨 뜬금없는 소린가?

나: 푸코적 관점에 따르면, 근대국가적 통치의 본질은 무엇인가? 국가 기구에 의한 파놉티콘pan-opticon적 감시와 규율, 정교한 행정 시스템에 의한 주민관리, 근대의학에 의한 신체의 위생과 통제, 국민교육과 군대 및 감옥 등을 통한 이데올로기적 동화同化, 요컨대 생-정치bio-politics와 동일성-정치identity-politics를 기반으로 '국민'을 주조鑄造해 내는 것이야말로 근대국가의 통치성governance을 설명하는 핵심이 아니었던가? 그리고 오랫동안 우리 연구자들은 이런 관점에서 일제 식민지 통치의 구조를 해명하려 애쓰지 않았던가?

무심: 그게 뭐 잘못되었단 말인가?

나: 일제의 식민지 통치를 근대성의 관점에서 설명하는 것 자체가 잘못된 것일 리는 없지. 자네도 알다시피, 나도 그런 방법으로 오랫동안 시시한 글들을 써오지 않았나? 다만 그러는 가운데, 때때로 일반화된 이론을 특정한 사례에 덮어놓고 적용하거나 아니면 반대로 특수한 사례를 서둘러 일반화하는 편향이 있지 않았던가, 그런 반성이 생겨났다는 말일세.

무심: 에둘러 말하지 말고 바로 말씀하시게.

나: 일제가 시행한 식민지 조선의 근대화가 대단히 미숙하고 허약한

수준이었다는 것, 이게 핵심이야. 국가권력의 손길이 인민의 생활과 의식 속에 물샐 틈 없이 침투하는 근대국가의 통치성 이론으로 식민지 조선의 근대성을 분석할 때 우리가, 아니 내가 무심코 빠졌던 함정이 있었네. 즉, 일제의 근대적 통치기구나 권력을 부지불식간에 무소불위의 편재하는ubiquitous 절대자로 전제하게 된다는 말이지. 하지만 도노무라 교수가 이 책에서 밝히는 바에 따르면, 식민지 조선의 통치성은 그런 수준의 것이라고는 볼 수 없지.

무심: 그래서 그게 어떤 의미를 지니는가?

나: 식민지 통치의 실상에 관한 과두한 편향이나 과장을 제어하는 효과를 지닐 수 있지 않을까? 예컨대, 통치권력의 절대 권능을 강조하면 할수록 그 속에 갇힌 피식민자는 동시에 절대적으로 무력한 존재, 어떤 저항의 가능성도 지니지 않은 존재, 결국 역사 속에서 아무 의미도 지니지 못한 존재로 인식될 뿐이지. 이렇게 되면 최악의 경우, 의도치 않게 식민 지배의 필연성을 인정할 수밖에 없는 결론에 직면할지도 몰라. 그리고 그런 결론을 회피하기 위한 방법은 피식민자의 저항을 오로지 제국을 능가하는 똑같이 강력한 권능, 즉 '피어린 투쟁'이나 찬란한 근대화의 길에서 찾는 것이지. 이런 경향에서 벗어나지 못한 식민지 역사 해석이 대단히 많다면 지나친 말일까?

무심: 지나치고말고. 비전문가인 자네가 역사학자들의 노고를 그렇게 가볍게 폄하할 수 있나?

나: 야단맞을 줄 알았네. 내 말이 과했다면 용서해주게. 아무튼 내가 도노무라 교수의 이 책을 통해 확인한 것은, 피식민자의 삶을 파멸로 이끈 제국주의 국가권력의 엄청난 위력과 위용의 이면에 터무니없는 허세와 허풍으로 감싸인 무질서하고 허술하기 이를 데 없는 뒤죽박죽의 덩어

리, 결국 일차원적인 주먹에 의지하는 정도의 위력밖에는 지니지 못한 초라한 기형물이 버티고 있다는 사실이네. 통쾌하지 않은가? 정말 통쾌한 장면을 하나 볼까? 이 책의 제4장에서 저자는 조선인의 일본 내지 동원을 우려하는 한 일본 국회의원의 발언을 소개하고 있는데, 이 의원의 말인즉 "(조선에서) 들어오는 사람의 부족한 시국 인식"이 걱정된다는 거야. "100명이 들어오면 겨우 5명 정도만 대동아전쟁이 있다는 사실을 알고 있다"면서 개탄을 금치 못하는 거지. 이 대목을 읽으면서 나는 절로 환호성이 나왔네. 이것은 우리가 이러저러한 자료나 책을 통해서 상상하던 전시기 '내선일체', '황민화' 정책의 실상과 얼마나 다른 모습인가? "100명의 조선인 중에 5명 정도만 대동아전쟁에 대해 알고 있다"니, 이보다 더 확실하게 내선일체 정책의 실패, 총력전 체제의 붕괴, 제국 권력의 허방을 드러내는 증언이 또 있겠나? 화강암 덩어리의 조선총독부 건물이 수수깡으로 만든 장난감 집으로 화하는 순간이 아닌가?

무심: 이 사람 또 오버하네. 아무리 그래도 그 일차원적인 주먹에만 의지하는 수수깡 집이 수천만의 삶을 고통으로 몰아넣고 피해를 끼친 사실이 변하는가? 그나마 수수깡이었으니 망정이지 명실상부한 화강암 덩어리였다면 어쩔 뻔했는가?

나: 옳은 말씀이네. 내 말은 화강암 집이든 수수깡 집이든 그 둘이 따로 있는 게 아니라 실은 동전의 양면이라는 얘기일세. 어느 측면을 보느냐에 따라 다른 가능성들이 보이는 거겠지.

무심: 자네가 '구멍'이라고 말한 것은 그런 뜻인가?

나: 통치권력의 근대화의 수준이 낮았다, 즉 그물코가 넓었다는 뜻으로 해석하면 어떨까? 예를 들어 일본의 근대 경찰제도는 프랑스의 것을 모방한 것인데, 그것은 "인민 생활에 대한 모세혈관적 침투"라고 말해질

정도였지. 일제의 식민지 통치는 다분히 그런 측면이 있지만, 동시에 식민지 말기가 되도록 주민의 호적戶籍 정리조차 제대로 되지 않은 상태였다는 거야. 이 불균질성unevenness이야말로 모든 것을 균질화하는 근대국가의 통치성과 정면으로 어긋나는 것 아닌가? 뭔가 유쾌하지 않아?

무심: 자네 말대로 권력의 여기저기에 무수한 허방이 있다고 치세. 그것이 무슨 가능성을 가진단 말인가? 그 비국민/(비)존재들과 권력의 구멍이 무슨 관계가 있단 말인가? 어느날 그들이 힘을 모아 일제히 제국을 뒤엎기라도 한단 말인가? 그런 가능성을 기대한단 말인가?

나: 아니, 그런 얘기라면 솔직히 모르겠네. 자네가 읽었다는 내 논문에서 나는 앱젝트의 존재 자체가 식민자에게 일으키는 근원적인 불안과 공포, 균열에 대해 말했는데, 그것을 일반적인 의미에서의 '저항'과 연결시키면 나로서는 할 말이 없네. 앱젝트abject는 통치의 '대상'object이 아니듯이 저항의 '주체'subject도 아니야. 그들은 그 범주 밖에 있고, 그럼으로써 체제를 안정시키고 동시에 불안을 야기하지. 그들이 권력의 '구멍' 그 자체야. 도노무라 교수가 서술하는 강제동원의 현장에서 몸부림치는 피식민자 앱젝트의 생생한 형상을 눈여겨보게.

무심: 일제 식민지 통치 기간에 한국인은 국내외 곳곳에서 수많은 피를 흘리며 저항하지 않았는가, 그 역사적 사실에 대해 자네는 너무 무관심한 것 같아.

나: 역사가 우리에게 보여주는 것은 역사는 역사-이야기를 둘러싼 권력투쟁의 장일뿐이라는 거야. 내 생각에, 식민자가 본능적으로 두려워하는 존재는 조직적·집단적으로 저항하는 피식민자가 아니라 주체도 되지 못한 존재, 즉 "제국과 아무런 관련이 없는" 존재들이지. 노예의 저항이 없으면 식민자도 주인 노릇을 못해. 그래서 식민자는 앱젝트가 불안

하고 두렵지. 동시에 피식민자의 '저항의 역사' 속에서도 그들은 존재하지 않아. 그러나 그들은 반드시 회귀하지. 깊은 트라우마로 말이야. 이것은 허접쓰레기 같은 멜로드라마 역사-이야기로는 상상 불가능의 영역이야.

　무심: 그러면 회귀하는 트라우마를 어떻게 치유할 것인가? 자네는 무슨 방안이 있는가?
　나: 어려운 질문일세. 나 같은 백면서생에게 무슨 방안이 있겠나? 다음과 같은 사례를 같이 생각해보세. 일본군 위안부 피해자가 처음으로 세상에 모습을 드러낸 것은 1975년 오키나와에서였지. 1944년 취업사기에 속아 오키나와로 끌려온 이후 지옥 같은 위안소 생활을 하다가 오키나와 전투에서 죽을 고비를 여러 차례 넘기고, 해방 이후에도 고향에 돌아가지 못하고 그대로 오키나와에 머물러 있다가, 1972년에 오키나와가 미군정에서 일본으로 반환될 때 외국인 불법체류자로 분류됨으로써 그 신원이 드러나게 된 거지. 오키나와 전투에서 일본군을 따라다니며 생사를 함께한 이 위안부 피해자는 일본이 패전했을 때의 소감을 "우리 편이 져서 분했다"라고 표현했어. 자, 우선 이 말을 첫 번째 사례로 기억해두세. 두 번째 사례 역시 이분과 관련된 거야. 일본군 위안부 피해자임을 밝힌 이후 재일본조선인총연합회(조총련)가 이분을 보살폈는데, 1991년에 이분이 세상을 떠난 후 조총련 기관지 『조선신보』에 다음과 같은 추모기사가 실렸네.

　'원쑤를 갚아달라'고 유언을 남기고 간 봉기 할머니는 조일 국교정상화를 애타게 바랐습니다. … 국교정상화가 되면 평양 가서 보신탕을 먹자고 약속했는데 그날을 못 보고 떠나갔습니다. … 할머니는 나서 자란 고향에는 돌아가기 싫다고 말하고 있었습니다. 남조선에 미군기지가 있기 때문입니다. (『배봉기의 역사 이야기』, 여성 가족부, 2006. 11쪽)

"일본의 승전을 기원했다"고 회고하는 위안부 피해자들은 이 외에도 적지 않아. 1990년대 초에 이루어진 증언에서, 한 위안부 피해자는 자기가 끌려온 곳을 대만이라는 정도로 알고 있다가 어느날 일본군 병사가 가르쳐준 일본 군가를 듣고 정확한 지명을 겨우 짐작했다는 말을 하고 있네(한국정신대문제대책협의회 · 한국정신대연구회 엮음, 『강제로 끌려간 군위안부들 1』, 한울, 1993. 130쪽). '죽기를 각오하고 도망을 쳐 나와도 어디가 어딘지 알 수 없는 곳이라 갈 데가 없다. 결국 도로 잡혀온다. 그래서 포기하고 체념할 수밖에 없었다'는 증언은 이 외에도 꽤 많네. 삶의 의지 자체를 철저하게 뿌리뽑힌 피해자들의 이런 증언을 읽을 때마다 나는 가슴이 메었네. 그런데 한 2년 전쯤, 바로 그 피해자가 한 집회에서 이렇게 말하는 걸 듣고 나는 다시 가슴이 콱 막히는 듯했네. "우리가 없었으면 오늘의 대한민국도 없습니다. 여러분, 우리는 독립운동의 선구자입니다."

무심: 자네, 무슨 말을 하려는 거지?

나: '일본이 져서 분했다', '일본이 이기기를 빌었다'라고 회고하는 위안부 피해자를 비난할 사람이 있는가? 아무도 그럴 수 없다는 것은 명백해. 이런 증언이야말로 가해의 잔인성을 남김없이 보여주는 것이지. 신체를 유린당한 피해자들로 하여금 스스로의 피해를 '국가를 위한 헌신'이라고 믿게 한 자들이 누구인지 우리 누구나 잘 알고 있지. 우리의 분노가 그들을 향해야 한다는 사실에도 이의가 없고.

무심: 그런데?

나: 그런데, '나는 (일본) 국가를 위해 정말 고생했다', '우리 편이 져서 분했다'라고 회고하던 피해자가 20년쯤 후에 '남조선에는 미군기지가 있어서 돌아가기 싫다'고 말하면, 또는 자신이 어디로 끌려왔는지도 몰랐다고 회고하던 피해자가 20여 년쯤 후에 '우리는 대한민국을 위해 독립운동을 한 것'이라고 외치면, 그들은 피해의 상처를 극복하고 당당한 인간 주체로 거듭난 것인가? 누가 이렇게 했는가를 따지는 것은 부질없는 짓이네. 해방 이후 70년 넘도록 여전히 식민지를 살고 있는 남-북한 국가와 그 국민의 문제이지. 한 국민국가의 폭력의 피해자를 또다른 국민국가의 주체로 호출함으로써 피해자의 삶과 명예를 회복한다는 동어반복이 지니는 모순, 그리고 그 모순이 초래할 수도 있는 피해자에 대한 또다른 폭력, 이것들에 대해 생각하지 않는 한 상처는 영원히 치유되지 않을 거야. 국민국가의 장엄한(=허접한) 위용 속에 피해의 이미지를 박제하고 물신화하는 것으로 스스로를 위무하는 국민적 센티멘탈리즘이 모든 기억의 방식을 압도하는 한, 우리는 아무것도 기억하지 못하게 될 거야.

무심: 조선인 노무자 강제동원에 대해서도 그렇게 말할 수 있을까?

나: 그렇다고 생각하네. 식민지 문제를 가해국(민)/피해국(민)의 선악 이분법이나 도덕성의 관점으로 접근하면 결국 또다른 망각이나 폭력을 낳을 뿐이지. 그런 의미에서 도노무라 교수의 다음과 같은 결론은 음미해볼 가치가 있다고 생각하네. "조선인 강제연행의 역사는 민주주의를 결여한 사회에서 충분한 조사와 준비가 부족한 조직이 무모한 목표를 내걸고 추진하는 행위가 가장 약한 사람들의 희생을 초래한다는 사실을 보여주는 사례로서, 노예적 노동을 도맡을 사람들을 설정함으로써 그

밖의 사람들까지 인간다운 노동에서 멀어지게 만든 역사로서 기억되어야 한다.” 이것은 일본제국의 범죄행위를 역사 일반의 문제로 추상화함으로써 국가책임의 문제를 공중분해시키는 일부의 언설과는 전혀 다른 차원의 말이야.

무심: 조선인 강제동원은 일본 제국/조선 식민지의 문제일 뿐 아니라 근대 자본주의 국민국가 전반의 문제이기도 하다, 그런 관점도 잊어서는 안 된다고 나는 생각하네. 그나저나 자네 오늘 너무 말이 많았어. 이제 그만하고 난징 구경이나 시켜주게.

나: 내 말은 언제나 남의 말의 흔적일 뿐, 그러니 내가 한 말은 하나도 없어. 나가세. 장강長江을 보러. 장강이야말로 역사의 살아 있는 은유라네.

2018년 1월 31일
김철

간략 연표

1934년(쇼와 9년)

10월 30일, 일본 정부, 「조선인 이주대책의 건」을 각의결정. 이후 취업[就勞]을 위한 조선인의 일본 내지로의 이동 억제가 강화됨.

1937년(쇼와 12년)

6월, 일본 내지 탄광 등의 노동자 부족에 대응하기 위해 조선인 도입 논의가 진행됨.

7월 7일, 루거우차오盧溝橋 사건 발발('지나사변'으로 불린 중일전쟁의 발단).

7월 31일, 일본 정부, 「군수요원 충족에 관한 취급 요령」을 결정, 군수노무 충족에 부족함이 없도록 관계 기관에 지시.

9월 10일, 일본 정부, 「군수공업동원법」의 일부를 '지나사변'에 적용하기로 결정.

12월 13일, 일본군, 난징南京을 점령, 이후에도 중국 측은 항일전을 지속.

12월 22일, 내무성 사회국, 일본 내지 거주 조선인 실업자의 탄광 취업 알선 등을 지방장관에게 지시.

같은해, 탄광업계 단체가 정부에 대해 조선인 도입을 요청.

1938년(쇼와 13년)

1월 11일, 후생성 발족, 노동행정을 담당하는 노동국 등이 설치됨.

4월 1일, 「국가총동원법」 공포(일본 내지에서는 5월 5일, 조선에서는 5월 10일 시행).

4월 2일, 조선총독부 부령으로 「조선총독부 육군병지원자훈련소 생도 채용 규칙」을 제정. 조선인 지원병의 군사동원정책 시작.

7월 1일, 일본 내지에서 「직업소개법」 시행.

7월 7일, '국민정신총동원조선연맹' 발족(1940년 10월 16일에 '국민총력조선연맹'으로 개조).

1939년(쇼와 14년)

6월 28일, 일본 내지의 조선인 통제 조직인 재단법인 중앙협화회 발족.

7월 4일, 조선에서 일본 내지로 가는 노동자의 도입 방침을 담은 「쇼와 14년도 노무동원계획」 각의결정(최초의 동원계획, 이후 1945년까지 각 연도마다 동원계획 수립).

7월 8일, 「국민징용령」 공포(일본 내지에서는 7월 15일, 조선에서는 10월 1일 시행).

9월, 조선에서 일본 내지로 송출할 노동자 모집 개시.

　조선반도 남부의 농촌, 가뭄으로 심각한 피해.

10월, 조선에서 모집한 조선인을 일본 내지의 탄광 등으로 배치, 모집조건과 다르다는 등의 이유로 분·쟁의 발생.

1940년(쇼와 15년)

1월 11일, 「조선직업소개령」 공포 (20일에 동 시행규칙과 함께 시행).

3월, 조선총독부, 노무자원 조사를 실시(최종적인 조사 정리는 7월경).

10월 19일, 「국민징용령 중 개정의 건」 공포, 국민등록 요신고자 이외의 징용 및 정부 관리 공장 등으로의 징용이 가능해짐(20일 시행).

1941년(쇼와 16년)

3월, 조선총독부 내무국에 노무과를 설치.

6월 25일, 일본군, 남부 프랑스령 인도차이나 진주.

11월 12일, 조선총독부 기구 개편에 따라 후생국 발족.

12월 8일, 일본이 미국, 영국에 선전포고.

12월 15일, 「국민징용령」을 개정, 당일 시행. 후생대신이 지정하는 공장 사업장 등으로의 징용 및 업무상 사상이나 가족 곤궁 등의 경우를 위한 부조 규정을 마련함.

12월 22일, 후생성령으로, 일본 내지의 피징용자에 대한 부조를 규정한 「국민징용부조규칙」 공포(1942년 1월 1일 시행).

1942년(쇼와 17년)

2월 13일, 일본 정부, 「조선인 노무자 활용에 관한 방책」을 각의결정.

2월 20일, 조선총독부, 「조선인 내지 이입 알선 요강」을 결정, 이른바 관 알선 방식에 의한 일본 내지로의 노동자 송출을 개시.

6월 5일~7일, 미드웨이 해전. 일본 해군, 항공모함 등을 잃고 타격을 받음.

1943년(쇼와 18년)

3월 2일, 조선인을 대상으로 하는 징병 실시를 위한 「병역법」 개정 공포(8월 1일 시행, 1944년, 조선인 징병검사 실시).

7월 21일, 「국민징용령 개정 중 개정의 건」 공포, 필요할 경우의 징용 실시를 명확화(9월 1일 시행).

9월 30일, 조선총독부, 「국민징용부조규칙」을 제정.

10월 31일, 「군수회사법」 공포(12월 17일 시행).

11월 9일, 경제지 주최 좌담회에서 조선총독부의 노무동원 담당 관료, 동원 충족에 대해 '반강제적'으로 끌어모은다는 취지로 발언.

11월 27일, 미·영·중 정상, 카이로 선언을 발표, 조선 인민의 노예상태에 유의하여 조선을 독립시킬 것을 언급.

12월 1일, 조선총독부 기구 개편, 광공국 발족.

12월 17일, 후생성령으로 「군수회사징용규칙」 공포, 시행. 군수회사로 지정된 기업의 종업원은 원칙적으로 징용된 것으로 간주하게 됨.

1944년(쇼와 19년)

1월 18일, 일본 내지의 주요 중화학공업 기업이 군수회사로 지정됨.

4월 12일, 조선총독부 정무총감, 도지사회의에서 노무동원의 '강제공출'을 금지하라고 지시.

4월 27일, 일본 내지의 주요 탄광이 군수회사로 지정됨.

5월 16일, 일본 정부, 동원된 조선인의 계약기간 연장 등의 방침을 각의결정.

8월 8일, 일본 정부, 「반도인 노무자의 이입에 관한 건」을 각의결정.

9월, 전달의 각의결정에 입각하여, 조선에서 일본 내지로 송출할 인원 확보를 위해 「국민징용령」에 기초한 징용 발동.

9월, 재단법인 조선근로동원원호회 발족.

10월 15일, 조선총독부 광공국에 근로조정과·근로동원과·근로지도과를 설치, 근로동원본부 발족.

11월 20일, 중앙협화회를 중앙흥생회興生会로 개조.

12월 22일, 일본 정부, 「조선 및 대만 동포에 대한 처우 개선에 관한 건」을 각의결정, 참정권 부여 등을 제시.

같은해 말에 조선 내 피동원자 가족에 대한 송금, 원호가 시행되지 않는 것이 문제로 대두, 동원 기피 현상 확대.

1945년(쇼와 20년)

1월 27일, 「군수충족회사령」 공포, 군수충족회사로 지정된 기업의 종업원은 피징용자로 간주하게 됨.

3월 6일, 「국민징용령」 등 동원 관련 각종 칙령을 통합한 「국민근로동원령」 공포(10월 시행).

6월, 조선총독부, 「징용 기피 방알防遏 취체取締 지도 요강」을 결정, 징용 기피자의 가족 등을 동원하라고 지시.

7월 10일, 일본 내지의 주요 토목건축업, 항만운송업 등의 기업이 군수충족회사로 지정됨.

8월 15일, 일본 정부가 포츠담 선언 수락을 발표, 조선 해방.

9월 12일, GHQ 조선인 군인·군속과 '집단 이입 노무자'의 귀국에 관해 우선수송을 지시, 계획수송 개시(단, 이에 앞서 스스로 귀국한 조선인도 다수).

9월 17일, 후생성, 징용이 해제된 사람들에 대한 징용 위로금에 관한 지급 요령 발표, 조선반도에서 동원된 조선인을 제외.

같은해, 전쟁 종결 이후, 동원된 조선인이 귀국을 요구하는 쟁의가 각지에서 발생.

주요 참고문헌

1. 1945년 8월 이전에 작성된 문헌

(1) 행정문서, 행정간행물

企画院, 「昭和十四年度労務動員実施計画綱領(案)」, 1939. 6.

企画院, 「昭和十六年度労務動員実施計画附参考資料」, 1941. 9.

企画院, 「昭和十七年度国民動員実施計画附参考資料」, 1942. 5.

企画院, 「昭和十八年度国民動員実施計画附参考資料」, 1943. 6.

企画院第三部, 「昭和十五年度労務動員実施計画綱領(案)」, 1940. 7.

慶尚南道, 「第十五回慶尚南道会会議録」(사단법인 낙성대경제연구소 소장 사본)

慶尚北道, 「社会事務打合会指示, 打合事項」, 1941. 2.(樋口雄一編, 『戦時下朝鮮人労務動員基礎資料集』, 緑蔭書房, 2000 所収)

厚生省勤労局, 「昭和十八年度ニ於ケル国民動員実施計画充足実績調」, 1944. 3.

〔厚生省〕職業局, 「第七十六回帝国議会一般事務説明資料」

厚生事務官松崎芳, 〔厚生省〕勤労局長宛「復命書」, 1945. 1. 8.(「補給援護決定書類」所収, 이 서류는 작성자와 작성년도를 알 수 없는데, 히토쓰바시一橋 대학 부속도서관에 소장되어 있는 후생성 근로국 관계 서류로 추정된다.)

小暮泰用, 内務省管理局長宛「復命書」, 1944. 7. 31.(水野直樹編『戦時期植民地統治資料』, 柏書房, 1998 所収)

財団法人朝鮮勤労動員援護会理事長, 「会員規定改正に関する件」, 1945. 7. 11.(前述「補給援護決定書類」所収)

朝鮮総督府, 『朝鮮総督府官報』

朝鮮総脊府, 『朝鮮総督府統計年報』各年版

朝鮮総督府, 『朝鮮総督府時局対策調査会会議録』, 1938.

朝鮮総督府, 『朝鮮総督府時局対策調査会諮問答申書』, 1938.

朝鮮総督府, 『朝鮮総督府時局対策調査会諮問案参考書(労務ノ調整ニ関スル件)』, 1938.

朝鮮総督府, 『施政三十年史』, 1940.

朝鮮総督府, 「朝鮮人内地移入斡旋要綱」, 1942. 2.(朴慶植, 『在日朝鮮人関係資料集

成』第四巻, 三一書房, 1976 所収)

朝鮮総督府企画部,「朝鮮農業ニ関スル資料」, 1941.7.(朝鮮奨学会図書館 所蔵)

朝鮮総督府警務局,『高等外事月報』各号

朝鮮総督府警務局,『朝鮮警察の概要』各年版

朝鮮総督府警務局,『朝鮮出版警察概要』各年版

〔朝鮮総督府〕高等法院検事局,『朝鮮検察要報』

朝鮮総督府財務局,「第八十六回帝国議会説明資料」, 1944.(近藤釖一編,『朝鮮近代
　　　史料(8) 太平洋戦争下の朝鮮(5)』, 財団法人友邦協会朝鮮史料編纂会, 1964)

朝鮮総督府中枢院,「第二十六回中枢院会議録」, 1945.7.(고려대학교 아세아문제연구
　　　소 소장)

朝鮮総督府鉄道局,『朝鮮列車時刻表 附連絡時刻 · 自動車発着表』, 1938. 2.(日本
　　　鉄道旅行編集部,『満州朝鮮復刻時刻表 附台湾 · 樺太復刻時刻表』, 新潮社,
　　　2009, 復刻)

内閣,「昭和十九年度国民動員計画策定ニ関スル件」, 1944.8.14.

内閣,「昭和十九年度国民動員計画需給数閣議了解事項トシテ決定ノ件」, 1944. 8.
　　　15.

内務省管理局,「第八十五回帝国議会説明資料(朝鮮及び台湾の現況)」, 1944.(近藤
　　　釖一編,『太平洋戦争下の朝鮮及び台湾』, 朝鮮史料研究会近藤研究室, 1961)

内務省警保局,『特高月報』各号(前掲『在日朝鮮人関係資料集成』第四～五巻 所収)

内務省警保局,『社会運動ノ状況』, 1939～1943년판(前掲『在日朝鮮人関係資料集
　　　成』第四巻 所収)

〔内務省〕社会局社会部職業課,「第七十回帝国議会説明資料」

〔内務省〕社会局社会部職業課,「第七十一回帝国議会説明資料」

(2) 기업 · 관련단체의 문서

日産懇話会本部,『時局下に於ける労務問題座談会』, 1941.(개인 소장)

日本経済連盟会,「労務管理問題懇談会速記録(1)」, 1942.2.

住友歌志内山灰礦,「半島礦員募集関係書類」, 1940.(小沢有作編,『近代民衆の記録
　　　10 在日朝鮮人』, 新人物往来社, 1978 収録)

日鉄〔日鉄鉱業株式会社〕総務局調査課,『調査半年報 昭和十九年上半期』, 1944.

北炭〔北海道炭礦汽船株式会社〕,「朝鮮募集出張報告」(前掲『近代民衆の記録10』所収)

北海道炭礦汽船株式会社労務部,「釜山報復綴」, 작성년도 불명(北海道大学附属図書館北坊資料室寄託文書)

(3) 단행본·연구보고서류

児玉政介,『勤労動員と援護』, 1964.(1944년에 간행될 예정이었던 지형紙型으로 보존되어 있었던 것을 간행)

菊川忠雄,『戦争と労働』, 酒井書店, 1940.

協調会,『戦時戦後の労働政策』, 1938.

協調会,『労働統制の研究 労務配置機構を中心として』, 1943.

協調会,『戦時労働事情』, 1944.

協調会農工調整委員会,「農工調整問題関係綴」, 1944.

朝鮮銀行調査部,『大戦下の半島経済』, 1944.

朝鮮厚生協会,『朝鮮に於ける人口に関する諸統計』, 1943.

前田一,『特殊労務者の労務管理』, 山海堂出版部, 1943.

柳瀬徹也,『我国中小炭礦業の従属形態』, 伊藤書店, 1944.

労働科学研究所,『炭礦に於ける半島人労務者』, 1943.

(4) 논문·논설 등

岩城功,「石炭鉱業に於ける生産性と労力問題」,『社会政策時報』, 1942. 3.

中谷忠治,「農村労力調整に関する一課題」,『朝鮮労務』, 1942. 2.

中谷忠治,「朝鮮農村の人口排出余力の計出に関する一試論」,『朝鮮労務』, 1942. 10.

鍋島直紹,「朝鮮農業の断片—見聞記」,『農政』, 1943. 11.

(5) 신문·잡지(일반에 공개된 문헌)

『大阪朝日新聞』,『大阪毎日新聞』,『京城日報』,『釜山日報』,『日本産業経済』(이상, 일본어신문)

『東亜日報』,『朝鮮日報』,『毎日新報』(이상, 조선어신문)

『産業福利』,『職業時報』,『社会政策時報』,『大陸東洋経済』,『朝鮮』,『朝鮮勞力』,『東

洋経済新報(이상, 일본어잡지)

(6) 기타

대한민국 문교부 국사편찬위원회 편, 『윤치호 일기』, 대한민국 문교부 국사편찬위원회.(본
　　문은 주로 영어)

永井荷風, 『荷風日曆』, 扶桑書房, 1947.

2. 1945년 8월 이후에 작성된 문헌

(1) 증언기록 · 조사보고

生活実態調査班, 「宮城県仙台市原町苫竹, 小田原朝鮮人集団居住地の実態につい
　　て」, 『朝鮮問題研究』, 1958. 12.

生活実態調査班, 「大阪府泉北郡朝鮮人集団居住地域の生活実態」, 『朝鮮問題研究』,
　　1959. 2.

生活実態調査班, 「京都市西陣, 柏野地区朝鮮人集団居住地域の生活実態」, 『朝鮮問
　　題研究』, 1959. 6.

朝鮮人強制連行真相調査団編, 『朝鮮人強制連行 · 強制労働の記録 北海道 · 千島 · 樺
　　太篇』, 現代史出版會, 1974.

朝鮮人強制連行真相調査団編, 『朝鮮人強制連行調査の記録 四国編』, 柏書房, 1992.

朝鮮人強制連行真相調査団編, 『朝鮮人強制連行調査の記録 兵庫編』, 柏書房, 1993.

朝鮮人強制連行真相調査団編, 『朝鮮人強制連行調査の記録 大阪編』, 柏書房, 1993.

朝鮮人強制連行真相調査団編, 『朝鮮人強制連行調査の記録 中部 · 東海編』, 柏書房,
　　1997.

朝鮮人強制連行真相調査団編, 『朝鮮人強制連行調査の記録 中国編』, 柏書房, 2001.

朝鮮人強制連行真相調査団編, 『朝鮮人強制連行調査の記録 関東編 I』, 柏書房,
　　2002.

「百萬人の身世打鈴」編集委員編, 『百萬人の身世打鈴』, 東方出版, 1999.

北海道立労働科学研究所, 『石炭鉱業の鉱員充足事情の変遷』, 1958.

大蔵省官房調査課金融財政事情研究会編, 「終戦前後の朝鮮経済事情」, 1954. 3.

(2) 행정간행물

大蔵省管理局編,『日本人の海外活動に関する歴史的調査 朝鮮篇』, 1949.

外務省,『終戦史録』, 1952.

台湾総督府,『台湾統治概要』(작성년월일은 불명확하지만, 패전후 정리된 것으로 추정 된다)

法務省法務研修所[森田芳夫著],『在日朝鮮人処遇の推移と現状』, 1955.

労働省,『労働行政史』, 労働法令協会, 1961.

(3) 단행본·연구보고서류(기업·관련단체 간행물도 포함)

金英達著, 金慶海編,『金英達編作集 2 朝鮮人強制連行の研究』, 明石書店, 2003.

J. B. コーヘン著, 大内兵衛訳,『戦時戦後の日本経済』上·下巻, 岩波書店, 1950～1951.

石炭増産協力会,『三千万トンの戦い』, 1947.

鉄鋼統制会,「終戦直後の鉄鋼労務並に戦時中の回想」

外村大,『在日朝鮮人社会の歴史学的研究—形成·構造·変容』, 緑蔭書房, 2004.

西成田豊,『労働力動員と強制連行』, 山川出版社, 2009.

日本外交学会編,『太平洋戦争終結論』, 東京大学出版会, 1958.

日本経済研究所,『石炭国家統制史』, 1958.

朴慶植,『朝鮮人強制連行の記録』, 未来社, 1965.

樋口雄一,『協和会 戦時下朝鮮人統制組織の研究』, 社会評論社, 1986.

法政大学大原社会問題研究所編,『太平洋戦争下の労働者状態』, 東洋経済新報社, 1964.

松本武祝,『植民地権力と朝鮮農民』, 社会評論社, 1998.

森田芳夫,『数字が語る在日韓国·朝鮮人の歴史』, 明石書店, 1996.

山田昭次·古庄正·樋口雄一,『朝鮮人戦時労働動員』, 岩波書店, 2005.

梁泰昊編,『朝鮮人強制連行論文集成』, 明石書店, 1993.

吉田俊隈,『朝鮮軍歴史別冊 朝鮮人志願兵徴兵の梗概』, 작성년도 불명(塚崎昌之 씨 제공)

김인덕,『강제연행사 연구』, 경인문화사, 2002.

곽건홍,『일제의 노동정책과 조선노동자(1938～1945)』, 신서원, 2001.

정혜경,『조선인 강제연행 강제노동 1 (일본편)』, 선인, 2006.

(4) 연구논문

大門正克·柳沢遊,「戦時労働力の給源と動員—農民家族と都市商工業者を対象
　　に」,『土地制度史学』, 1996. 4.

隅谷三喜男,「石炭礦業の生産力と労働階級: 戦時戦後の炭礦労働を廻って」(矢内
　　原忠雄編,『戦後日本経済の諸問題』, 有斐閣, 1949)

外村大,「「日本内地」在住朝鮮人男性の家族形成」(阿部恒久·大日方純夫·天野正
　　子編,『男性史 2—モダニズムから総力戦へ』, 日本経済評論社, 2006 所収)

外村大,「アジア太平洋戦争末期朝鮮における勤労援護事業」,『季刊戦争責任研究』
　　제55호, 2007. 3.

外村大,「朝鮮人労働者の「日本内地渡航」再考—非準備型移動·生活戦略的移動と
　　労働力統制」,『韓国朝鮮の文化と社会』제7호, 2008. 10.

外村大,「朝鮮人労務動員をめぐる認識·矛盾·対応—一九三七～一九四五年」(黒
　　川みどり編,『近代日本の「他者」と向き合ぅ』, 解放出版社, 2010 所収)

福留範昭,「『強制動員真相究明ネットワーク』の設立にあたって」,『季刊戦争責任研
　　究』, 2005. 9.

허수열,「조선인 노동력의 강제동원의 실태—조선 내에서의 강제동원정책의 전개를 중심
　　으로」(차기벽 편,『일제의 한국 식민통치』, 정음사, 1985)

찾아보기

조선인 강제연행

2018년 2월 5일 초판 1쇄 찍음
2018년 2월 20일 초판 1쇄 펴냄

지은이 도노무라 마사루
옮긴이 김철

펴낸이 정종주
편집주간 박윤선
편집 이소현 성기병
마케팅 김창덕

펴낸곳 도서출판 뿌리와이파리
등록번호 제10-2201호(2001년 8월 21일)
주소 서울시 마포구 월드컵로 128-4 2층
전화 02) 324-2142~3
전송 02) 324-2150
전자우편 puripari@hanmail.net

디자인 가필드

종이 화인페이퍼
인쇄 및 제본 영신사
라미네이팅 금성산업

값 15,000원
ISBN 978-89-6462-095-3 (03300)

이 도서의 국립중앙도서관 출판예정도서목록(CIP)은 서지정보유통지원시스템 홈페이지
(http://seoji.nl.go.kr)와 국가자료공동목록시스템(http://www.nl.go.kr/kolisnet)에서 이용
하실 수 있습니다.(CIP 제어번호: CIP2018003929)